ŒUVRES

COMPLÈTES

DE MOLIÈRE.

V.

ŒUVRES
COMPLÈTES
DE MOLIÈRE,
AVEC

DES REMARQUES GRAMMATICALES,

DES AVERTISSEMENS

ET DES OBSERVATIONS SUR CHAQUE PIÈCE,

Par M. BRET.

TOME CINQUIÈME.

TROYES,

GOBELET, IMPRIMEUR DU ROI

ET LIBRAIRE, PRÈS L'HÔTEL-DE-VILLE, N.º 11.

1819.

LE TARTUFE,

COMÉDIE EN CINQ ACTES.

PRÉFACE.

Voici une comédie dont on a fait beaucoup de bruit, qui a été long-tems persécutée ; et les gens qu'elle joue ont bien fait voir qu'ils étoient plus puissans en France, que tous ceux que j'ai joués jusques ici. Les marquis, les précieuses, les cocus et les médecins, ont souffert doucement qu'on les ait représentés ; et ils ont fait semblant de se divertir avec tout le monde des peintures que l'on a faites d'eux ; mais les hypocrites n'ont point entendu raillerie ; ils se sont effarouchés d'abord, et ont trouvé étrange que j'eusse la hardiesse de jouer leurs grimaces, et de vouloir décrier un métier dont tant d'honnêtes gens se mêlent. C'est un crime qu'ils ne sauroient me pardonner ; et ils se sont tous armés contre ma comédie avec une fureur épouvantable. Ils n'ont eu garde de l'attaquer par le côté qui les a blessés ; ils sont trop politiques pour cela, et savent trop bien vivre pour découvrir le fond de leur ame. Suivant leur louable coutume, ils ont couvert leurs intérêts de la cause de Dieu ; et le *Tartufe*, dans leur bouche, est une pièce qui offense la piété. Elle est d'un bout à l'autre pleine d'abominations, et l'on n'y trouve rien qui ne

PRÉFACE.

mérite le feu. Toutes les syllabes en sont impies, les gestes même y sont criminels, et le moindre coup-d'œil, le moindre branlement de tête, le moindre pas à droite ou à gauche, y cachent des mystères qu'ils trouvent moyen d'expliquer à mon désavantage. J'ai eu beau la soumettre aux lumières de mes amis, et à la censure de tout le monde : les corrections que j'ai pu faire, le jugement du roi et de la reine, qui l'ont vue, l'approbation des grands princes, et de messieurs les ministres, qui l'ont honorée publiquement de leur présence, le témoignage des gens de bien qui l'ont trouvée profitable, tout cela n'a de rien servi. Ils n'en veulent point démordre ; et tous les jours encore, ils font crier en public de zélés indiscrets, qui me disent des injures pieusement, et me damnent par charité.

Je me soucierois fort peu de tout ce qu'ils peuvent dire, si ce n'étoit l'artifice qu'ils ont de me faire des ennemis que je respecte, et de jeter dans leur parti de véritables gens de bien, dont ils préviennent la bonne-foi ; et qui, par la chaleur qu'ils ont pour les intérêts du ciel, sont faciles à recevoir les impressions qu'on veut leur donner. Voilà ce qui m'oblige à me défendre. C'est aux vrais dévots que je veux partout me justifier sur la conduite de ma comédie ; et je les conjure, de tout mon cœur, de ne point condamner les choses avant que de les voir, de se défaire de toute prévention, et de ne point servir la passion de ceux dont les grimaces les déshonorent.

Si l'on prend la peine d'examiner de bonne foi

PRÉFACE.

ma comédie, on verra, sans doute, que mes intentions y sont partout innocentes, et qu'elle ne tend nullement à jouer les choses que l'on doit révérer; que je l'ai traitée avec toutes les précautions que demandoit la délicatesse de la matière; et que j'ai mis tout l'art et tous les soins qu'il m'a été possible, pour bien distinguer le personnage de l'hypocrite d'avec celui du vrai dévot. J'ai employé pour cela deux actes entiers à préparer la venue de mon scélérat. Il ne tient pas un seul moment l'auditeur en balance; on le connoît d'abord aux marques que je lui donne; et d'un bout à l'autre il ne dit pas un mot, il ne fait pas une action, qui ne peigne aux spectateurs le caractère d'un méchant homme, et ne fasse éclater celui du véritable homme de bien que je lui oppose.

Je sais bien que, pour réponse, ces messieurs tâchent d'insinuer que ce n'est point au théâtre à parler de ces matières; mais je leur demande, avec leur permission, sur quoi ils fondent cette belle maxime. C'est une proposition qu'ils ne font que supposer, et qu'ils ne prouvent en aucune façon; et, sans doute, il ne seroit pas difficile de leur faire voir que la comédie, chez les anciens, a pris son origine de la religion, et faisoit partie de leurs mystères; que les Espagnols, nos voisins, ne célèbrent guère de fête où la comédie ne soit mêlée, et que, même parmi nous, elle doit sa naissance aux soins d'une confrérie à qui appartient encore aujourd'hui l'hôtel de Bourgogne; que c'est un lieu qui fut donné pour y représenter les plus importans mystères de notre foi; qu'on en voit encore des comédies imprimées en lettres Gothiques, sous le nom d'un Docteur de Sorbonne; et, sans aller chercher si loin, que l'on a joué, de notre tems, des pièces saintes de M. Corneille, qui ont été l'admiration de toute la France.

Si l'emploi de la comédie est de corriger les vices des hommes, je ne vois pas par quelle raison il y en aura de privilégiés. Celui-ci est, dans l'État, d'une conséquence bien plus dangereuse que tous les autres, et nous avons vu que le théâtre a une grande vertu pour la correction. Les plus beaux traits d'une sérieuse morale sont moins puissans, le plus souvent, que ceux de la satyre, et rien ne reprend mieux la plupart des hommes, que la peinture de leurs défauts. C'est une grande atteinte aux vices, que de les exposer à la risée de tout le monde. On souffre aisément des répréhensions, mais on ne souffre point la raillerie. On veut bien être méchant, mais on ne veut point être ridicule.

On me reproche d'avoir mis des termes de piété dans la bouche de mon imposteur. Hé, pouvois-je m'en empêcher, pour bien représenter le caractère d'un hypocrite? Il suffit, ce me semble, que je fasse connoître les motifs criminels qui lui font dire les choses, et que j'en aie retranché les termes consacrés, dont on auroit eu peine à lui entendre faire un mauvais usage. Mais il débite au quatrième acte une morale pernicieuse; mais cette morale est-elle quelque chose, dont tout le

PRÉFACE.

monde n'eût les oreilles rebattues ? Dit-elle rien de nouveau dans ma comédie ? Et peut-on craindre que des choses, si généralement détestées, fassent quelque impression dans les esprits ; que je les rende dangereuses, en les faisant monter sur le théâtre ; qu'elles reçoivent quelque autorité de la bouche d'un scélérat ? Il n'y a nulle apparence à cela, et l'on doit approuver la comédie du *Tartufe*, ou condamner généralement toutes les comédies.

C'est à quoi l'on s'attache furieusement depuis un tems ; et jamais on ne s'étoit si fort déchaîné contre le théâtre. Je ne puis pas nier qu'il n'y ait eu des Pères de l'Eglise qui ont condamné la comédie ; mais on ne peut pas me nier aussi qu'il n'y en ait eu quelques-uns qui l'ont traitée un peu plus doucement. Ainsi l'autorité, dont on prétend appuyer la censure, est détruite par ce partage ; et toute la conséquence qu'on peut tirer de cette diversité d'opinions en des esprits éclairés des mêmes lumières, c'est qu'ils ont pris la comédie différemment, et que les uns l'ont considérée dans sa pureté, lorsque les autres l'ont regardée dans sa corruption, et confondue avec tous ces vilains spectacles qu'on a eu raison de nommer spectacles de turpitude.

Et en effet, puisqu'on doit discourir des choses, et non pas des mots, et que la plupart des contrariétés viennent de ne se pas entendre, et d'envelopper dans un même mot des choses opposées, il ne faut qu'ôter le voile de l'équivoque, et regarder ce qu'est la comédie en soi, pour voir si elle est condamnable. On connoîtra sans doute que, n'étant autre chose qu'un poëme ingénieux, qui, par des leçons agréables, reprend les défauts des hommes, on ne sauroit la censurer sans injustice; et si nous voulons ouïr là-dessus le témoignage de l'antiquité, elle nous dira que ses plus célèbres philosophes ont donné des louanges à la comédie, eux qui faisoient profession d'une sagesse si austère, et qui crioient sans cesse après les vices de leur siècle. Elle nous fera voir qu'Aristote a consacré des veilles au théâtre; et s'est donné le soin de réduire en préceptes l'art de faire des comédies. Elle nous apprendra que de ses plus grands hommes, et des premiers en dignité, ont fait gloire d'en composer eux-mêmes; qu'il y en a eu d'autres qui n'ont pas dédaigné de réciter en public celles qu'ils avoient composées; que la Grèce a fait pour cet art éclater son estime, par le prix glorieux et par les superbes théâtres dont elle a voulu l'honorer; et que, dans Rome enfin, ce même art a reçu aussi des honneurs extraordinaires: je ne dis pas dans Rome débauchée, et sous la licence des Empereurs, mais dans Rome disciplinée, sous la sagesse des consuls, et dans le tems de la vigueur de la vertu romaine.

J'avoue qu'il y a eu des tems où la comédie s'est corrompue. Et qu'est-ce que dans le monde on ne corrompt point tous les jours? Il n'y a chose si innocente, où les hommes ne puissent porter du crime; point d'art si salutaire, dont ils ne soient capables de renverser les inten-

PRÉFACE.

tions ; rien de si bon en soi , qu'ils ne puissent tourner à de mauvais usages. La médecine est un art profitable , et chacun la révère comme une des plus excellentes choses que nous ayons ; et cependant il y a eu des tems où elle s'est rendue odieuse, et souvent on en a fait un art d'empoisonner les hommes. La philosophie est un présent du ciel ; elle nous a été donnée pour porter nos esprits à la connoissance d'un Dieu, par la contemplation des merveilles de la nature ; et pourtant on n'ignore pas que souvent on l'a détournée de son emploi, et qu'on l'a occupée publiquement à soutenir l'impiété. Les choses même les plus saintes ne sont point à couvert de la corruption des hommes ; et nous voyons des scélérats qui, tous les jours, abusent de la piété, et la font servir méchamment aux crimes les plus grands. Mais on ne laisse pas pour cela de faire des distinctions qu'il est besoin de faire. On n'enveloppe point dans une fausse conséquence la bonté des choses que l'on corrompt, avec la malice des corrupteurs. On sépare toujours le mauvais usage d'avec l'intention de l'art ; et, comme on ne s'avise point de défendre la médecine, pour avoir été bannie de Rome, ni la philosophie, pour avoir été condamnée publiquement dans Athènes, on ne doit point aussi vouloir interdire la comédie, pour avoir été censurée en de certains tems. Cette censure a eu ses raisons, qui ne subsistent point ici. Elle s'est renfermée dans ce qu'elle a pu voir, et nous ne devons point la tirer des bornes qu'elle s'est données, l'étendre plus loin qu'il ne faut, et lui faire embrasser l'innocent avec le coupable.

La comédie qu'elle a eu dessein d'attaquer, n'est point du tout la comédie que nous voulons défendre, il se faut bien garder de confondre celle-là avec celle-ci. Ce sont deux personnes de qui les mœurs sont tout-à-fait opposées. Elles n'ont aucun rapport l'une avec l'autre, que la ressemblance du nom, et ce seroit une injustice épouvantable, que de vouloir condamner Olimpe, qui est femme de bien, parce qu'il y a une Olimpe qui a été une débauchée. De semblables arrêts, sans doute, feroient un grand désordre dans le monde. Il n'y auroit rien par-là qui ne fût condamné; et, puisque l'on ne garde point cette rigueur à tant de choses dont on abuse tous les jours, on doit bien faire la même grace à la comédie, et approuver les pièces de théâtre où l'on verra régner l'instruction et l'honnêteté.

Je sais qu'il y a des esprits, dont la délicatesse ne peut souffrir aucune comédie, qui disent que les plus honnêtes sont les plus dangereuses; que les passions que l'on y dépeint sont d'autant plus touchantes, qu'elles sont pleines de vertu, et que les ames sont attendries par ces sortes de représentations. Je ne vois pas quel grand crime c'est de s'attendrir à la vue d'une passion honnête: et c'est un haut étage de vertu que cette pleine insensibilité où ils veulent faire monter notre ame. Je doute qu'une si grande perfection soit dans les forces de la nature humaine; et je ne sais s'il n'est pas mieux de travailler à rectifier et adoucir les

PRÉFACE.

passions des hommes, que de vouloir les retrancher entièrement. J'avoue qu'il y a des lieux qu'il vaux mieux fréquenter que le théâtre; et, si l'on veut blâmer toutes les choses qui ne regardent pas directement Dieu et notre salut, il est certain que la comédie en doit être, et je ne trouve point mauvais qu'elle soit condamnée avec le reste ; mais, supposé, comme il est vrai, que les exercices de la piété souffrent des intervalles, et que les hommes ayent besoin de divertissement, je soutiens qu'on ne leur en peut trouver un qui soit plus innocent que la comédie. Je me suis étendu trop loin. Finissons par un mot d'un grand prince sur la comédie du *Tartufe*.

Huit jours après qu'elle eut été défendue, on représenta, devant la cour, une pièce intitulée: *Scaramouche Hermite*; et le roi, en sortant, dit au grand prince que je veux dire: *Je voudrois bien savoir pourquoi les gens qui se scandalisent si fort de la comédie de Molière, ne disent mot de celle de Scaramouche.* A quoi le prince répondit: *La raison de cela, c'est que la comédie de Scaramouche joue le ciel et la religion, dont ces messieurs-là ne se soucient point ; mais celle de Molière les joue eux-mêmes, c'est ce qu'ils ne peuvent souffrir.*

PREMIER PLACET

PRÉSENTÉ AU ROI,

Sur la comédie du Tartufe, qui n'avoit pas encore été représentée en public.

SIRE,

LE devoir de la comédie étant de corriger les hommes en les divertissant, j'ai cru que, dans l'emploi où je me trouve, je n'avois rien de mieux à faire que d'attaquer par des peintures ridicules, les vices de mon siècle ; et comme l'hypocrisie, sans doute, en est un des plus en usage, des plus incommodes et des plus dangereux, j'avois eu, SIRE, la pensée que je ne rendrois pas un petit service à tous les honnêtes gens de votre royaume, si je faisois une comédie qui décriât les hypocrites, et mît en vue, comme il faut, toutes les grimaces étudiées de ces gens de bien à outrance ; toutes les friponneries couvertes de ces faux monnoyeurs en dévotion, qui veulent attraper les hommes avec un zèle contrefait et une charité sophistiquée.

Je l'ai faite, SIRE, cette comédie, avec tout le soin, comme je crois, et toutes les circonspections que pouvoit demander la délicatesse de la matière ; et, pour mieux conserver l'estime et le respect qu'on doit aux vrais dévots, j'en ai distingué, le plus que j'ai pu, le caractère que j'avois à toucher ; je n'ai point laissé d'équivoque, j'ai ôté ce qui pouvoit confondre le bien avec le mal, et ne me suis servi, dans cette peinture, que des couleurs expresses et des traits essentiels qui font reconnoître d'abord un véritable et franc hypocrite.

Cependant toutes mes précautions ont été inutiles. On a profité, SIRE, de la délicatesse de votre ame sur les matières de religion, et l'on a su vous prendre par l'endroit seul que vous êtes prenable, je veux dire, par le respect des choses saintes. Les tartufes, sous main, ont eu l'adresse de trouver grace auprès de votre majesté, et les originaux enfin on fait supprimer la copie, quelque innocente qu'elle fût, et quelque ressemblante qu'on la trouvât.

Bien que ce m'ait été un coup sensible que la suppression de cet ouvrage, mon malheur pourtant étoit adouci par la manière dont votre majesté s'étoit expliquée sur ce sujet ; et j'ai cru, SIRE, qu'elle m'ôtoit tout lieu de me plaindre, ayant eu la bonté de déclarer qu'elle ne trouvoit rien à dire dans cette comédie qu'elle me défendoit de produire en public.

Mais, malgré cette glorieuse déclaration du plus grand roi du monde, et du plus éclairé, malgré l'approbation encore de M. le légat, et de la plus grande partie de nos prélats, qui tous, dans les lectures particulières que je leur ai faites, de mon ouvrage, se sont trouvés d'accord avec les sentimens de votre majesté, malgré tout cela, dis-je, on voit un livre composé par le curé de... qui donne hautement un démenti à tous ces augustes témoignages. Votre majesté a beau dire, et M. le légat et MM. les prélats ont beau donner leur jugement, ma comédie, sans l'avoir vue, est diabolique, et diabolique mon cerveau; je suis un démon vêtu de chair, et habillé en homme, un libertin, un impie digne d'un supplice exemplaire. Ce n'est pas assez que le feu expie en public mon offense; j'en serois quitte à trop bon marché; le zèle charitable de ce galant homme de bien n'a garde de demeurer là; il ne veut point que j'aie de miséricorde auprès de Dieu, il veut absolument que je sois damné, c'est une affaire résolue.

Ce livre, SIRE, a été présenté à votre majesté; et, sans doute, elle juge bien elle-même combien il m'est fâcheux de me voir exposé tous les jours aux insultes de ces messieurs; quel tort me feront dans le monde de telles calomnies, s'il faut qu'elles soient tolérées; et quel intérêt j'ai enfin à me purger de son imposture, et à faire voir au public que ma comédie n'est rien moins que ce qu'on veut qu'elle soit. Je ne dirai point, SIRE, ce que j'aurois à demander pour ma réputation, et pour justifier à tout le monde l'innocence de mon ouvrage; les rois éclairés comme vous, n'ont pas besoin qu'on leur marque ce qu'on souhaite; ils voient, comme Dieu, ce qu'il nous faut, et savent, mieux que nous, ce qu'ils nous doivent accorder. Il me suffit de mettre mes intérêts entre les mains de votre majesté ; et j'attends d'elle, avec respect, tout ce qu'il lui plaira d'ordonner là-dessus.

SECOND PLACET

Présenté au roi, dans son camp devant la ville de Lille en Flandres, par les sieurs la Thorillière et la Grange, comédiens de sa majesté et compagnons du sieur Molière, sur la défense qui fut faite, le 6 août 1667, de représenter le Tartufe jusques à nouvel ordre de sa majesté.

SIRE,

C'est une chose bien téméraire à moi que de venir importuner un grand monarque au milieu de ses glorieuses conquêtes ; mais, dans l'état où je me vois, où trouver, SIRE, une protection, qu'au lieu où je la viens chercher ? et qui puis-je solliciter contre l'autorité de la puissance qui m'accable, que la source de la puissance et de l'autorité, que le juste dispensateur des ordres absolus, que le souverain juge et le maître de toutes choses ?

Ma comédie, SIRE, n'a pu jouir ici des bontés de votre majesté. En vain je l'ai produite sous le titre de l'*Imposteur*, et déguisé le personnage sous l'ajustement d'un homme du monde. J'ai eu beau lui donner un petit chapeau, de grands cheveux, un grand collet, une épée, et des dentelles sur tout l'habit, mettre en plusieurs endroits des adoucissemens, et retrancher avec soin tout ce que j'ai jugé capable de fournir l'ombre d'un prétexte aux célèbres originaux du portrait que je voulois faire, tout cela n'a de rien servi. La cabale s'est réveillée aux simples conjectures qu'ils ont pu avoir de la chose. Ils ont trouvé moyen de surprendre des esprits, qui, dans toute autre matière, font une haute profession de ne se point laisser surprendre. Ma comédie n'a pas plutôt paru, qu'elle s'est vue foudroyée par le coup d'un pouvoir qui doit imposer du respet; et tout ce que j'ai pu faire en cette rencontre, pour me sauver moi-même de l'éclat de cette tempête, c'est de dire, que votre majesté avoit eu la bonté de m'en permettre la représentation, et que je n'avois pas cru qu'il fût besoin de demander cette permission à d'autres, puisqu'il n'y avoit qu'elle seule qui me l'eût défendue.

Je ne doute point, SIRE, que les gens que je peins dans ma comédie, ne remuent bien des ressorts auprès de votre majesté, et ne jettent dans leur parti, comme ils ont déjà fait, de véritables gens de bien, qui sont d'autant plus prompts à se laisser tromper, qu'ils jugent d'autrui par eux-mêmes. Ils ont l'art de donner de belles couleurs à toutes leurs intentions; quelque mine qu'ils fassent, ce n'est point du tout l'intérêt de Dieu qui les peut émouvoir, ils l'ont assez montré dans les comédies qu'ils ont souffert qu'on ait jouées tant de fois en public sans en dire le moindre mot. Celles-là n'attaquoient que la piété et la religion dont ils se soucient fort peu ; mais celle-ci les attaque et les joue eux-mêmes, et c'est ce qu'ils ne peuvent souffrir. Ils ne sauroient me pardonner de dévoiler leurs impostures aux yeux de tout le monde ; et sans doute, on ne manquera pas de dire à votre majesté que chacun s'est scandalisé de ma comédie. Mais la vérité pure, SIRE, c'est que tout Paris ne s'est scandalisé que de la défense qu'on en a faite, que les plus scrupuleux en ont trouvé la représentation profitable, et qu'on s'est étonné que des personnes d'une probité si connue, ayent eu une si grande déférence pour des gens qui devroient être l'horreur de tout le monde, et sont si opposés à la véritable piété dont elles font profession.

J'attends avec respect, l'arrêt que votre majesté daignera prononcer sur cette matière ; mais il est très-assuré, SIRE, qu'il ne faut plus que je songe à faire des comédies, si les tartufes ont l'avantage ; qu'ils prendront droit par-là de me persécuter plus que jamais, et voudront trouver à redire aux choses les plus innocentes qui pourront sortir de ma plume.

Daignent vos bontés, SIRE, me donner une protection contre leur rage envenimée ; et puissé-je, au retour d'une campagne si glorieuse, délasser votre majesté des fatigues de ses conquêtes, lui donner d'innocens plaisirs après de si nobles travaux, et faire rire le monarque qui fait trembler toute l'Europe !

TROISIÈME PLACET

Présenté au Roi le 5 Février 1669.

SIRE,

Un fort honnête médecin, dont j'ai l'honneur d'être le malade, me promet, et veut s'obliger pardevant notaires, de me faire vivre encore trente années, si je puis lui obtenir une grace de votre majesté. Je lui ai dit, sur sa promesse, que je ne lui demandois pas tant; et que je serois satisfait de lui, pourvu qu'il s'obligeât de ne me point tuer. Cette grace, SIRE, est un canonicat de votre chapelle royale de Vincennes, vacant par la mort de...

Oserois-je demander encore cette grace à votre majesté, le propre jour de la grande résurrection de Tartufe, ressuscité par vos bontés? Je suis, par cette première faveur, réconcilié avec les dévots; et je le serois par cette seconde, avec les médecins. C'est pour moi, sans doute, trop de graces à la fois; mais peut-être n'en est-ce pas trop pour votre majesté; et j'attends avec un peu d'espérance respectueuse, la réponse de mon placet.

AVERTISSEMENT

DE L'ÉDITEUR

SUR

LE TARTUFE.

Les trois premiers actes de la comédie inestimable du *Tartufe* avoient paru, comme on le sait, à la sixième journée des plaisirs de l'île enchantée, le 12 mai 1664 (1).

L'auteur pusillanime de la description de cette fête apprit au public que le roi *connut tant de conformité entre ceux qu'une véritable dévotion met dans le chemin du ciel, et ceux qu'une vaine ostentation des bonnes œuvres n'empêche pas d'en commettre de mauvaises, que son extrême délicatesse pour les choses de la religion eut de la peine à souffrir cette ressemblance du vice et de la vertu, et que, sans douter des bonnes intentions de l'auteur, il défendit cette comédie pour le public, jusqu'à ce qu'elle fût entièrement*

(1) Voyez l'avertissement de *la Princesse d'Élide*.

achevée et examinée par des personnes capables d'en juger.

Une pareille annonce ne put être dictée que par la crainte de déplaire au parti qui s'étoit élevé contre un ouvrage qu'on ne connoissoit encore qu'à moitié.

Comment imaginer que Louis XIV ait trouvé, dans les trois premiers actes du *Tartufe*, cette *conformité et cette ressemblance du vice et de la vertu?* Quoi! Tartufe, plein du desir criminel de séduire la femme de son bienfaiteur, a pu se confondre un moment avec un homme de bien? Louis ne fit point cette injure aux vrais dévots; mais le manège, les criailleries des imposteurs qui se reconnoissoient dans le personnage de Molière, arrachèrent cette défense et en dictèrent les motifs.

Si les deux reines avoient été à la tête des ennemis de Molière, comme voulut l'insinuer l'auteur des observations sur le *Festin de Pierre*, page 22, Monsieur, frère du roi, n'auroit pas eu l'imprudence de faire représenter devant elles les mêmes trois premiers actes, à Villers-Cotterets, le 24 septembre de la même année.

Molière, bien sûr qu'il n'avoit aucun de ses maîtres contre lui, ne perdit pas courage. Sa comédie fut bientôt finie, et fut jouée au Raincy, chez le grand Condé, le 29 novembre suivant, et depuis, dans le même lieu, le 9 novembre 665.

Malgré la protection ouverte de ce héros et celle dont le roi venoit de donner des preuves à

Molière, en ajoutant une nouvelle pension à celle qu'il avoit déjà comme homme-de-lettres, la défense ne fut point levée, et pendant les deux années qu'elle subsista, il n'eut de consolation que dans les applaudissemens que lui procurèrent les différentes lectures qu'il fit de sa pièce.

On prétend qu'ayant été la lire chez une fille célèbre qui, par un mérite rare, se faisoit pardonner les foiblesses de son sexe, celle-ci lui conta l'histoire d'un hypocrite avec des traits si naturels et si forts, qu'à peine se pardonna-t-il d'avoir terminé le tableau qu'elle venoit d'esquisser à ses yeux. Molière étoit trop modeste, sans doute, mais Ninon, à certains égards, avoit une ame presque égale à la sienne, et le faux en tout genre étoit leur supplice commun.

Encouragé par le succès qu'avoit le Tartufe chez des personnes de tout état, chez des magistrats instruits, chez des prélats éclairés, chez le légat même, qui pour lors étoit à Paris, il ne cessa point de solliciter son maître qui lui donna enfin une permission verbale de la faire représenter, dans la confiance que le tems avoit dû calmer le saint effroi de 1664.

Il exigea cependant que cette comédie fût annoncée sous le titre de l'*Imposteur*; que l'acteur, chargé de ce rôle, portât le nom de *Panulphe*, au lieu de celui de *Tartufe*, qui avoit été le signal des fureurs, et qui devoit peindre à jamais un faux dévot, un charlatan de religion.

Ce prince voulut encore que ce personnage fût vêtu comme un laïc, qu'il eût un habit chargé de dentelles et une épée au côté, afin de détourner toute espèce d'application à un état toujours digne de nos égards, lorsqu'il ne détruit pas lui-même nos dispositions à le respecter.

Nous ignorons pourquoi les comédiens ont préféré depuis de montrer *Tartufe* sous une décoration qui le rapproche beaucoup de l'application que vouloit éloigner Louis-le-Grand, et que Molière avoit cherché à éviter, puisqu'il le faisoit regarder, par *Orgon*, comme devant être son gendre. On commet la même faute dans *les Femmes savantes* à l'égard de *Trissotin* qui, sous le manteau d'un abbé, contredit le choix que *Philaminte* fait de lui pour épouser *Henriette*. D'ailleurs, l'effet moral du *Tartufe* n'y gagneroit-il pas, si nous avions à redouter son imposture et sa scélératesse, même parmi les gens du monde (1).

Quoi qu'il en soit, tant de sagesse, tant de circonspection de la part du souverain qui a toujours permis le moins qu'on osât lui résister, ne produisirent aucun effet. L'*Imposteur* fut joué avec la plus grande acclamation du public le 5 août 1667; mais, dès le lendemain, on surprit un ordre du Parlement de suspendre les représentations, et l'on sait l'annonce que fit Molière à la nombreuse assemblée qui attendoit

---

(1) M. *Gigli*, qui a traduit cette pièce sous le titre de *D. Pilone overo il Bacchetone falso*, en 1711, dit, dans un avertissement, qu'il ne faut pas croire que le personnage du faux dévot soit de l'état ecclésiastique, *non doversi credere che il soggetto sia persona Ecclesiastica*.

le *Tartufe* : *M. le P.... P.... ne veut pas qu'on le joue.*

Louis XIV, que la triple alliance qui se formoit alors contre lui que toute l'Europe liguée ne put intimider, n'avoit qu'un mot à dire en cette occasion, et il se tut.

En vain Molière députa deux de ses camarades vers ce prince, au siège de Lille, pour lui présenter le second placet qui se trouve à la tête de cette comédie : le placet resta sans réponse.

Le déchaînement contre Molière n'en devint que plus fort ; on le traita de *scélérat*, *d'athée à brûler*. On composa des écrits infâmes et séditieux dont on essaya de le faire passer pour l'auteur. C'est un art infernal de perdre un ennemi, qu'on avoit déjà tenté en 1664, et que Molière a consacré dans son *Misanthrope* (1).

Un curé de Paris se montra sans pudeur à la tête de ceux qui crioient au scandale (2) ; et tous les esprits foibles, attirés dans cette conjuration mystique, rendirent le nombre des ennemis de Molière si considérable, qu'il eut besoin, pour n'en être pas accablé, de toute l'estime dont ses talens et sa conduite le faisoient jouir à la cour et chez tous les honnêtes gens de la ville.

(1) Voyez l'avertissement du *Misanthrope*.

(2) Les prédicateurs avoient jadis tonné de même dans les chaires contre le fameux roman de *la Rose*, parce qu'il avoit démasqué l'hypocrisie. Plus de cent ans après, le fameux Gerson écrivit encore contre cet ouvrage, qui avoit osé dire *la robe ne fait pas le moine*. Imitation d'un ancien proverbe. *Isiacum non facit linostola*. La robe de lin ne fait pas le prêtre. Le vers du roman de la Rose est le 11,679.

Lorsqu'on voit aujourd'hui cette pièce excellente et si généralement approuvée, ce chef-d'œuvre du théâtre enfin, on doit être embarrassé de deviner par quelles raisons les ennemis de cet ouvrage en osoient arrêter le succès. Le pesant Baillet, dans ses jugemens, nous en a sérieusement révélé les principales (1). C'est que Molière, *dans sa scandaleuse pièce du Tartufe, avoit prétendu comprendre, dans la jurisdiction de son théâtre, le droit qu'ont les ministres de l'Eglise de reprendre les hypocrites.... c'est qu'il eut la présomption de croire que Dieu vouloit bien se servir de lui pour corriger un vice répandu par toute l'Eglise, et dont la réformation n'est peut-être pas même réservée à des Conciles entiers.* Hæc serio quemquam dixisse, summa hominum contemptio est. *Plin. l.* 37, *c.* 2.

Un homme bien supérieur à Baillet, le célèbre Bourdaloue, fut un de ceux qui déclamèrent contre le *Tartufe*, et voici ce qu'on trouve dans son sermon du septième dimanche d'après Pâques.

Comme la vraie et la fausse dévotion ont je ne sais combien d'actions qui leur sont communes, comme les dehors de l'une et de l'autre sont presque tous semblables, il est non-seulement aisé, mais d'une suite presque nécessaire, que la même raillerie qui attaque l'un, intéresse l'autre, et que les traits dont on peint celle-ci, défigurent

---

(1) Voyez les Jugemens des Savans, t. 9, p. 123 et 124.

celle-là. Et voilà ce qui est arrivé, lorsque des esprits profanes ont entrepris de censurer l'hypocrisie en faisant concevoir d'injustes soupçons de la vraie piété par de malignes interprétations de la fausse. Voilà ce qu'ils ont prétendu, en exposant sur le théâtre et à la risée publique, un hypocrite imaginaire, et tournant dans sa personne les choses les plus saintes en ridicule, en lui faisant blâmer les scandales du siècle d'une manière extravagante, le représentant consciencieux jusqu'à la délicatesse et au scrupule sur des points moins importans, pendant qu'il se portoit d'ailleurs au crime les plus énormes : le montrant sous un visage de pénitent qui ne servoit qu'à couvrir ses infamies, et lui donnant, selon leur caprice, un caractère de piété la plus austère, mais dans le fond la plus mercenaire et la plus lâche.

Molière avoit répondu d'avance à cette belle déclamation dans la scène sixième du premier acte. Eh quoi! avoit-il dit, vous voulez

> Egaler l'artifice à la sincérité,
> Confondre l'apparence avec la vérité,
> Estimer le fantôme ainsi que la personne,
> Et la fausse monnoie à l'égal de la bonne?

Pouvoit-on, avec quelque bonne foi, accuser Molière d'avoir *cherché à faire concevoir d'injustes soupçons de la vraie piété* après ces vers :

> Et comme je ne vois nul genre de héros
> Qui soient plus à priser que les parfaits dévots,
> Aucune chose au monde et plus noble et plus belle
> Que la sainte ferveur d'un véritable zèle;
> Aussi ne vois-je rien, etc.

AVERTISSEMENT

On seroit tenté de croire que le P. Bourdaloue ne connoissoit pas l'ouvrage contre lequel il s'élevoit dans la chaire de vérité, puisqu'il dit qu'on *donne à un hypocrite imaginaire le visage d'un pénitent* (1) ; tandis que Molière le peint avec l'oreille rouge et le teint bien fleuri, mangeant le soir deux perdrix avec une moitié de gigot en hachis, passant ensuite dans son lit bien chaud où, sans trouble, il dort jusqu'au lendemain, et buvant à son déjeûné quatre grands coups de vin pour réparer le sang qu'avoit perdu madame (2).

Il est vrai que cet imposteur, connu pour tel dès la première scène, parle lui-même de sa haire et de sa discipline, mais avec une ostentation qui décèle le mensonge, et dont il n'y a que le foible *Orgon* et sa mère, plus simple encore, qui puissent être les dupes.

On le voit évidemment : l'éloquent Bourdaloue, occupé des saints travaux d'un ministère dans lequel il eut souvent la force de Démosthène, s'en étoit rapporté, sur la comédie de Molière, aux cris et aux déclamations d'une cabale qui l'avoit rempli de son zèle amer, et qui faisoit servir ses talens supérieurs à protéger et

---

(1) Molière n'avoit point peint un de ces hypocrites de *l'île de Caneph*, qui portent, comme le dit Rabelais, un *visage triste et marmiteux...*

(2) *Cela le fait connoître* (dit l'auteur de la Lettre sur l'Imposteur) *pour un homme très-sensuel et fort gourmand, ainsi que le sont la plupart des bigots.* Pag. 14.

à défendre publiquement une charlatanerie qu'il n'avoit pas.

Une lettre, qui parut quinze jours après l'unique représentation de l'*Imposteur*(1), en offrit le tableau le plus fidèle et le plus exact à ceux qui, ne l'ayant pas vu, ne pouvoient prononcer sur les idées différentes qu'on vouloit leur donner de l'ouvrage. Sans cet écrit raisonnable et modéré, on nous diroit sans doute que cette comédie a souffert beaucoup de changement lorsqu'elle a reparu dans la suite ; mais il est une preuve sans réplique que toutes les corrections se bornent à ce seul vers de la scène septième du troisième acte, où *Tartufe* dit aujourd'hui : *O ciel ! pardonne-lui la douleur qu'il me donne*, au lieu de ce que disoit *Panulphe* : *O ciel ! pardonne-lui comme je lui pardonne* ; vers d'une étonnante énergie, et qui mettoit le sceau à la scélératesse du personnage ; puisque, intérieurement rempli de fureur et de haine contre le fils d'*Orgon* qui vient de le démasquer, il ose charitablement ne demander au ciel, pour ce jeune homme, que le pardon qu'il lui accorde lui-même.

Au milieu du soulèvement qu'avoient excité les faux dévots contre l'Imposteur, le théâtre

(1) Les éloges qu'on y donne à Molière, empêchent de soupçonner qu'il en soit l'auteur ; mais n'employa-t-il point cet art pour se cacher ? Le détail exact est suivi de l'ouvrage, scène par scène, et surtout les idées excellentes sur la comédie et sur le ridicule, qui terminent cette lettre, ne peuvent guère s'attribuer qu'à lui.

italien osa donner une farce intitulée *Scaramouche hermite*, comédie à canevas, où l'on voyoit, entre autres indécences, un moine escalader le balcon d'une femme, et y reparoître ensuite, en disant que c'étoit ainsi qu'il falloit mortifier la chair : *Questo e per mortificar la carne.*

Aucun libelle, aucun cri, aucun arrêt ne s'élevèrent contre le scandaleux hermite des italiens, dont la farce tomba paisiblement après s'être montrée aux yeux même de la cour, parce que *Scaramouche ne jouoit que le ciel et la religion, dont les ennemis de Molière se soucioient beaucoup moins que d'eux-mêmes* (1), comme le dit le grand Condé à Louis XIV.

Protecteur déclaré de la comédie de l'*Imposteur*, ce héros la fit jouer encore à Chantilly, le 20 septembre 1668; et ce fut enfin six mois après que Molière parvint à arracher de son maître une seconde permission de la rendre publique sous le premier nom de *Tartufe*. Trois mois de représentations consécutives suffirent à peine pour les transports avec lesquels cette comédie fut reçue le 5 février 1669.

La cabale littéraire, ennemie de Molière, fit les plus grands efforts pour balancer le succès du *Tartufe* par les représentations de la *Femme*

---

(1) C'est une faute énorme, c'est un scandale insupportable, dit un auteur italien, d'oser plaisanter sur les imperfections des personnes dévouées à la religion. *Il satireggiare su l'imperfettioni de' relligiosi, pecca in moralità et scandalizza i huomini pii.*

juge et partie, *de Monfleuri* (1), jouée un mois après sur le théâtre de l'hôtel de Bourgogne.

Avec des armes très-inégales, le combat parut presque douteux, surtout lorsqu'on eut étayé cette comédie gaie, mais peu décente et moins vraisemblable encore, d'une petite pièce satyrique sous le titre de la critique du *Tartufe*.

L'auteur de cette satyre, imprimée chez Quinet en 1670, avec privilège du sceau, ne se fit pas connoître, et fit bien pour son honneur. La haine et l'envie, ces passions quelquefois heureuses dans l'ardeur qui les excite à nuire, sont sans force dans les esprits médiocres. Les petits ennemis de Molière les *Devisé*, les *Chalussay*, les *Chevalier*, les *Rochemont*, etc. n'avoient rien produit de plus misérable que la critique du *Tartufe*.

Cette pièce est précédée d'une lettre satyrique écrite à l'auteur de la critique, et que l'abbé Desfontaines cite mal-à-propos dans le dix-huitième tome de ses observations, page 321, comme un prologue de la comédie. En voici quelques échantillons :

Dès le commencement une vieille bigote
Querelle les acteurs et sans cesse radote,
Crie et n'écoute rien, se tourmente sans fruit ;
Ensuite une servante y fait autant de bruit, etc.

Pradon et sa secte étoient bien dignes d'imiter

___

(1) La curiosité publique étoit excitée par l'opinion qu'on avoit qu'un M. de Fresne avoit réellement vendu sa femme à un corsaire, et que cette anecdote avoit servi de fond à la pièce.

cette tournure dans le sonnet contre la Phèdre de Racine en 1677. Ne pourroit-on pas même conjecturer que l'épître dont nous parlons est de la même fabrique? Au reste, quel qu'en soit l'auteur, il falloit que la passion l'aveuglât étrangement, pour ne lui pas faire trouver le rôle de madame *Pernelle* un des plus heureux du théâtre. Écoutons-le parler de Molière et de ses ouvrages.

Molière plaît assez ; son génie est folâtre ;
Et, pour en bien parler, c'est un bouffon plaisant.
. . . .
Toutes ses pièces sont d'agréables sottises ;
Il est mauvais poëte et bon comédien.
. . . .
Un si fameux succès ne lui fut jamais dû ;
Et, s'il a réussi, c'est qu'on l'a défendu.

A l'égard de la comédie critique, c'est un froid tissu de scènes sans invention, sans sel et sans gaîté : on y suit servilement la marche de la pièce critiquée. Il est difficile, surtout, de concevoir qu'on ait pu revêtir cette pièce d'un privilège, puisqu'on ne nous permettroit pas aujourd'hui de transcrire les indécences grossières qui s'y trouvent : c'est cependant l'insipide auteur de cette rapsodie qui, dans la scène dixième, ose juger Molière, comme on va le voir.

Il ravale la scène au gré des ignorans :
Son esprit est si haut branché dans ce qu'il pense,
Qu'il ne descend jamais jusqu'à la vraisemblance.
. . . .
C'est pour lui de l'hébreu, que finir un ouvrage, etc.

Après l'idée qu'on vient de donner de cette

critique, de quoi peut-on s'étonner aujourd'hui dans ce genre-là, et quel auteur osera se plaindre?

Ce qu'on dit tous les jours, ce qu'on écrit encore sur le dénouement du *Tartufe*, est une tradition conservée de ce misérable drame. L'auteur ne mérite personnellement aucune réponse, mais on en doit à ses échos, pour en arrêter, s'il se peut, la fatigante répétition.

Le fondateur des mœurs théâtrales avoit dû sentir que son faux dévot devoit être puni avec éclat à la fin de son ouvrage; et les moyens qu'il employa pour parvenir à cet objet, sont autant le fruit de son génie que tous les autres ressorts de sa fable dramatique.

Si l'ingratitude monstrueuse de *Tartufe* s'étoit développée par des voies ordinaires, il eût été impraticable de le punir autrement que par le mépris de ceux qu'il auroit abusés, ou tout au plus par la perte des avantages qu'il auroit cherché à se procurer : dénouement imparfait et commun, qui n'auroit suffi, ni pour le spectateur indigné, ni pour un génie de la trempe de Molière.

Mais, en supposant avec habileté que le bonhomme *Orgon* est coupable à la rigueur envers son prince d'une sorte de crime d'État, par le mystère qu'il fait de quelques papiers appartenans à un de ses amis disgraciés, Molière trouve un moyen naturel d'attirer ce prince même au dénouement des faits, et de conduire *Tartufe* à une punition plus exemplaire, et conséquemment plus utile.

AVERTISSEMENT

Orgon a eu l'imbécillité de confier son secret au faux dévot qui, par un motif de conscience, s'est fait remettre la cassette des papiers, afin qu'en cas de poursuite, *Orgon pût, en pleine sûreté, faire des sermens contre la vérité* (1). Ce monstre va lui-même au pied du trône solliciter la ruine de son bienfaiteur : dès-lors c'est de la décision du prince que dépendent les évènemens.

Tartufe est déjà connu du monarque sous un autre nom, comme un fourbe insigne; *Orgon*, au contraire, a rendu des services à son maître dans des tems de troubles (2). La clémence du prince est donc aussi naturelle que son intervention étoit nécessaire : tout est donc convenable et vrai dans le dénouement du *Tartufe*.

Quelle intéressante leçon Molière ne donnoit-il pas aux rois, en les appelant à l'honneur de punir des vices contre lesquels aucune loi positive n'a secondé la haine et le mépris qu'ils inspirent? Tels sont l'ingratitude et l'hypocrisie (3).

(1) Ce trait de restriction mentale, et plusieurs autres de cette espèce, répandus dans la pièce, nous apprennent que les véritables ennemis de la pièce étoient d'une secte redoutable, dont l'ambition, le manege, et l'intrigue dans les cours, avoient si fort élevé le crédit, qu'il a plié depuis sous son propre poids.

(2) Voyez la scène 2 de l'acte 1.

(3) *Ici on punit trois vices qui sont impunis chez les autres peuples, l'ingratitude, la dissimulation, et l'avarice*, dit Mentor dans Télémaque, livre 5. L'hypocrisie étoit-elle inconnue dans la Crête?

Il couvroit son protecteur de gloire en lui supposant la sagesse, le courage et la fermeté qu'il faut pour sévir contre un homme dont le caractère funeste n'a que trop souvent un appui difficile à vaincre.

Il faut en convenir, la donation faite à *Tartufe*, et ce qui en est la suite, ne valent rien dans la règle étroite. Molière le savoit. *Son procédé détruit la vertu du contrat*, dit-il; mais c'est encore à cette occasion que, loin de le blâmer, il faut le louer de l'intervention du prince qui, pour prix de la délation de *Tartufe* pouvoit avoir validé l'acte dont il étoit porteur.

Dès-lors les alarmes de madame *Pernelle* et de son fils sont fondées, et Molière, en cet endroit, emploie avec raison le sublime de son art en poussant les craintes de cette foible mère et d'*Orgon* aussi loin qu'elles peuvent aller, mais surtout en laissant croire à *Tartufe* que l'ordre apporté par l'exempt dont il est suivi est décerné contre son bienfaiteur, tandis qu'il en va devenir l'objet pour effrayer ses semblables, et pour remplir de joie tous ceux qu'avoit fait frémir l'apparence de son succès.

On a donc eu tort de dire jusqu'à présent que le dénouement du *Tartufe* étoit mauvais, on peut en trouver de foibles chez Molière, lorsque l'imitation des anciens le jette dans l'espèce de fables qu'ils avoient adoptées; mais toutes les fois qu'il invente son sujet, c'est la vérité, c'est la nature qui le conduisent (1).

Ce qu'on auroit pu remarquer, c'est que ce dénouement est dans quelques endroits moins bien écrit que le reste de l'ouvrage, où Molière est souvent égal et quelquefois supérieur à Despréaux même par rapport aux vers. On verra qu'il s'en étoit aperçu, puisqu'il avoit permis qu'on y fît, de son tems, des retranchemens marqués dans l'édition de 1682.

On a fait, de nos jours, une observation critique sur la scène cinquième du quatrième acte. *On ne souffriroit pas aujourd'hui* (dit-on) *qu'un mari se cachât sous une table pour s'assurer des discours qu'on tient à sa femme.*

Plus on y réfléchit, moins on aperçoit ce qui peut fonder cette opinion. La situation est simple, naturelle et plaisante : nous sommes bien loin de cette force comique qui peut en faire imaginer de pareilles ; mais on n'en doit pas conclure que le public ne les verroit plus avec le même transport. Cet esprit de décence, qui n'est qu'extérieur aujourd'hui, peut-il s'alarmer d'une scène où la présence du mari, quoique caché,

(1) M. Riccoboni, p. 124 de ses Observations sur la comédie, dit, à l'égard de ce dénouement, qu'il est le même que celui des pièces italiennes où Molière avoit pris l'idée de son caractère. On va voir que les prétendus originaux qu'on suppose imités par notre auteur, n'étoient, eux-mêmes, que de fades copies du *Tartufe*. Ce qu'il y a d'étonnant dans cette assertion; c'est qu'il est faux que les dénouemens soient les mêmes.

ne laisse rien à redouter pour la pudeur? *Et les choses n'iront que jusqu'où vous voudrez*, dit *Elmire*, dont on connoît d'ailleurs l'éloignement pour le faux dévot.

Il n'y a rien de si théâtral que la patience de ce mari, qui attend jusqu'aux dernières extrémités pour perdre la confiance qu'il a dans la vertu du plus scélérat des hommes. On voudroit seulement que la table n'eût point été apportée dans cet acte au milieu du théâtre, cela sent trop la machine. Voyez les observations, acte 4, sc. 4, sur ce vers, *Approchons cette table*, etc.

Un des meilleurs juges des arts, M. l'abbé Dubos, se souvenoit d'avoir lu que Molière devoit au théâtre italien la fable de son *Tartufe*. Voici comme il justifie notre auteur à cet égard dans ses *Réflexions critiques sur la poésie et la peinture*, t. 2, pag. 438.

Nous avons, dit-il, *une comédie italienne intitulée* don Pilone (1) *que M. Gigli, son auteur, dit avoir tirée du Tartufe de Molière. Pour le dire en passant, comme M. Gigli ne fait pas mention dans la préface de ce qu'il me souvient d'avoir lu autrefois dans quelque mémoire, que le Tartufe étoit originairement une comédie italienne, et que Molière n'avoit fait que l'accommoder à notre théâtre, on peut bien en douter.*

Ajoutons à ce motif d'incertitude le silence des ennemis de Molière sur ce point lors de la grande

---

(1) Il don Pilone overo il Bacchetone falso. Commedia tratta nuovamente dal Francese. *In Luca* l'anno 1711.

persécution du *Tartufe*, celui des Italiens même, qui, au lieu de bâtir leur farce indécente de *Scaramouche hermite*, n'auroient pas manqué de jouer leur *Dottor Bacchetone* s'il eût existé alors; le défaut d'indication d'année dans l'impression de cette farce attribuée à *Bonvicin Gioanelli*, et nous serons étonnés que l'auteur du dictionnaire portatif des théâtres affirme hardiment qu'on jouoit en Italie la pièce en question plus de cent ans avant le *Tartufe* (1); et surtout que M. Riccoboni, dans ses observations sur la comédie, pag. 147, la cite comme un canevas très-ancien dont Molière a beaucoup profité.

Nous avons lu avec autant d'attention que de dégoût cette farce insipide, écrite barbarement en jargon Bolonois, Vénitien et Bergamasque, sans situation, sans art et sans gaîté : il s'y trouve un personnage qui s'appelle *Filipotta* (2), et quelques traits qui ont des rapports avec le *Tartufe*; mais cette farce est-elle antérieure à la pièce de Molière? C'est un point de fait que personne n'a examiné avec attention, et qui ne peut se décider que par l'histoire du théâtre italien.

(1) M. *de Leris* ajoute, de plus, qu'on trouve dans cette farce le caractère, les actions et les principaux discours du *Tartufe*, p. 413. Et on ne trouve ni caractère, ni action, ni discours, dans le *Dottor Bacchetone*.

(2) Il faut remarquer que ce nom n'est pas de ceux dont les Italiens fassent usage, et qu'il ne se trouve point dans le Dictionnaire de *Veneroni*.

SUR LE TARTUFE. 37

Lione Alacci, savant Bibliothécaire du Vatican, mort en 1669, nous a laissé une Dramaturgie, augmentée depuis par *Cendoni*, Vénitien, et par le célèbre *Apostolo Zeno*. C'est un catalogue des pièces connues jusqu'en 1755, qui est la date de l'impression de cette Dramaturgie, petit *in-*4.º que nous avons sous les yeux.

On n'y trouve, à la lettre B, qu'une pièce intitulée *Bacchetona*, intermède, imprimée à Florence en 1720, qui n'a point de rapport avec la farce que nous cherchions ; en sorte que notre indécision est d'abord restée la même.

La table des auteurs, qui est à la suite de cette nomenclature, nous a heureusement été plus utile. A l'article *Bonvicin Gioanelli*, désigné auteur du *Dottor Bacchetone*, nous avons vu les pages auxquelles il falloit recourir pour y trouver les comédies de cet écrivain. Elles ne sont qu'au nombre de quatre (1) *Arlecchino Finto Bassa d'Algeri*, Arlequin cru Bacha d'Alger, pag. 111, sans indication d'année. *Il Pantalon Bullo*, etc. Pantalon Idiot à Venise 1693 (2)

---

(1) Pourquoi le *Dottor Bacchetone*, imprimé sous le nom de *Bonvicin Gioanelli*, ne se trouve-t-il pas dans la Dramaturgie au nombre des pièces de cet auteur ? C'est qu'un auteur Italien, sans mérite comme celui-ci, peut avoir fait hors de son pays un ouvrage qui n'y soit jamais connu. M. *Goldoni* lui-même, bien supérieur à *Bonvicin*, habitué parmi nous aujourd'hui, peut y composer telle comédie qu'ignorent les Ecrivains de sa nation.

(2) N. B. Voilà une comédie de cet auteur qui paroît 20 ans après Molière, tandis qu'on a écrit que son *Dottor Bachetone* se jouoit 100 ans avant *le Tartufe*.

pag. 596. *La Prodigalità di Arlecchino Mercante*, Arlequin, marchand prodigue, à Venise, sans année, pag. 647 (1). Et enfin pag. 841, *Ammalato immaginario sotto la cura del Dottor Purgon*, à Venise, encore sans année, c'est-à-dire, le Malade Imaginaire sous la garde du docteur Purgon.

Cette dernière comédie du docteur *Bonvicin Gioanelli* lève toute difficulté, puisqu'elle nous offre cet auteur italien se traînant encore sur les dernières traces de Molière, et travestissant le Malade Imaginaire selon l'usage de son pays pour le lui rendre propre : nous venons de voir d'ailleurs une comédie de cet écrivain, datée de 1693, vingt ans après Molière.

Le docteur *Bacchetone* est donc évidemment, ainsi que l'*Ammalato Immaginario*, une caricature italienne d'après Molière (2), et ne de-

(1) M. *Riccoboni* cite aussi cette pièce comme une des sources du *Tartufe*, mais il en change le titre en l'appelant *Arlecchino mercante prodigo*. V. ses Observ. p. 147.

(2) S'il étoit difficile de concevoir que Molière eût tiré son *Imposteur* de cette misérable pièce, comment comprendre que le sieur *Gioanelli*, ayant le *Tartufe* sous les yeux, ne soit parvenu qu'à en extraire la plus insipide des farces ?

Ajoutons que dans un ouvrage du commencement de ce siècle, cité par Bayle, et dans lequel on parle des différentes pièces Italiennes que Molière a imitées, on n'y dit pas un mot du *Dottor Bacchetone*, mais qu'à l'égard du *Tartufe*, on y parle d'une pièce intitulée *Barnagasse ;* aussi méconnue des auteurs Italiens qui ont écrit sur leur théâtre, que les farces qu'ont citées messieurs *Riccoboni* et de *Léris*... Il faut estimer et aimer Molière autant que l'auteur de ce Commentaire, pour concevoir la joie qu'il a ressentie à découvrir le premier l'injure qu'on faisoit à ce père de la scène Française.

voit pas être regardé comme l'original du *Tartufe* par le sieur *de Léris*, et moins encore par le sieur *Riccoboni*, italien, qui devoit être plus en état qu'un autre de venger Molière d'un soupçon aussi mal fondé.

Nous espérons qu'il ne sera plus question de cette misérable anecdote si long-tems conservée contre Molière, et qui ne vaut pas mieux que celle du manuscrit de M. de *Tralage*, à l'occasion du *Misanthrope*. On ne sauroit trop s'étonner des sottes impostures que l'envie sème contre les grands hommes, et du peu de soin qu'apportent les faiseurs de recueils à vérifier et à peser les faits qu'ils y font entrer.

Après avoir justifié pleinement Molière de ce prétendu plagiat, dont M. Dubos n'a fait que soupçonner la fausseté, il nous reste encore à défendre le chef-d'œuvre de ce génie supérieur d'une attaque plus insidieuse, et à laquelle on devoit s'attendre d'autant moins, qu'elle partit d'un des plus célèbres écrivains de l'autre siècle.

Il est évident que M. de la Bruyère, en traçant le caractère du faux dévot dans son chapitre de la mode, a eu le dessein de critiquer le *Tartufe*; nous ne mettons sous les yeux du lecteur, que les traits qui frappent ouvertement sur cet ouvrage.

Onuphre.... ne dit point ma haire et ma discipline; au contraire, il passeroit pour ce qu'il est, pour un hypocrite, et il veut passer pour ce qu'il n'est pas, pour un homme dévot.... S'il se trouve bien d'un homme opulent à qui il a su imposer.... il ne cajole point sa femme.... il est encore plus éloigné d'employer, pour la flatter, le jargon de la dévotion. Ce n'est point par habitude qu'il le parle, mais avec dessein et selon qu'il lui est utile, et jamais quand il ne serviroit qu'à le rendre très-ridicule.... Il ne pense point à profiter de toute la succession de son ami, ni à s'attirer une donation générale de tous ses biens... Il ne se joue point à la ligne directe, et il ne s'insinue jamais dans une famille où se trouvent à la fois une fille à pourvoir et un fils à établir, il y a là des droits trop forts et trop inviolables.

La Bruyère n'a point rapproché, comme nous venons de le faire, ces différens traits, parce que sa malignité auroit été trop prononcée, et qu'avec de vrais talens on a, malgré soi, quelque pudeur de critiquer Molière; il les a fondus dans un portrait qui a encore le défaut d'être trop long.

Ce portrait peut ressembler, sans doute, mais à une nature sans mouvement et sans vie, et par conséquent peu propre au jeu théâtral. L'effroi des faux dévots, lorsque le *Tartufe* parut, ne laisse aucun doute sur les vrais rapports qu'il avoit avec eux.

Pour peu que l'on connoisse l'art dramatique, on se convaincra aisément que l'hypocrite du Théophraste moderne est bien au-dessous de celui de Molière pour les effets de la scène, où les traits doivent être marqués avec force, et où le caractère qui agit et qui ose est préférable à celui qui dissimule et qui se tient dans une réserve continuelle. C'est une des erreurs de notre tems d'avoir cru que les petites perceptions fines et déliées d'une vaine métaphysique pouvoient conserver quelque consistance et quelque énergie dans l'optique du théâtre.

Comment viendroit-on à bout de démasquer Onuphre sur la scène, s'il n'abusoit de rien, s'il étoit toujours assez maître de lui-même pour ne se livrer à rien d'indécent ou d'injuste ? La critique artificieuse et jalouse de la Bruyère ne prouve donc qu'une chose, c'est que propre à faire un livre de morale excellent, il ne fût parvenu qu'à faire un drame triste et froid.

Finissons cet avertissement, déjà trop long, par un trait qui fait également honneur à Molière et à celui de nos écrivains qui a le plus approché de sa manière de saisir et de traiter le ridicule sur la scène.

La première comédie que vit à Paris le célèbre M. Piron, ce fut l'*Imposteur*; son admiration alloit jusqu'à l'extase. A la fin de la pièce, ses transports de joie augmentant encore, ses voisins lui en demandèrent les motifs : *Ah ! messieurs*, s'écria-t-il avec cette naïveté de génie qu'il a quelquefois eue si heureusement ; *ah ! messieurs... si cet ouvrage sublime n'étoit pas fait, il ne se feroit jamais.*

Dancour, en 1708, donna sa comédie de la *dame Artus*, dont le caractère n'est qu'une mauvaise copie du *Tartufe*.

ACTEURS.

Madame PERNELLE, mère d'Orgon.
ORGON, mari d'Elmire.
ELMIRE, femme d'Orgon.
DAMIS, fils d'Orgon.
MARIANE, fille d'Orgon.
VALÈRE, amant de Mariane.
CLÉANTE, beau-frère d'Orgon.
TARTUFE, faux dévot.
DORINE, suivante de Mariane.
Monsieur LOYAL, sergent.
UN EXEMPT.
FLIPOTE, servante de madame Pernelle.

La scène est à Paris, dans la maison d'Orgon.

LE TARTUFE.

ACTE PREMIER.

SCÈNE I*.

MADAME PERNELLE, ELMIRE, MARIANE, CLÉANTE, DAMIS, DORINE, FLIPOTE.

Madame PERNELLE.

Allons, Flipote, allons, que d'eux je me délivre.
ELMIRE.
Vous marchez d'un tel pas, qu'on a peine à vous suivre.

* On a ignoré long-tems où Molière avoit puisé ce nom de *Tartufe* 1, qui a fait un synonyme de plus dans notre langue, aux mots *hypocrites*, *faux dévots*, etc.

Et ton nom paroîtra dans la race future,
Aux plus vils imposteurs une cruelle injure 2.

Voici ce que la tradition nous apprend à cet égard : Plein de cet ouvrage qu'il méditoit, Molière se trouva un jour chez le nonce du pape avec plusieurs personnes, dont un marchand

1 Le célèbre La Fontaine est le seul qui ait écrit *Tartuf* au lieu de *Tartufe*. V. sa Fable *du Chat et du Renard*, l. 3.

C'étoient deux vrais Tartufs, deux Archipatelins.

2 C'est ce qui étoit arrivé au nom de Messaline à Rome, et en France à celui de Patelin.

Madame PERNELLE.

Laissez, ma bru, laissez. Ne venez pas plus loin ;
Ce sont toutes façons dont je n'ai pas besoin.

ELMIRE.

De ce que l'on vous doit, envers vous l'on s'acquitte.
Mais, ma mère, d'où vient que vous sortez si vite ?

de truffes, vint par hasard animer les physionomies béates et contrites. *Tartuffoli, signor nuntio tartuffoli*, s'écrioient les courtisans de l'envoyé de Rome, en lui présentant les plus belles. Attentif à ce tableau, qui peut-être lui fournit encore d'autres traits, il conçut alors le nom de son imposteur d'après le mot de *tartuffoli*, qui avoit fait une si vive impression sur tous les acteurs de la scène.

Je crois avoir ouï dire, écrivoit le grand Rousseau à Brossette, en 1718, *que l'aventure de Tartufe se passa chez la duchesse de Longueville.* Cette anecdote est bien vague : de quelle aventure du *Tartufe* est-il question ? Est-ce de la séduction d'Elmire ; de l'abus de confiance du faux dévot, de la donation qu'il reçoit, ou de sa punition, qu'on veut parler ? Voici la substance de ce qu'on trouve dans les Mémoires de l'abbé de Choisy, tom. 2, p. 102 et 103.

L'abbé de Cosnac, depuis évêque de Valence, ne pouvoit souffrir, chez le prince de Conti, dont il étoit le favori, l'abbé de Roquette, si connu par l'épigrame de Despréaux 1.

M. de Guilleragues, ce courtisan spirituel et poli, auquel le même Despréaux adressa, en 1674, son épître sur le bonheur, haïssoit aussi cordialement ce bas flatteur du prince ; tous deux concertèrent les moyens de se venger de lui.

Ils écrivirent exactement tout ce qu'ils lui avoient vu faire, et le portrait achevé, M. de Guilleragues alla le porter à son ami Molière, qui dessina celui du *Tartufe* d'après ces Mémoires.

Ce même abbé de Roquette étoit, sans doute, très-connu de madame de Longueville, sœur du prince de Conti, livré

1. On dit que l'abbé Roquette,
Prêche les sermons d'autrui,
Moi qui sais qu'il les achette,
Je soutiens qu'ils sont à lui.

C'est ce même abbé de Roquette, qui dans les guerres de la Fronde, sous le personnage de cocher, fit entrer à Paris la princesse douairière de Condé. Voyez les Mémoires de Retz, tom. 4.

ACTE I. SCÈNE I.

Madame PERNELLE.

C'est que je ne puis voir tout ce ménage-ci,
Et que, de me complaire, on ne prend nul souci.
Oui, je sors de chez vous fort mal édifiée ;
Dans toutes mes leçons, j'y suis contrariée,

alternativement à l'amour des plaisirs et aux conseils de sa femme 1, qui se consoloit de l'avoir épousé en le rendant dévot. L'anecdote rapportée par Rousseau n'a donc rien de contraire au récit beaucoup plus circonstancié de l'abbé de Choisy, l'homme de France le mieux instruit de tout ce qui s'étoit passé de son tems. Peut-être l'abbé de Roquette, dont la jeune princesse se servoit pour la conversion de son mari, fut-il démasqué chez madame de Longueville, qui avoit moins à cœur le salut de son frère.

Dans mes observations générales sur ce chef-d'œuvre, j'ai dit, d'après les Mémoires de l'abbé de Choisy, que l'abbé de Roquette, depuis E. d'A. avoit été l'original de ce caractère si fortement dessiné par Molière. M. le marquis de Tyard m'a fait remarquer depuis qu'il n'eût pas été indifférent d'appuyer cette opinion par le témoignage de l'illustre madame de Sévigné. Voyez sa lettre du 12 avril 1680. « Nous attendons ce que la
» providence a ordonné. Vraiment elle voulut hier que M.
» d'Autun fit aux grandes Carmélites l'oraison funèbre de ma-
» dame de Longueville, avec toute la capacité, toute la grace
» et toute l'habileté dont un homme puisse être capable. Ce
» n'étoit point *Tartufe*, ce n'étoit point un patelin, c'étoit un
» homme de conséquence. » Dans une autre lettre, cette dame, après avoir raconté un trait qui regardoit ce prélat, ajoute, avec sa gaieté ordinaire : *Le pauvre homme !*

Ces deux citations ne permettent guères de douter que l'anecdote de l'abbé de Choisy ne fut connue dans l'autre siècle par toute la bonne compagnie ; mais je n'en devois pas conclure, comme je l'ai fait, que la duchesse de Longueville eût cherché à dévoiler l'hypocrisie de l'abbé de Roquette, parce qu'en travaillant à la conversion de son frère, il l'avoit détaché de ses intérêts. La conversion de la duchesse précéda de plusieurs années celle du prince de Conti. Le premier trait de madame de Sévigné paroît expliquer ce que Rousseau écrivit à Brossette, que *l'aventure du Tartufe se passa chez la duchesse de Longueville*, et il y a grande apparence que cette duchesse avoit été l'*Elmire*, puisque madame de Sévigné regarde comme un des prodiges de la providence que l'évêque eut été choisi

---

1 Anne-Marie Martinozzi, nièce du Cardinal Mazarin.

On n'y respecte rien, chacun y parle haut ;
Et c'est, tout justement la cour du roi Pétaut *.

DORINE.

Si....

Madame PERNELLE.

Vous êtes, ma mie, une fille suivante,
Un peu trop forte en gueule, et fort impertinente ;
Vous vous mêlez, sur tout, de dire votre avis.

DAMIS.

Mais...

Madame PERNELLE.

Vous êtes un sot en trois lettres, mon fils ;
C'est moi qui vous le dis, qui suis votre grand'mère,
Et j'ai prédit cent fois, à mon fils votre père,
Que vous preniez tout l'air d'un méchant garnement,
Et ne lui donneriez jamais que du tourment.

MARIANE.

Je crois..

pour prononcer l'oraison funèbre de la duchesse, ce qui n'auroit rien eu d'extraordinaire, s'il ne s'étoit rien passé entr'eux.

Le savant ingénieux qui, dans une lettre qu'il m'a adressée le mois de mai 1766, dans le journal Encyclopédique, s'est efforcé de me convaincre que la *Célimène* du Misanthrope étoit tracée d'après la duchesse dont on vient de parler, veut encore que Molière, blessé dans son honneur et sa fortune par la première *visionnaire de Nicole*, ait eu *quelque forte reminiscence du Port-Royal dans le Tartufe*. Si, dit-il, parmi les amis qu'il y avoit, tels que Boileau, Racine, etc., il put faire entendre qu'il avoit pris chez les ennemis de cette maison l'original de son imposteur, *il lui étoit encore plus aisé de persuader aux J.... et au P. Confesseur, que cet original avoit été tiré du Port-Royal.* Je pense, au contraire, que rien n'auroit été plus difficile à leur prouver, parce que plusieurs traits de la pièce établissoient le contraire ; c'est ce qu'avoient bien senti ceux qui avoient engagé le célèbre Bourdaloue à déclamer contre cet ouvrage dans son sermon du septième dimanche d'après Pâques.

* *Et c'est tout justument la cour du roi Pétaut.*

C'est par corruption qu'on écrit *Pétaut*. Il faudroit dire *Peto*, je demande, parce que ce prétendu roi est le chef que se choisissent les mendians ; et assurément une cour de geux de toute espèce est un peu tumultueuse.

ACTE I. SCÉNE I.

Madame PERNELLE.

Mon Dieu, sa sœur, vous faites la discrette,
Et vous n'y touchez pas, tant vous semblez doucette ;
Mais il n'est, comme on dit, pire eau, que l'eau qui dort,
Et vous menez, sous cape, un train que je hais fort.

ELMIRE.

Mais, ma mère....

Madame PERNELLE.

Ma bru, qu'il ne vous en deplaise,
Votre conduite, en tout, est tout-à-fait mauvaise ;
Vous devriez leur mettre un bon exemple aux yeux *.
Et leur défunte mère en usoit beaucoup mieux.
Vous êtes dépensière ; et cet état me blesse **,
Que vous alliez vêtue ainsi qu'une princesse.
Quiconque, à son mari, veut plaire seulement,
Ma bru, n'a pas besoin de tant d'ajustement.

CLEANTE.

Mais, madame, après tout....

Madame PERNELLE.

Pour vous, monsieur son frère,
Je vous estime fort, vous aime et vous révère ;
Mais enfin, si j'étois de mon fils son époux,
Je vous prierois bien fort de n'entrer point chez nous.
Sans cesse vous prêchez des maximes de vivre
Qui par d'honnêtes gens ne se doivent point suivre.
Je vous parle un peu franc, mais c'est la mon humeur,
Et je ne mâche point ce que j'ai sur le cœur.

DAMIS.

Votre monsieur Tartufe est bienheureux sans doute....

Madame PERNELLE.

C'est un homme de bien qu'il faut que l'on écoute,
Et je ne puis souffrir, sans me mettre en courroux,
De le voir quereller par un fou comme vous.

* *Leur mettre un bon exemple aux yeux.* On ne dit point *mettre aux yeux.*

** *Cet état me blesse que vous alliez ainsi vêtue*, etc. Cette construction a paru forcée, quoique dans le style familier.

DAMIS.

Quoi, je souffrirai, moi, qu'un cagot de critique
Vienne usurper céans un pouvoir tyrannique !
Et que nous ne puissions à rien nous divertir,
Si ce beau monsieur-là n'y daigne consentir ?

DORINE.

S'il le faut écouter, et croire à ses maximes,
On ne peut faire rien qu'on ne fasse des crimes,
Car il contrôle tout, ce critique zélé.

Madame PERNELLE.

Et tout ce qu'il contrôle, est fort bien contrôlé.
C'est au chemin du ciel qu'il prétend vous conduire ;
Et mon fils à l'aimer vous devroit tous induire.

DAMIS.

Non, voyez-vous, ma mère, il n'est père, ni rien
Qui me puisse obliger à lui vouloir du bien,
Je trahirois mon cœur de parler d'autre sorte.
Sur ses façons de faire, à tous coups je m'emporte ;
J'en prévois une suite, et qu'avec ce pied plat
Il faudra que j'en vienne à quelque grand éclat.

DORINE.

Certes, c'est une chose aussi qui scandalise,
De voir qu'un inconnu céans s'impatronise ;
Qu'un gueux, qui, quand il vint, n'avoit pas de souliers,
Et dont l'habit entier valoit bien six deniers,
En vienne jusques-là, que de se méconnoître,
De contrarier tout, et de faire le maître.

Madame PERNELLE.

Hé, merci de ma vie, il en iroit bien mieux,
Si tout se gouvernoit par ses ordres pieux !

DORINE.

Il passe pour un saint dans votre fantaisie ;
Tout son fait, croyez-moi, n'est rien qu'hypocrisie.

Madame PERNELLE.

Voyez la langue !

DORINE.

   A lui, non plus qu'à son Laurent,
Je ne me fierois, moi, que sur un bon garant.

ACTE I. SCÈNE I.

Madame PERNELLE.

J'ignore ce qu'au fond le serviteur peut être ;
Mais pour homme de bien je garantis le maître.
Vous ne lui voulez mal, et ne le rebutez,
Qu'à cause qu'il vous dit à tous vos vérités.
C'est contre le péché que son cœur se courrouce,
Et l'intérêt du ciel est tout ce qui le pousse.

DORINE.

Oui, mais pourquoi, surtout depuis un certain tems,
Ne sauroit-il souffrir qu'aucun hante céans ?
En quoi blesse le ciel une visite honnête,
Pour en faire un vacarme à nous rompre la tête ?
Veut-on que, là-dessus, je m'explique entre nous ?
(*montrant Elmire.*)
Je crois que de madame il est, ma foi, jaloux.

Madame PERNELLE.

Taisez-vous, et songez aux choses que vous dites.
Ce n'est pas lui tout seul qui blâme ces visites.
Tout ce tracas qui suit les gens que vous hantez,
Ces carosses sans cesse à la porte plantés,
Et de tant de laquais le bruyant assemblage,
Font un éclat fâcheux dans tout le voisinage.
Je veux croire qu'au fond il ne se passe rien ;
Mais enfin on en parle, et cela n'est pas bien.

CLEANTE.

Hé, voulez-vous, madame, empêcher qu'on ne cause ?
Ce seroit dans la vie une fâcheuse chose,
Si, pour les sots discours où l'on peut être mis,
Il falloit renoncer à ses meilleurs amis.
Et, quand même on pourroit se résoudre à le faire,
Croiriez-vous obliger tout le monde à se taire ?
Contre la médisance il n'est point de rempart ;
A tous les sots caquets n'ayons donc nul égard ;
Efforçons-nous de vivre avec toute innocence,
Et laissons aux causeurs une pleine licence.

DORINE.

Daphné, notre voisine, et son petit époux,
Ne seroient-ils point ceux qui parlent mal de nous ?
Ceux de qui la conduite offre le plus à rire,

Sont toujours, sur autrui, les premiers à médire;
Ils ne manquent jamais de saisir promptement
L'apparente lueur du moindre attachement,
D'en semer la nouvelle avec beaucoup de joie,
Et d'y donner le tour qu'ils veulent qu'on y croie *.
Des actions d'autrui, teintes de leurs couleurs,
Ils pensent dans le monde autoriser les leurs;
Et, sous le faux espoir de quelque ressemblance,
Aux intrigues qu'ils ont, donner de l'innocence,
Ou faire ailleurs tomber quelques traits partagés
De ce blâme public dont ils sont trop chargés.

Madame PERNELLE.

Tous ces raisonnemens ne font rien à l'affaire.
On sait qu'Orante mène une vie exemplaire,
Tous ses soins vont au ciel; et j'ai su par des gens,
Qu'elle condamne fort le train qui vient céans.

DORINE.

L'exemple est admirable, et cette dame est bonne.
Il est vrai qu'elle vit en austère personne;
Mais l'âge, dans son ame, a mis ce zèle ardent,
Et l'on sait qu'elle est prude à son corps défendant.
Tant qu'elle a pu des cœurs attirer les hommages,
Elle a fort bien joui de tous ses avantages;
Mais, voyant de ses yeux tous les brillans baisser **,
Au monde, qui la quitte, elle veut renoncer,
Et du voile pompeux d'une haute sagesse,
De ses attraits usés déguiser la foiblesse.
Ce sont là les retours des coquettes du tems;
Il leur est dur de voir déserter les galans.
Dans un tel abandon leur sombre inquiétude
Ne voit d'autre recours que le métier de prude;

---

* *Le tour qu'ils veulent qu'on y croie. Le tour qu'on y croit* n'est pas français.

** *De ses yeux tous les brillans.* Plusieurs ont cru qu'on ne pouvoit dire *les brillans de ses yeux*, quoique ce soit une Soubrette qui parle.

Et la sévérité de ces femmes de bien
Censure toute chose, et ne pardonne à rien * ;
Hautement d'un chacun, elles blâment la vie,
Non point par charité, mais par un trait d'envie,
Qui ne sauroit souffrir qu'un autre ait les plaisirs
Dont le penchant de l'âge a sevré leurs desirs.

   Madame PERNELLE *à Elmire.*

Voilà les contes bleus qu'il vous faut pour vous plaire,
Ma bru. L'on est, chez vous, contrainte de se taire.
Car madame, à jaser, tient le dé tout le jour ;
Mais enfin, je prétends discourir à mon tour.
Je vous dis que mon fils n'a rien fait de plus sage,
Qu'en recueillant chez soi ce dévot personnage ;
Que le ciel au besoin l'a céans envoyé,
Pour redresser à tous votre esprit fourvoyé :
Que, pour votre salut, vous le devez entendre,
Et qu'il ne reprend rien qui ne soit à reprendre.
Ces visites, ces bals, ces conversations,
Sont, du malin esprit, toutes inventions.
Là, jamais on n'entend de pieuses paroles,
Ce sont propos oisifs, chansons et fariboles,
Bien souvent le prochain en a sa bonne part,
Et l'on y sait médire et du tiers et du quart.
Enfin les gens sensés ont leurs têtes troublées
De la confusion de telles assemblées ;
Mille caquets divers s'y font en moins de rien ;
Et, comme l'autre jour, un docteur dit fort bien ;
C'est véritablement la tour de Babylone,
Car chacun y babille, et tout du long de l'aune ;
Et pour conter l'histoire où ce point l'engagea..
   (*montrant Cléante.*)
Voilà-t-il pas monsieur qui ricane déjà ?
Allez chercher vos fous qui vous donnent à rire,
   (*à Elmire.*)
Et sans... Adieu, ma bru, je ne veux plus rien dire.
Sachez que, pour céans, j'en rabats de moitié,

---

* *Ne pardonne à rien.* Plusieurs auroient desiré *ne pardonne rien.*

LE TARTUFE.

Et qu'il fera beau tems, quand j'y mettrai le pied.
(*donnant un soufflet à Flipote.*)
Allons, vous, vous rêvez et baillez aux corneilles;
Jour de Dieu! Je saurai vous frotter les oreilles.
Marchons, gaupe, marchons.

SCÈNE II.
CLÉANTE, DORINE.

CLÉANTE.

Je n'y veux point aller,
De peur qu'elle ne vînt encor me quereller;
Que cette bonne femme....

DORINE.

Ah! certes, c'est dommage,
Qu'elle ne vous ouît tenir un tel langage;
Elle vous diroit bien qu'elle vous trouve bon,
Et qu'elle n'est point d'âge à lui donner ce nom.

CLÉANTE.

Comme elle s'est pour rien contre nous échauffée!
Et que de son Tartufe elle paroît coiffée!

DORINE.

Oh! vraiment tout cela n'est rien au prix du fils;
Et, si vous l'aviez vu, vous diriez, c'est bien pis!
Nos troubles l'avoient mis sur le pied d'homme sage,
Et, pour servir son prince, il montra du courage*;
Mais il est devenu comme un homme hébété,
Depuis que de Tartufe on le voit entêté,
Il l'appelle son frère; et l'aime, dans son ame,
Cent fois plus qu'il ne fait mère, fils, fille et femme.
C'est de tous ses secrets l'unique confident,

---

* *Nos troubles l'avoient mis sur le pied d'homme sage,
Et, pour servir son prince, il montra du courage.*

Il est essentiel d'observer avec quelle adresse Molière prépara son dénouement dès le premier acte de sa pièce : voilà le bonhomme Orgon présenté d'un seul trait comme un citoyen digne de la grace que doit lui faire le prince auquel il sera déféré par Tartufe.

ACTE I. SCÈNE II.

Et de ses actions le directeur prudent,
Il le choie, il l'embrasse ; et, pour une maîtresse,
On ne sauroit, je pense, avoir plus de tendresse.
A table, au plus haut bout, il veut qu'il soit assis ;
Avec joie, il l'y voit manger autant que six ;
Les bons morceaux de tout, il faut qu'on les lui cède ;
Et s'il vient à roter, il lui dit, Dieu vous aide *.
Enfin il en est fou ; c'est son tout, son héros,
Il l'admire à tous coups, le cite à tous propos ;
Ses moindres actions lui semblent des miracles,
Et tous les mots qu'il dit, sont pour lui des oracles.
Lui, qui connoît sa dupe, et qui veut en jouir,
Par cent dehors fardés, a l'art de l'éblouir ;
Son cagotisme en tire, à toute heure, des sommes,
Et prend droit de gloser sur tous tant que nous sommes.
Il n'est pas jusqu'au fat qui lui sert de garçon,
Qui ne se mêle aussi de nous faire leçon ;
Il vient nous sermoner avec des yeux farouches,
Et jeter nos rubans, notre rouge et nos mouches.
Le traître, l'autre jour, nous rompit de ses mains
Un mouchoir qu'il trouva dans une fleur des saints *,
Disant que nous mêlions, par un crime effroyable,
Avec la sainteté, les parures du diable.

* Dans cette scène où Dorine dit, *Et s'il vient à roter, il lui dit Dieu vous aide*, les éditeurs de 1682 avertissoient naïvement que c'étoit une suivante qui parloit. On retranche aujourd'hui ce vers et les trois qui le précedent.

* *Fleur des Saints*. Livre ascétique ou de dévotion : c'est le titre des Vies des Saints de Ribadénéira, traduites en français, 2 vol. *in-folio*.

SCÈNE III.

ELMIRE, MARIANE, DAMIS, CLÉANTE, DORINE.

ELMIRE à *Cléante.*

Vous êtes bien heureux, de n'être point venu
Au discours qu'à la porte elle nous a tenu.
Mais j'ai vu mon mari ; comme il ne m'a point vue,
Je veux aller là-haut, attendre sa venue.

CLÉANTE.

Moi, je l'attends ici pour moins d'amusement *,
Et je vais lui donner le bonjour seulement.

SCÈNE IV.

CLÉANTE, DAMIS, DORINE.

DAMIS.

De l'hymen de ma sœur touchez-lui quelque chose.
J'ai soupçon que Tartufe à son effet s'oppose,
Qu'il oblige mon père à des détours si grands,
Et vous n'ignorez pas quel intérêt j'y prends.
Si même ardeur enflamme et ma sœur et Valère,
La sœur de cet ami, vous le savez, m'est chère ;
Et s'il falloit....

DORINE.

Il entre.

SCÈNE V.

ORGON, CLÉANTE, DORINE.

ORGON.

Ah ! mon frère, bonjour !

---

* *Pour moins d'amusement*, ne se diroit plus, au lieu de *pour perdre moins de tems.*

ACTE I. SCÈNE V.
CLÉANTE.
Je sortois, et j'ai joie à vous voir de retour *.
La campagne à présent n'est pas beaucoup fleurie.
ORGON.
(à Cléante.)
Dorine. Mon beau-frère, attendez, je vous prie.
Vous voulez bien souffrir, pour m'ôter de souci,
Que je m'informe un peu des nouvelles d'ici.
(à Dorine.)
Tout s'est-il, ces deux jours, passé de bonne sorte ?
Qu'est-ce qu'on fait céans, comme est-ce qu'on s'y porte ** ?
DORINE.
Madame eut, avant-hier, la fièvre jusqu'au soir,
Avec un mal de tête étrange à concevoir.
ORGON.
Et Tartufe ?
DORINE.
Tartufe ? Il se porte à merveille,
Gros et gras, le teint frais, et la bouche vermeille.
ORGON.
Le pauvre homme *** !

* *J'ai joie à vous voir*, pour *j'ai de la joie de vous voir*, ne se diroit plus.

** *Comme est-ce*, pour *comment est-ce*, ne se diroit plus.

*** Plusieurs personnes ont ouï conter à M. l'abbé d'Olivet, de l'Académie française, un fait qui sera nouveau pour le plus grand nombre des lecteurs. Il ne peut qu'augmenter la célébrité du refrain ingénieux *Le pauvre homme !* qui fait le charme de cette scène.
Louis XIV (disoit le célèbre académicien) marchoit vers la Lorraine sur la fin de l'été de 1662. Accoutumé, dans ses premières campagnes, à ne faire qu'un repas le soir, il alloit se mettre à table la veille de St. Laurent, lorsqu'il conseilla à M.

LE TARTUFE.

DORINE.

Le soir, elle eut un grand dégoût,
Et ne put, au souper, toucher à rien du tout,
Tant sa douleur de tête étoit encor cruelle.

ORGON.

Et Tartufe ?

DORINE.

Il soupa, lui tout seul, devant elle ;
Et fort dévotement il mangea deux perdrix,
Avec une moitié de gigot en hachis.

ORGON.

Le pauvre homme !

---

de Rhod.... qui avoit été son précepteur [1], d'aller en faire autant.

Le prélat, avant de se retirer, lui fit observer, peut-être avec trop d'affectation, qu'il n'avoit qu'une collation légère à faire un jour de vigile et de jeûne ; cette réponse ayant excité, de la part de quelqu'un, un rire qui, quoique retenu, n'avoit point échappé à Louis XIV, il voulut en savoir le motif.

Le rieur répondit à sa majesté qu'elle pouvoit se tranquilliser sur le compte de M. de B.... et lui fit un détail exact de son dîner dont il avoit été témoin. A chaque mets exquis et recherché que le conteur faisoit passer sur la table de M. de Rh.... Louis XIV s'écrioit : *Le pauvre homme !* Et chaque fois il assaisonnoit ce mot d'un ton de voix différent qui le rendoit extrêmement plaisant.

Molière, en qualité de valet de chambre, avoit fait ce voyage ; il fut témoin de cette scène ; et, comme il travailloit alors à son *Imposteur*, il en fit l'heureux usage que nous voyons.

Louis XIV, en écoutant, l'année suivante, les trois premiers actes du *Tartufe*, ne se rappeloit point la part qu'il avoit à cette scène cinquième. Moliere l'en fit ressouvenir, et ne lui déplut point. Qui sait si ce fait qui associoit, pour ainsi dire, le prince et le poëte, ne contribua pas à sauver ce chef-d'œuvre de l'oubli dans lequel une cabale puissante s'efforça, pendant quatre années, de le faire tomber ?

[1] Louis XIV (disent les Mémoires de M. de Bordeaux) avoit reproché plusieurs fois à M. de Rhod.... l'éducation qu'il lui avoit donnée. Ce qui faisoit croire, ajoute cet intendant, que M. de B... s'en tiendroit à l'évêché qu'il avoit. Il occupa cependant par la suite une des grandes places de la hiérarchie française.

ACTE I. SCÈNE V.

DORINE.
La nuit se passa toute entière,
Sans qu'elle pût fermer un moment la paupière ;
Des chaleurs l'empêchoient de pouvoir sommeiller,
Et jusqu'au jour, près d'elle, il nous fallut veiller.

ORGON.
Et Tartufe ?

DORINE.
Pressé d'un sommeil agréable,
Il passa dans sa chambre, au sortir de la table ;
Et dans son lit bien chaud il se mit tout soudain,
Où, sans trouble, il dormit jusques au lendemain.

ORGON.
Le pauvre homme !

DORINE.
A la fin, par nos raisons gagnée,
Elle se résolut à souffrir la saignée,
Et le soulagement suivit tout aussitôt.

ORGON.
Et Tartufe ?

DORINE.
Il reprit courage comme il faut.
Et, contre tous les maux, fortifiant son ame,
Pour réparer le sang qu'avoit perdu madame,
But, à son déjeûné, quatre grands coups de vin.

ORGON.
Le pauvre homme !

DORINE.
Tous deux se portent bien enfin,
Et je vais à madame annoncer par avance,
La part que vous prenez à sa convalescence.

SCÈNE VI.

ORGON, CLÉANTE.

CLÉANTE.
A votre nez, mon frère, elle se rit de vous ;
Et, sans avoir dessein de vous mettre en courroux,

Je vous dirai, tout franc, que c'est avec justice.
A-t-on jamais parlé d'un semblable caprice ?
Et se peut-il qu'un homme ait un charme aujourd'hui,
A vous faire oublier toutes choses pour lui ?
Qu'après avoir chez vous réparé sa misère,
Vous en veniez au point....

ORGON.

Alte-là, mon beau-frère ;
Vous ne connoissez pas celui dont vous parlez.

CLÉANTE.

Je ne le connois pas, puisque vous le voulez ;
Mais enfin, pour savoir quel homme ce peut être....

ORGON.

Mon frère, vous seriez charmé de le connoître,
Et vos ravissemens ne prendroient point de fin.
C'est un homme... qui... ah !... un homme... un homme enfin !
Qui suit bien ses leçons, goûte une paix profonde,
Et comme du fumier regarde tout le monde.
Oui, je deviens tout autre avec son entretien,
Il m'enseigne à n'avoir affection pour rien ;
De toutes amitiés il détache mon ame ;
Et je verrois mourir, frère, enfans, mère et femme,
Que je m'en soucierois autant que de cela.

CLÉANTE.

Les sentimens humains, mon frère, que voilà !

ORGON.

Ah ! si vous aviez vu comme j'en fis rencontre,
Vous auriez pris pour lui l'amitié que je montre.
Chaque jour à l'église, il venoit, d'un air doux,
Tout vis-à-vis de moi se mettre à deux genoux.
Il attiroit les yeux de l'assemblée entière,
Par l'ardeur dont au ciel il poussoit sa prière :
Il faisoit des soupirs, de grands élancemens,
Et baisoit humblement la terre à tous momens ;
Et, lorsque je sortois, il me devançoit vîte,
Pour m'aller à la porte offrir de l'eau bénite.
Instruit, par son garçon, qui dans tout l'imitoit,
Et de son indigence, et de ce qu'il étoit,
Je lui faisois des dons ; mais, avec modestie,

ACTE I. SCÈNE VI.

Il me vouloit toujours en rendre une partie * :
C'est trop, me disoit-il, *c'est trop de la moitié,*
Je ne mérite pas de vous faire pitié ;
Et quand je refusois de le vouloir reprendre,
Aux pauvres, à mes yeux, il alloit le répandre.
Enfin le ciel chez moi me le fit retirer,
Et, depuis ce tems-là, tout semble y prospérer :
Je vois qu'il reprend tout, et qu'à ma femme même,
Il prend, pour mon honneur, un intérêt extrême ;
Il m'avertit des gens qui lui font les yeux doux,
Et plus que moi six fois il s'en montre jaloux.
Mais vous ne croiriez point jusqu'où monte son zèle ;
Il s'impute à péché la moindre bagatelle ;
Un rien presque suffit pour le scandaliser ;
Jusques-là qu'il se vint l'autre jour accuser
D'avoir pris une puce en faisant sa prière,
Et de l'avoir tuée avec trop de colère.

CLÉANTE.
Parbleu, vous êtes fou, mon frère, que je croi.
Avec de tels discours, vous moquez-vous de moi ?
Et que prétendez-vous ? Que tout ce badinage....

ORGON.
Mon frère, ce discours sent le libertinage ;
Vous en êtes un peu dans votre ame entiché,
Et, comme je vous l'ai plus de dix fois prêché,
Vous vous attirerez quelque méchante affaire.

CLÉANTE.
Voilà de vos pareils le discours ordinaire.
Ils veulent que chacun soit aveugle comme eux.
C'est être libertin que d'avoir de bons yeux ;
Et qui n'adore pas de vaines simagrées,
N'a ni respect ni foi pour les choses sacrées.
Allez, tous vos discours ne me font point de peur ;
Je sais comme je parle, et le ciel voit mon cœur.
De tous vos façonniers on n'est point les esclaves.

---

* *Il me vouloit.... en rendre.* Quelques-uns ont cru qu'il falloit dire *il m'en vouloit rendre*, ou *il vouloit m'en rendre*, sans séparer *me* de *en*.

Il est de faux dévots ainsi que de faux braves ;
Et, comme on ne voit pas qu'où l'honneur les conduit
Les vrais braves soient ceux qui font beaucoup de bruit,
Les bons et vrais dévots, qu'on doit suivre à la trace,
Ne sont pas ceux aussi qui font tant de grimace.
Hé quoi ! vous ne ferez nulle distinction
Entre l'hypocrisie et la dévotion ?
Vous les voulez traiter d'un semblable langage,
Et rendre même honneur au masque qu'au visage,
Égaler l'artifice à la sincérité,
Confondre l'apparence avec la vérité,
Estimer le fantôme autant que la personne,
Et la fausse monnaie à l'égal de la bonne ?
Les hommes, la plupart, sont étrangement faits,
Dans la juste nature on ne les voit jamais :
La raison a pour eux des bornes trop petites,
En chaque caractère ils passent ses limites ;
Et la plus noble chose, ils la gâtent souvent,
Pour la vouloir outrer et pousser trop avant.
Que cela vous soit dit en passant, mon beau-frère.

ORGON.

Oui, vous êtes, sans doute, un docteur qu'on révère,
Tout le savoir du monde est chez vous retiré,
Vous êtes le seul sage et le seul éclairé,
Un oracle, un Caton dans le siècle où nous sommes,
Et, près de vous, ce sont des sots que tous les hommes.

CLÉANTE.

Je ne suis point, mon frère, un docteur révéré,
Et le savoir chez moi n'est pas tout retiré.
Mais, en un mot, je sais, pour toute ma science *,
Du faux avec le vrai faire la différence ;
Et comme je ne vois nul genre de héros
Qui soient plus à priser que les parfaits dévots,
Aucune chose au monde et plus noble et plus belle
Que la sainte ferveur d'un véritable zèle ;
Aussi ne vois-je rien qui soit plus odieux
Que le dehors plâtré d'un zèle spécieux,

* *Pour toute ma science.* Il faudroit *pour toute science.*

ACTE I. SCENE VI.

Que ces francs charlatans, que ces dévots de place,
De qui la sacrilège et trompeuse grimace
Abuse impunément, et se joue à leur gré
De ce qu'ont les mortels de plus saint et sacré.
Ces gens qui, par une ame à l'intérêt soumise,
Font de dévotion métier et marchandise,
Et veulent acheter crédit et dignités,
A prix de faux clins d'yeux et d'élans affectés ;
Ces gens, dis-je, qu'on voit, d'une ardeur non commune,
Par le chemin du ciel, courir à leur fortune ;
Qui, brûlans et prians demandent chaque jour,
Et prêchent la retraite au milieu de la cour ;
Qui savent ajuster leur zèle avec leurs vices,
Sont prompts, vindicatifs, sans foi, pleins d'artifices,
Et, pour perdre quelqu'un, couvrent insolemment
De l'intérêt du ciel leur fier ressentiment ;
D'autant plus dangereux dans leur âpre colère,
Qu'ils prennent contre nous des armes qu'on révère,
Et que leur passion, dont on leur sait bon gré,
Veut nous assassiner avec un fer sacré.
De ce faux caractère on en voit trop paroître ;
Mais les dévots de cœur sont aisés à connoître
Notre siècle, mon frère, en expose à nos yeux,
Qui peuvent nous servir d'exemples glorieux.
Regardez Ariston, regardez Périandre,
Oronte, Alcidamas, Polidor, Clitandre ;
Ce titre par aucun ne leur est débattu *,
Ce ne sont point du tout fanfarons de vertu ;
On ne voit point en eux ce faste insupportable,
Et leur dévotion est humaine et traitable **.

* *Ce titre par aucun ne leur est débattu.* On ne diroit plus aujourd'hui *débattre un titre à quelqu'un.*

** Le noble et vif hommage que Molière rend dans cette scène à la vraie piété, devoit seul couvrir de honte tous ceux qui

Ils ne censurent point toutes nos actions,
Ils trouvent trop d'orgueil dans ces corrections ;
Et, laissant la fierté des paroles aux autres,
C'est par leurs actions qu'ils reprennent les nôtres.
L'apparence du mal a chez eux peu d'appui,
Et leur ame est portée à juger bien d'autrui.
Point de cabale en eux *, point d'intrigues à suivre,
On les voit pour tout soin se mêler de bien vivre.
Jamais contre un pécheur ils n'ont d'acharnement,
Ils attachent leur haine au péché seulement,
Et ne veulent point prendre, avec un zèle extrême,
Les intérêts du ciel, plus qu'il ne veut lui-même.
Voilà mes gens, voilà comme il en faut user,
Voilà l'exemple enfin qu'il se faut proposer.
Votre homme, à dire vrai, n'est pas de ce modèle,
C'est de fort bonne foi que vous vantez son zèle,
Mais, par un faux éclat, je vous crois ébloui.

ORGON.

Monsieur mon cher beau-frère, avez-vous tout dit ?

CLÉANTE.

Oui.

ORGON *en s'en allant.*

Je suis votre valet.

CLÉANTE.

De grace, un mot, mon frère.

crioient au scandale 1. Nous avons peu de morceaux dans notre langue qui soient écrits avec autant de chaleur et de pureté. C'est la scène du plus honnête homme et du meilleur poëte de la nation. Elle fait à la représentation un grand effet sur les esprits, et notre jeunesse a bien peu d'occasions de se pénétrer de vérités aussi utiles.

1 L'auteur de la *Lettre sur la comédie de l'Imposteur*, dont on a parlé dans l'Avertissement, dit, à cet égard, que *le venin, s'il y en a à tourner la bigoterie en ridicule, est presque précédé par le contre-poison.*

* *Point de cabale en eux*, pour dire, *point d'esprit de cabale*, a été blâmé par plusieurs.

ACTE I. SCÈNE VI.

Laissons-là ce discours. Vous savez que Valère,
Pour être votre gendre, a parole de vous.

ORGON.

Oui.

CLÉANTE.

Vous aviez pris jour pour un lien si doux.

ORGON.

Il est vrai.

CLÉANTE.

Pourquoi donc en différer la fête ?

ORGON.

Je ne sais.

CLÉANTE.

Auriez-vous autre pensée en tête ?

ORGON.

Peut-être.

CLÉANTE.

Vous voulez manquer à votre foi ?

ORGON.

Je ne dis pas cela.

CLÉANTE.

Nul obstacle, je croi,
Ne vous peut empêcher d'accomplir vos promesses.

ORGON.

Selon.

CLÉANTE.

Pour dire un mot, faut-il tant de finesses ?
Valère, sur ce point, me fait vous visiter.

ORGON.

Le ciel en soit loué.

CLÉANTE.

Mais que lui reporter ?

ORGON.

Tout ce qu'il vous plaira.

CLÉANTE.

Mais il est néccéssaire
De savoir vos desseins. Quels sont-ils donc ?

ORGON.

De faire
Ce que le ciel voudra.

LE TARTUFE.

CLÉANTE.

Mais parlons tout de bon.
Valère a votre foi. La tiendrez-vous *, ou non ?

ORGON.

Adieu.

CLÉANTE seul.

Pour son amour, je crains une disgrace,
Et je dois l'avertir de tout ce qui se passe.

ACTE II.

SCÈNE I.

ORGON, MARIANE.

ORGON.

Mariane.

MARIANE.

Mon père.

ORGON.

Approchez. J'ai de quoi
Vous parler en secret.

MARIANE à Orgon, qui regarde dans un cabinet.

Que cherchez-vous ?

ORGON.

Je voi
Si quelqu'un n'est point là qui pourroit nous entendre ;
Car ce petit endroit est propre pour surprendre.
Or sus, nous voilà bien. J'ai, Mariane, en vous

---

* *La tiendrez-vous ?* On ne dit point *tenir sa foi* pour *tenir sa parole*.

Remarqué, de tout tems, un esprit assez doux,
Et, de tout tems, aussi, vous m'avez été chère.
MARIANE.
Je suis fort redevable à cet amour de père.
ORGON.
C'est fort bien dit, ma fille ; et, pour le mériter,
Vous devez n'avoir soin que de me contenter.
MARIANE.
C'est où je mets aussi ma gloire la plus haute.
ORGON
Fort bien. Que dites-vous de Tartufe notre hôte ?
MARIANE.
Qui ? Moi ?
ORGON.
Vous. Voyez bien comme vous répondrez.
MARIANE.
Hélas ! J'en dirai, moi, tout ce que vous voudrez.

SCÈNE II.

ORGON, MARIANE, DORINE, *entrant doucement, et se tenant derrière Orgon, sans être vue.*

ORGON.
C'est parler sagement. Dites-moi donc, ma fille,
Qu'en toute sa personne un haut mérite brille ;
Qu'il touche votre cœur, et qu'il vous seroit doux
De le voir, par mon choix, devenir votre époux.
Hé ?
MARIANE.
Hé ?
ORGON.
Qu'est-ce ?
MARIANE.
Plaît-il ?
ORGON.
Quoi ?

MARIANE.

Me suis-je méprise?

ORGON.

Comment?

MARIANE.

Qui, voulez-vous, mon père, que je dise
Qui me touche le cœur, et qu'il me seroit doux
De voir, par votre choix, devenir mon époux?

ORGON.

Tartufe.

MARIANE.

Il n'en est rien, mon père, je vous jure.
Pourquoi me faire dire une telle imposture?

ORGON.

Mais je veux que cela soit une vérité;
Et c'est assez pour vous que je l'aye arrêté.

MARIANE.

Quoi! Vous voulez, mon père....

ORGON.

Oui, je prétends, ma fille,
Unir, par votre hymen, Tartufe à ma famille.
Il sera votre époux, j'ai résolu cela;

(*apercevant Dorine.*)

Et comme sur vos vœux je.... Que faites-vous là?
La curiosité qui vous presse est bien forte,
Ma mie, à nous venir écouter * de la sorte?

DORINE.

Vraiment, je ne sais pas si c'est un bruit qui part
De quelque conjecture, ou d'un coup de hasard **;
Mais de ce mariage, on m'a dit la nouvelle,
Et j'ai traité cela de pure bagatelle.

ORGON.

Quoi donc, la chose est-elle incroyable?

* *A nous venir écouter* Plusieurs auroient voulu *de venir*.

** *Un bruit qui part d'un coup de hasard.* Plusieurs ont blâmé cette expression.

ACTE II. SCÈNE II.

DORINE.

A tel point
Que vous-même, monsieur, je ne vous en crois point.

ORGON.

Je sais bien le moyen de vous le faire croire.

DORINE.

Oui! oui! vous nous contez une plaisante histoire.

ORGON.

Je conte justement ce qu'on verra dans peu.

DORINE.

Chansons.

ORGON.

Ce que je dis, ma fille, n'est point jeu.

DORINE.

Allez, ne croyez point à monsieur votre père,
Il raille.

ORGON.

Je vous dis...

DORINE.

Non, vous avez beau faire,
On ne vous croira point.

ORGON.

A la fin, mon courroux....

DORINE.

Hé bien, on vous croit donc, et c'est tant pis pour vous.
Quoi! se peut-il, monsieur, qu'avec l'air d'homme sage,
Et cette large barbe au milieu du visage,
Vous soyez assez fou pour vouloir...

ORGON.

Écoutez,
Vous avez pris céans certaines privautés
Qui ne me plaisent point ; je vous le dis, ma mie.

DORINE.

Parlons, sans nous fâcher, monsieur, je vous supplie.
Vous moquez-vous des gens, d'avoir fait ce complot ?
Votre fille n'est point l'affaire d'un bigot.
Il a d'autres emplois, auxquels il faut qu'il pense :
Et puis, que vous apporte une telle alliance ?

A quel sujet aller, avec tout votre bien,
Choisir un gendre gueux...

ORGON.

Taisez-vous. S'il n'a rien,
Sachez que c'est par là qu'il faut qu'on le révère.
Sa misère est, sans doute, une honnête misère;
Au-dessus des grandeurs elle doit l'élever,
Puisqu'enfin, de son bien, il s'est laissé priver
Par son trop peu de soin des choses temporelles,
Et sa puissante attache aux choses éternelles;
Mais mon secours pourra lui donner les moyens
De sortir d'embarras, et rentrer dans ses biens;
Ce sont fiefs qu'à bon titre au pays on renomme;
Et, tel que l'on le voit, il est bien gentilhomme.

DORINE.

Oui, c'est lui qui le dit; et cette vanité,
Monsieur, ne sied pas bien avec la piété.
Qui d'une sainte vie embrasse l'innocence,
Ne doit point tant prôner son nom et sa naissance;
Et l'humble procédé de la dévotion
Souffre mal les éclats de cette ambition.
A quoi bon cet orgueil?... Mais ce discours vous blesse,
Parlons de sa personne, et laissons sa noblesse.
Ferez-vous possesseur, sans quelque peu d'ennui,
D'une fille comme elle, un homme comme lui?
Et ne devez-vous pas songer aux bienséances,
Et de cette union prévoir les conséquences?
Sachez que d'une fille on risque la vertu,
Lorsque, dans son hymen, son goût est combattu;
Que le dessein d'y vivre en honnête personne,
Dépend des qualités du mari qu'on lui donne;
Et que ceux dont partout on montre au doigt le front,
Font leurs femmes souvent ce qu'on voit qu'elles sont.
Il est bien difficile enfin d'être fidèle
A de certains maris faits d'un certain modèle;
Et qui donne à sa fille un homme qu'elle hait,
Est responsable au ciel des fautes qu'elle fait.
Songez à quels périls votre dessein vous livre.

ACTE II. SCÈNE II.

ORGON.
Je vous dis qu'il me faut apprendre d'elle à vivre.
DORINE.
Vous n'en feriez que mieux de suivre mes leçons.
ORGON.
Ne nous amusons point, ma fille, à ces chansons;
Je sais ce qu'il vous faut, et je suis votre père.
J'avois donné pour vous ma parole à Valère;
Mais, outre qu'a jouer on dit qu'il est enclin,
Je le soupçonne encor d'être un peu libertin;
Je ne remarque point qu'il hante les églises.
DORINE.
Voulez-vous qu'il y coure à vos heures précises,
Comme ceux qui n'y vont que pour être aperçus?
ORGON.
Je ne demande pas votre avis là-dessus.
Enfin, avec le ciel, l'autre est le mieux du monde,
Et c'est une richesse à nulle autre seconde.
Cet hymen, de tous biens, comblera vos desirs,
Et sera tout confit en douceurs et plaisirs.
Ensemble vous vivrez, dans vos ardeurs fidèles,
Comme deux vrais enfans, comme deux tourterelles;
A nul fâcheux débat jamais vous n'en viendrez,
Et vous ferez de lui tout ce que vous voudrez.
DORINE.
Elle? Elle n'en fera qu'un sot, je vous assure.
ORGON.
Ouais, quels discours!
DORINE.
Je dis qu'il en a l'encolure,
Et que son ascendant, monsieur, l'emportera
Sur toute la vertu que votre fille aura.
ORGON.
Cessez de m'interrompre; et songez à vous taire,
Sans mettre votre nez où vous n'avez que faire.
DORINE.
Je n'en parle, monsieur, que pour votre intérêt.
ORGON.
C'est prendre trop de soin; taisez-vous, s'il vous plaît.

DORINE.
Si l'on ne vous aimoit....
ORGON.
Je ne veux pas qu'on m'aime.
DORINE.
Et je veux vous aimer, monsieur, malgré vous-même.
ORGON.
Ah!
DORINE.
Votre honneur m'est cher, et je ne puis souffrir
Qu'aux brocards d'un chacun vous alliez vous offrir.
ORGON.
Vous ne vous tairez point?
DORINE.
C'est une conscience,
Que de vous laisser faire une telle alliance.
ORGON.
Te tairas-tu, serpent, dont les traits effrontés....
DORINE.
Ah! vous êtes dévot, et vous vous emportez?
ORGON.
Oui, ma bile s'échauffe à toutes ces fadaises,
Et, tout résolument, je veux que tu te taises.
DORINE.
Soit. Mais ne disant mot, je n'en pense pas moins.
ORGON.
Pense, si tu le veux; mais applique tes soins
(à sa fille.)
A ne m'en point parler, ou... Suffit... Comme sage
J'ai pesé murement toutes choses.

DORINE à part.
J'enrage
De ne pouvoir parler.
ORGON.
Sans être damoiseau,
Tartufe est fait de sorte....
DORINE à part.
Oui, c'est un beau museau.

ACTE II. SCÈNE II.
ORGON.
Que quand tu n'aurois même aucune sympathie
Pour tous les autres dons....
DORINE à part.
La voilà bien lotie !
(*Orgon se tourne du côté de Dorine, et, les bras croisés,*
l'écoute et la regarde en face.)
Si j'étois en sa place, un homme assurément
Ne m'épouseroit pas de force impunément,
Et je lui ferois voir, bientôt après la fête,
Qu'une femme a toujours une vengeance prête.
ORGON à Dorine.
Donc de ce que je dis, on ne fera nul cas ?
DORINE.
De quoi vous plaignez-vous ? Je ne vous parle pas.
ORGON.
Qu'est-ce que tu fais donc ?
DORINE.
Je me parle à moi-même.
ORGON à part.
Fort bien. Pour châtier son insolence extrême,
Il faut que je lui donne un revers de ma main.
(*Il se met en posture de donner un soufflet à Dorine, et à*
chaque mot qu'il dit à sa fille, il se tourne pour regarder Do-
rine, qui se tient droite sans parler.)
Ma fille, vous devez approuver mon dessein....
Croire que le mari.... que j'ai su vous élire....
(*à Dorine.*)
Que ne te parles-tu ?
DORINE.
Je n'ai rien à me dire.
ORGON.
Encore un petit mot.
DORINE.
Il ne me plaît pas, moi.
ORGON.
Certes, je t'y guettois.
DORINE.
Quelque sotte, ma foi.

LE TARTUFE.
ORGON.
Enfin, ma fille, il faut payer d'obéissance,
Et montrer, pour mon choix, entiere déférence.
DORINE *en s'enfuyant.*
Je me moquerois fort de prendre un tel époux*.
ORGON, *après avoir manqué de donner un soufflet à Dorine.*
Vous avez là, ma fille, une peste avec vous,
Avec qui, sans péché, je ne saurois plus vivre.
Je me sens hors d'état maintenant de poursuivre ;
Ses discours insolens m'ont mis l'esprit en feu,
Et je vais prendre l'air pour me rasseoir un peu.

SCÈNE III.
MARIANE DORINE.
DORINE.
Avez-vous donc perdu, dites-moi, la parole ?
Et faut-il qu'en ceci je fasse votre rôle ?
Souffrir qu'on vous propose un projet insensé,
Sans que du moindre mot vous l'ayez repoussé ?
MARIANE.
Contre un père absolu que veux-tu que je fasse ?
DORINE.
Ce qu'il faut pour parer une telle menace.
MARIANE.
Quoi ?
DORINE.
Lui dire qu'un cœur n'aime point par autrui,
Que vous vous mariez pour vous, non pas pour lui ;
Qu'étant celle pour qui se fait toute l'affaire,
C'est à vous, non à lui, que le mari doit plaire ;
Et que si son Tartufe est pour lui si charmant,
Il le peut épouser sans nul empêchement.
MARIANE.
Un père, je l'avoue, a sur nous tant d'empire,

---

* *Je me moquerois fort de prendre un tel époux.* Plusieurs ont trouvé cette expression, *je me moquerois de faire telle chose,* peu française, pour dire *je ne voudrois jamais faire telle chose.*

ACTE II. SCÈNE III.

Que je n'ai jamais eu la force de rien dire.
DORINE.
Mais raisonnons. Valère a fait pour vous des pas,
L'aimez-vous, je vous prie, ou ne l'aimez-vous pas ?
MARIANE.
Ah ! qu'envers mon amour ton injustice est grande,
Dorine ! Me dois-tu faire cette demande ?
T'ai-je pas *, là-dessus, ouvert cent fois mon cœur ** ?
Et sais-tu pas ***, pour lui, jusqu'où va mon ardeur ?
DORINE.
Que sais-je si le cœur a parlé par la bouche,
Et si c'est tout de bon que cet amant vous touche ?
MARIANE.
Tu me fais un grand tort, Dorine d'en douter,
Et mes vrais sentimens ont su trop éclater.
DORINE.
Enfin, vous l'aimez donc ?
MARIANE.
    Oui, d'une ardeur extrême.
DORINE.
Et, selon l'apparence, il vous aime de même ?
MARIANE.
Je le crois.
DORINE.
    Et tous deux brulez également ****
De vous voir-marier ensemble ?

* *T'ai-je pas là-dessus... ouvert mon cœur ?* On diroit aujourd'hui *ne t'ai-je pas*.

** *T'ai-je pas là-dessus cent fois ouvert mon cœur ?*
Et sais-tu pour lui, etc.
Du tems de Molière, comme on croit l'avoir déjà remarqué, on supprimoit sans scrupules la particule négative devant le point interrogant. Vaugelas décide même qu'il est plus élégant de dire *ont-ils pas fait*, que *n'ont-ils pas fait*. Aujourd'hui le contraire est décidé, mais on commet encore la faute.

*** Vers suivant, *Et sais-tu pas*, même remarque.

**** *Et tous deux brûlez*. On a cru qu'il falloit *vous brûlez*.

MARIANE.
　　　Assurément.
DORINE.
Sur cette autre union, quelle est donc votre attente?
MARIANE.
De me donner la mort, si l'on me violente.
DORINE.
Fort bien. C'est un recours où je ne songeois pas.
Vous n'avez qu'à mourir, pour sortir d'embarras.
Le remède, sans doute, est merveilleux. J'enrage,
Lorsque j'entends tenir ces sortes de langage.
MARIANE.
Mon Dieu, de quelle humeur, Dorine, tu te rends!
Tu ne compatis point aux déplaisirs des gens.
DORINE.
Je ne compatis point à qui dit des sornettes,
Et, dans l'occasion, mollit comme vous faites.
MARIANE.
Mais, que veux-tu? Si j'ai de la timidité?
DORINE.
Mais l'amour, dans un cœur, veut de la fermeté.
MARIANE.
Mais, n'en gardé-je point pour les feux de Valère,
Et n'est-ce pas à lui de m'obtenir d'un père?
DORINE.
Mais quoi, si votre père est un bourru fieffé,
Qui s'est de son Tartufe entièrement coiffé,
Et manque à l'union qu'il avoit arrêtée,
La faute, à votre amant, doit-elle être imputée?
MARIANE.
Mais, par un haut refus et d'éclatans mépris,
Ferai-je, dans mon choix, voir un cœur trop épris.
Sortirai-je pour lui, quelque éclat dont il brille,
De la pudeur du sexe et du devoir de fille?
Et veux-tu que mes feux par le monde étalés...
DORINE.
Non, non, je ne veux rien. Je vois que vous voulez
Être à monsieur Tartufe; et j'aurois, quand j'y pense,
Tort de vous détourner d'une telle alliance.

ACTE II. SCÈNE III.

Quelle raison aurois-je à combattre vos vœux ?
Le parti, de soi-même, est fort avantageux.
Monsieur, Tartufe, oh oh ! N'est-ce rien qu'on propose ?
Certes, monsieur Tartufe, à bien prendre la chose,
N'est pas un homme, non, qui se mouche du pied,
Et ce n'est pas peu d'heur que d'être sa moitié.
Tout le monde déjà de gloire le couronne,
Il est noble chez lui, bien fait de sa personne,
Il a l'oreille rouge et le teint bien fleuri ;
Vous vivrez trop contente avec un tel mari.

MARIANE.
Mon Dieu....

DORINE.
    Quelle alégresse aurez-vous dans votre ame,
Quand d'un époux si beau vous vous verrez la femme !

MARIANE.
Ah ! cesse, je te prie, un semblable discours,
Et, contre cet hymen, ouvre-moi du secours !
C'en est fait, je me rends, et suis prête à tout faire.

DORINE.
Non, il faut qu'une fille obéisse à son père,
Voulût-il lui donner un singe pour époux.
Votre sort est fort beau. De quoi vous plaignez-vous ?
Vous irez par le coche en sa petite ville,
Qu'en oncles et cousins vous trouverez fertile ;
Et vous vous plairez fort à les entretenir.
D'abord chez le beau monde on vous fera venir.
Vous irez visiter, pour votre bien-venue,
Madame la Baillive et madame l'Élue,
Qui d'un siége pliant vous feront honorer.
Là, dans le carnaval, vous pourrez espérer
Le bal, et la grand'bande, à savoir, deux musettes,
Et, par fois Fagotin et les marionettes ;
Si pourtant votre époux....

MARIANE.
     Ah ! tu me fais mourir.
De tes conseils, plutôt, songe à me secourir.

DORINE.
Je suis votre servante.

LE TARTUFE.

MARIANE.
Hé! Dorine, de grace.

DORINE.
Il faut, pour vous punir, que cette affaire passe.

MARIANE.
Ma pauvre fille !

DORINE.
Non.

MARIANE.
Si mes vœux déclarés....

DORINE.
Point. Tartufe est votre homme, et vous en taterez.

MARIANE.
Tu sais qu'a toi toujours je me suis confiée :
Fais moi....

DORINE.
Non. Vous serez, ma foi, tartufiée.

MARIANE.
Hé bien, puisque mon sort ne sauroit t'émouvoir,
Laisse-moi désormais toute à mon désespoir.
C'est de lui que mon cœur empruntera de l'aide;
Et je sais de mes maux l'infaillible remède.

(*Mariane veut s'en aller.*)

DORINE.
Hé! là, là, revenez. Je quitte mon courroux.
Il faut, nonobstant tout, avoir pitié de vous.

MARIANE.
Vois-tu, si l'on m'expose a ce cruel martyre,
Je te le dis, Dorine, il faudra que j'expire.

DORINE.
Ne vous tourmentez point. On peut adroitement
Empêcher.... Mais voici Valère, votre amant.

SCÈNE IV.
VALÈRE, MARIANE, DORINE.

VALÈRE.
On vient de débiter, madame, une nouvelle,
Que je ne savois pas, et qui, sans doute, est belle.

ACTE II. SCÈNE IV.

MARIANE.

Quoi?

VALÈRE.

Que vous épousez Tartufe.

MARIANE.

Il est certain
Que mon père s'est mis en tête ce dessein.

VALÈRE.

Votre père, madame....

MARIANE.

A changé de visée;
La chose vient par lui de m'être proposée.

VALÈRE.

Quoi! sérieusement?

MARIANE.

Oui, sérieusement.
Il s'est pour cet hymen déclaré hautement.

VALÈRE.

Et quel est le dessein où votre ame s'arrête,
Madame?

MARIANE.

Je ne sais.

VALÈRE.

La réponse est honnête.
Vous ne savez?

MARIANE.

Non.

VALÈRE.

Non?

MARIANE.

Que me conseillez-vous?

VALÈRE.

Je vous conseille, moi, de prendre cet époux.

MARIANE.

Vous me le conseillez?

VALÈRE.

Oui.

MARIANE.

Tout de bon?

VALÈRE.

Sans doute.
Le choix est glorieux, et vaut bien qu'on l'écoute.

MARIANE.

Hé bien, c'est un conseil, monsieur, que je reçois.

VALÈRE.

Vous n'aurez pas grand'peine à le suivre, je crois.

MARIANE.

Pas plus qu'à le donner en a souffert votre ame.

VALÈRE.

Moi, je vous l'ai donné pour vous plaire, madame.

MARIANE.

Et moi je le suivrai pour vous faire plaisir.

DORINE *se retirant dans le fond du théâtre.*

Voyons ce qui pourra de ceci réussir.

VALÈRE.

C'est donc ainsi qu'on aime ? Et c'étoit tromperie,
Quand vous....

MARIANE.

Ne parlons point de cela, je vous prie.
Vous m'avez dit tout franc que je dois accepter
Celui que pour époux on me veut présenter ;
Et je déclare, moi, que je prétends le faire,
Puisque vous m'en donnez le conseil salutaire.

VALÈRE.

Ne vous excusez point sur mes intentions ;
Vous aviez pris déjà vos résolutions ;
Et vous vous saisissez d'un prétexte frivole,
Pour vous autoriser à manquer de parole.

MARIANE.

Il est vrai, c'est bien dit.

VALÈRE.

Sans doute ; et votre cœur
N'a jamais eu pour moi de véritable ardeur.

MARIANE.

Hélas ! permis à vous d'avoir cette pensée.

VALÈRE.

Oui, oui, permis à moi ; mais mon ame offensée
Vous préviendra peut-être en un pareil dessein ;

ACTE II. SCÈNE IV.

Et je sais où porter et mes vœux et ma main.
MARIANE.
Ah ! je n'en doute point ; et les ardeurs qu'excite
Le mérite...
VALÈRE.
Mon Dieu, laissons-là le mérite :
J'en ai fort peu, sans doute ; et vous en faites foi.
Mais j'espère aux bontés qu'une autre aura pour moi ;
Et j'en sais de qui l'ame, à ma retraite ouverte,
Consentira, sans honte, à réparer ma perte.
MARIANE.
La perte n'est pas grande ; et, de ce changement,
Vous vous consolerez assez facilement.
VALÈRE.
Je ferai mon possible, et vous le pouvez croire.
Un cœur qui nous oublie, engage notre gloire ;
Il faut, à l'oublier, mettre aussi tous nos soins ;
Si l'on n'en vient à bout, on le doit feindre au moins ;
Et cette lâcheté jamais ne se pardonne !
De montrer de l'amour pour qui nous abandonne.
MARIANE.
Ce sentiment, sans doute, est noble et relevé.
VALÈRE.
Fort bien ; et d'un chacun il doit être approuvé.
Hé quoi ! vous voudriez qu'à jamais, dans mon ame,
Je gardasse pour vous les ardeurs de ma flamme,
Et vous visse, à mes yeux, passer en d'autres bras,
Sans mettre ailleurs un cœur dont vous ne voulez pas !
MARIANE.
Au contraire, pour moi, c'est ce que je souhaite ;
Et je voudrois déjà que la chose fût faite.
VALÈRE.
Vous le voudriez ?
MARIANE.
Oui.
VALÈRE.
C'est assez m'insulter,
Madame ; et, de ce pas, je vais vous contenter.
(*Il fait un pas pour s'en aller.*)

MARIANE.

Fort bien.

VALÈRE *revenant*.

Souvenez-vous au moins, que c'est vous-même
Qui contraignez mon cœur à cet effort extrême.

MARIANE.

Oui.

VALÈRE *revenant encore*.

Et que le dessein que mon ame conçoit,
N'est rien qu'à votre exemple.

MARIANE.

A mon exemple, soit.

VALÈRE, *en sortant*.

Suffit. Vous allez être à point nommé servie.

MARIANE.

Tant mieux.

VALÈRE, *revenant encore*.

Vous me voyez, c'est pour toute ma vie.

MARIANE.

A la bonne heure.

VALÈRE *se retournant lorsqu'il est prêt à sortir*.

Hé?

MARIANE.

Quoi?

VALÈRE.

Ne m'appelez-vous pas?

MARIANE.

Moi? Vous rêvez.

VALÈRE.

Hé bien, je poursuis donc mes pas.
Adieu, madame.

(*Il s'en va lentement.*)

MARIANE.

Adieu, monsieur.

DORINE *à Mariane*.

Pour moi, je pense
Que vous perdez l'esprit par cette extravagance;
Et je vous ai laissé tout du long quereller,
Pour voir où tout cela pourroit enfin aller.

ACTE II. SCÈNE IV.

Holà, seigneur Valère.
   (*Elle arrête Valère par le bras.*)
    VALÈRE *feignant de résister.*
     Hé ! que veux-tu, Dorine ?
    DORINE.
Venez ici.
    VALÈRE.
  Non, non, le dépit me domine.
Ne me détourne point de ce qu'elle a voulu.
    DORINE.
Arrêtez.
    VALÈRE.
  Non, vois-tu, c'est un point résolu.
    DORINE.
Ah !
    MARIANE *à part.*
  Il souffre à me voir, ma présence le chasse ;
Et je ferai bien mieux de lui quitter la place.
  DORINE *quittant Valère, et courant après Mariane.*
A l'autre. Où courez-vous ?
    MARIANE.
    Laisse.
    DORINE.
     Il faut revenir.
    MARIANE.
Non, non, Dorine, en vain tu veux me retenir.
    VALÈRE *à part.*
Je vois bien que ma vue est pour elle un supplice,
Et, sans doute, il vaut mieux que je l'en affranchisse.
  DORINE *quittant Mariane, et courant à Valère.*
Encor ! Diantre soit fait de vous ! Si... Je le veux.
Cessez ce badinage ; et venez-çà tous deux.
  (*Elle prend Valère et Mariane par la main, et les ramène.*)
    VALÈRE *à Dorine.*
Mais quel est ton dessein ?
    MARIANE.
    Qu'est-ce que tu veux faire ?
    DORINE.
Vous bien remettre ensemble, et vous tirer d'affaire.

(*à Valère.*)
Êtes-vous fou d'avoir un pareil démêlé?
VALÈRE.
N'as-tu pas entendu comme elle m'a parlé?
DORINE *à Mariane*.
Êtes-vous folle, vous, de vous être emportée?
MARIANE.
N'as-tu pas vu la chose, et comme il m'a traitée?
DORINE.
(*à Valère.*)
Sottise des deux parts. Elle n'a d'autre soin
Que de se conserver à vous, j'en suis témoin.
(*à Mariane.*)
Il n'aime que vous seule, et n'a point d'autre envie
Que d'être votre époux, j'en réponds sur ma vie.
MARIANE *à Valère*.
Pourquoi donc me donner un semblable conseil?
VALÈRE *à Mariane*.
Pourquoi m'en demander sur un sujet pareil?
DORINE.
Vous êtes fous tous deux. Çà, la main l'un et l'autre.
(*à Valère.*)
Allons, vous.
VALÈRE *en donnant sa main à Dorine*.
A quoi bon ma main?
DORINE.
(*à Mariane.*)
Ah, çà, la vôtre.
MARIANE, *en donnant aussi sa main*.
De quoi sert tout cela?
DORINE.
Mon Dieu! Vîte, avancez.
Vous vous aimez tous deux plus que vous ne pensez.
(*Valère et Mariane se tiennent quelque tems par la main sans se regarder.*)
VALÈRE *se tournant vers Mariane*.
Mais ne faites donc point les choses avec peine,
Et regardez un peu les gens sans nulle haine.
(*Mariane se tourne du côté de Valère en lui souriant.*)

ACTE II. SCÈNE IV.

DORINE.

A vous dire le vrai, les amans sont bien fous!

VALÈRE à *Mariane*.

Oh çà, n'ai-je pas lieu de me plaindre de vous?
Et, pour n'en point mentir *, n'êtes-vous point méchante
De vous plaire à me dire une chose affligeante?

MARIANE.

Mais, vous, n'êtes-vous pas l'homme le plus ingrat?...

DORINE.

Pour une autre saison, laissons tout ce débat,
Et songeons à parer ce fâcheux mariage.

MARIANE.

Dis-nous donc quels ressorts il faut mettre en usage?

DORINE.

Nous en ferons agir de toutes les façons.
(à *Mariane*.)   (à *Valère*.)
Votre père se moque, et ce sont des chansons.
(à *Mariane*.)
Mais, pour vous, il vaut mieux qu'à son extravagance,
D'un doux consentement vous prêtiez l'apparence,
Afin qu'en cas d'alarme, il vous soit plus aisé
De tirer en longueur cet hymen proposé.
En attrapant du tems, à tout on remédie.
Tantôt vous payerez ** de quelque maladie ***,

* *Et pour n'en point mentir.* Quelques-uns auroient voulu *pour ne point mentir*.

** *Vous payerez. Payerez* est ici de trois syllabes, comme dans ce vers de Quinault. *Je payerai bien chèrement*, etc. La Fontaine a fait *je vous paierai* de deux syllabes dans sa première Fable.

*** *Tantôt vous payerez de quelque maladie.*
Molière, dans une pièce qu'il a écrite avec force, revient ici à une négligence qu'il avoit déjà plus d'une fois évitée. Vaugelas avoit cependant décidé qu'il falloit dire en poësie *je paierai*, *je louerai*, et non pas *je payerai*, etc.
Tout ce second acte est un chef-d'œuvre de dialogue vif et comique. Le rôle de la soubrette y est admirable; les scènes entre Orgon et Dorine servent tous les jours à éprouver le talent des actrices qui débutent dans cet emploi.

Qui viendra tout-à-coup, et voudra des délais ;
Tantôt vous payerez de présage mauvais ;
Vous aurez fait d'un mort la rencontre fâcheuse,
Cassé quelque miroir, ou songé d'eau bourbeuse ;
Enfin, le bon de tout, c'est qu'a d'autres qu'a lui,
On ne peut vous lier, que vous ne disiez oui.
Mais, pour mieux réussir, il est bon, ce me semble,
Qu'on ne vous trouve point tous deux parlant ensemble.
(à *Valère.*)
Sortez ; et, sans tarder, employez vos amis
Pour vous faire tenir ce qu'on vous a promis.
(à *Mariane.*)
Nous, allons réveiller les efforts de son frère ;
Et, dans notre parti, jeter la belle-mère.
Adieu.

VALÈRE à *Mariane.*

Quelques efforts que nous préparions tous,
Ma plus grande espérance, à vrai dire, est en vous.

On remarquera ici que tout ce qu'on a dit de la trop grande part que nous laissons prendre dans nos comédies à des valets, s'applique moins directement aux soubrettes qui, très-souvent auprès des jeunes personnes, jouent à-peu-près les rôles dont nos écrivains les ont chargées.

A l'égard des libertés de Dorine avec Orgon, que quelques gens trouvent un peu fortes, on ne réfléchit pas assez qu'un bon homme, du caractère de ce maître, a dû laisser prendre chez lui un ton qui ne conviendroit point ailleurs Crédule, foible et confiant, Orgon seroit moins propre à être la dupe d'un fripon adroit, s'il avoit su se faire respecter chez lui davantage.

La scène charmante de la brouillerie [1] des deux amans et de leur raccommodement avoit paru, en 1664, au mois de mai, et celle de Quinault dans la Mère Coquette, ne parut qu'en octobre 1665, en sorte que c'est à Molière qu'appartient ce tableau piquant dont on a fait depuis tant de mauvaises copies.

[1] L'auteur de la lettre sur l'Imposteur, page 26, dit : *Ce dépit amoureux a semblé hors de propos à quelques-uns ; mais il représente très-naïvement et très-moralement... la satire naturelle de l'esprit des hommes, et particulièrement des amans, de penser à toute autre chose, dans les extrémités, qu'à ce qu'il faut, et s'arrêter alors à des choses de nulle conséquence .. au lieu d'agir solidement dans le véritable intérêt de la passion.*

ACTE III. SCÈNE I.

MARIANE à *Valère*.

Je ne vous réponds pas des volontés d'un père,
Mais je ne serai point à d'autre qu'à Valère.

VALÈRE.

Que vous me comblez d'aise ! Et quoi que puisse oser....

DORINE.

Ah ! jamais les amans ne sont las de jaser.
Sortez, vous dis-je.

VALÈRE *revenant sur ses pas.*

Enfin....

DORINE.

Quel caquet est le vôtre ?
Tirez de cette part ; et vous, tirez de l'autre.
(*Dorine les pousse chacun par l'épaule, et les oblige de se séparer.*)

ACTE III.

SCÈNE I.

DAMIS, DORINE.

DAMIS.

Que la foudre, sur l'heure, achève mes destins,
Qu'on me traite partout du plus grand des faquins,
S'il est aucun respect, ni pouvoir qui m'arrête,
Et si je ne fais pas quelque coup de ma tête.

DORINE.

De grace, modérez un tel emportement.
Votre père n'a fait qu'en parler simplement ;
On n'exécute pas tout ce qui se propose ;
Et le chemin est long, du projet à la chose.

LE TARTUFE.
DAMIS.
Il faut que de ce fat j'arrête les complots,
Et qu'à l'oreille, un peu, je lui dise deux mots.
DORINE.
Ah ! tout doux. Envers lui, comme envers votre père,
Laissez agir les soins de votre belle-mère.
Sur l'esprit de Tartufe elle a quelque crédit ;
Il se rend complaisant à tout ce qu'elle dit,
Et pourroit bien avoir douceur de cœur pour elle.
Plût à Dieu qu'il fût vrai ! La chose seroit belle.
Enfin, votre intérêt l'oblige a le mander ;
Sur l'hymen qui vous trouble, elle veut le sonder,
Savoir ses sentimens, et lui faire connoître
Quels fâcheux démêlés il pourra faire naître,
S'il faut qu'a ce dessein il prête quelque espoir *.
Son valet dit qu'il prie, et je n'ai pu le voir ;
Mais ce valet m'a dit qu'il s'en alloit descendre.
Sortez donc, je vous prie, et me laissez l'attendre.
DAMIS.
Je puis être présent à tout cet entretien.
DORINE.
Point. Il faut qu'ils soient seuls.
DAMIS.
                Je ne lui dirai rien.
DORINE.
Vous vous moquez. On sait vos transports ordinaires,
Et c'est le vrai moyen de gâter les affaires.
Sortez.
DAMIS.
        Non, je veux voir, sans me mettre en courroux.
DORINE.
Que vous êtes fâcheux ! Il vient. Retirez-vous.
(Damis va se cacher dans un cabinet qui est au fond du théâtre.)

---

* *Qu'à ce dessein il prête quelque espoir*, pour dire *qu'il a quelque espoir de voir ce dessein exécuté*, a paru un tour impropre.

SCÈNE II.

TARTUFE, DORINE.

TARTUFE *parlant haut à son valet, qui est dans la maison, dès qu'il aperçoit Dorine.*

Laurent, serrez ma haire, avec ma discipline *,
Et priez que toujours le ciel vous illumine.
Si l'on vient pour me voir, je vais, aux prisonniers,
Des aumônes que j'ai, partager les deniers.

DORINE *à part.*

Que d'affectation et de forfanterie !

TARTUFE.

Que voulez-vous ?

DORINE.

Vous dire....

---

* *Laurent, serrez ma haire avec ma discipline.*

Voilà ces deux mots que M. de la Bruyère interdit à son faux dévot, mais qui conviennent à *Tartufe*, parce qu'il est un hypocrite tel qu'il le faut pour le théâtre. Il se montre ici pour la première fois ; Molière avoit bien senti qu'un personnage aussi odieux auroit révolté de son tems pendant cinq actes entiers. Cependant les deux premiers, où il ne paroît point, sont remplis de lui par les craintes qu'il inspire aux uns, par l'enivrement de madame Pernelle et de son fils, et par le développement de son caractère dans la bouche de Cléante, de Damis, et surtout de Dorine 1.

Nous ne pouvons nous refuser ici à une remarque sur les changemens que les nouveautés de notre siècle semblent avoir opérés sur nos esprits. Molière connoissoit et estimoit assez sa nation pour n'oser lui offrir trop long-tems un personnage peu supportable par sa délicatesse. Ce seroit un problème moral à résoudre de savoir si les français ont gagné quelque chose à n'avoir plus cette pudeur sociale qui leur faisoit rejeter de leurs spectacles ce qu'ils n'auroient souffert qu'avec peine dans leurs cercles.

1 Femmes, enfans, domestiques, (dit M. de Chamfort) tout devient éloquent contre le monstre ; et l'indignation qu'il excite, n'étouffe jamais le comique.

Éloge couronné de Molière, p. 23.

TARTUFE *tirant un mouchoir de sa poche.*

                                  Ah! mon Dieu, je vous prie,
Avant que de parler, prenez-moi ce mouchoir.

DORINE.

Comment?

TARTUFE.

        Couvrez ce sein que je ne saurois voir.
Par de pareils objets les ames sont blessées,
Et cela fait venir de coupables pensées.

DORINE.

Vous êtes donc bien tendre à la tentation,
Et la chair sur vos sens fait grande impression?
Certes, je ne sais pas quelle chaleur vous monte;
Mais à convoiter, moi, je ne suis pas si prompte;
Et je vous verrois nud, du haut jusques en bas,
Que toute votre peau ne me tenteroit pas.

TARTUFE.

Mettez dans vos discours un peu de modestie,
Ou je vais, sur le champ, vous quitter la partie.

DORINE.

Non, non, c'est moi qui vais vous laisser en repos,
Et je n'ai seulement qu'à vous dire deux mots.
Madame va venir dans cette salle basse,
Et d'un mot d'entretien vous demande la grace.

TARTUFE.

Hélas! Très-volontiers.

DORINE *à part.*

                Comme il se radoucit!
Ma foi, je suis toujours pour ce que j'en ai dit.

TARTUFE.

Viendra-t-elle bientôt?

DORINE.

                Je l'entends, ce me semble.
Oui, c'est elle en personne, et je vous laisse ensemble.

ACTE III. SCÈNE III.

SCÈNE III.

ELMIRE, TARTUFE.

TARTUFE.

Que le ciel à jamais, par sa toute bonté,
Et de l'ame et du corps vous donne la santé,
Et bénisse vos jours, autant que le desire
Le plus humble de ceux que son amour inspire.

ELMIRE.

Je suis fort obligée à ce souhait pieux;
Mais prenons une chaise, afin d'être un peu mieux.

TARTUFE *assis*.

Comment, de votre mal, vous sentez-vous remise?

ELMIRE *assise*.

Fort bien; et cette fièvre a bientôt quitté prise.

TARTUFE.

Mes prières n'ont pas le mérite qu'il faut,
Pour avoir attiré cette grace d'en-haut;
Mais je n'ai fait au ciel nulle dévote instance,
Qui n'ait eu pour objet votre convalescence.

ELMIRE.

Votre zèle pour moi s'est trop inquiété.

TARTUFE.

On ne peut trop chérir votre chère santé;
Et, pour la rétablir, j'aurois donné la mienne.

ELMIRE.

C'est pousser bien avant la charité chrétienne,
Et je vous dois beaucoup pour toutes ces bontés.

TARTUFE.

Je fais bien moins pour vous que vous ne méritez.

ELMIRE.

J'ai voulu vous parler en secret d'une affaire,
Et suis bien aise, ici, qu'aucun ne nous éclaire.

TARTUFE.

J'en suis ravi de même; et, sans doute, il m'est doux,
Madame, de me voir seul à seul avec vous.

C'est une occasion qu'au ciel j'ai demandée,
Sans que, jusqu'à cette heure, il me l'ait accordée.
ELMIRE.
Pour moi, ce que je veux, c'est un mot d'entretien,
Où tout votre cœur s'ouvre, et ne me cache rien.

(*Damis, sans se montrer, entr'ouvre la porte du cabinet dans lequel il s'étoit retiré, pour entendre la conversation.*)
TARTUFE.
Et je ne veux aussi, pour grace singulière,
Que montrer à vos yeux mon ame toute entière ;
Et vous faire serment, que les bruits que j'ai faits
Des visites qu'ici reçoivent vos attraits,
Ne sont pas, envers vous, l'effet d'aucune haine,
Mais plutôt d'un transport de zèle qui m'entraine,
Et d'un pur mouvement...
ELMIRE.
    Je le prends bien aussi,
Et crois que mon salut vous donne ce souci.

TARTUFE *prenant la main d'Elmire, et lui serrant les doigts.*
Oui, madame, sans doute, et ma ferveur est telle....
ELMIRE.
Ouf, vous me serrez trop.
TARTUFE.
    C'est par excès de zèle.
De vous faire aucun mal je n'eus jamais dessein,
Et j'aurois bien plutôt...
  (*Il met la main sur les genoux d'Elmire.*)
ELMIRE.
  Que fait là votre main ?
TARTUFE.
Je tâte votre habit, l'étoffe en est moëlleuse.
ELMIRE.
Ah, de grace, laissez, je suis fort chatouilleuse.

(*Elmire recule son fauteuil et Tartufe se rapproche d'elle.*)
TARTUFE *maniant le fichu d'Elmire.*
Mon Dieu, que de ce point l'ouvrage est merveilleux !
On travaille aujourd'hui d'un air miraculeux ;
Jamais, en toute chose, on a vu si bien faire.

ACTE III. SCÈNE III.
ELMIRE.
Il est vrai. Mais parlons un peu de notre affaire.
On tient que mon mari veut dégager sa foi,
Et vous donner sa fille. Est-il vrai, dites-moi.
TARTUFE.
Il m'en a dit deux mots ; mais, madame, à vrai dire,
Ce n'est pas le bonheur après quoi je soupire ;
Et je vois autre part les merveilleux attraits
De la félicité qui fait tous mes souhaits.
ELMIRE.
C'est que vous n'aimez rien des choses de la terre.
TARTUFE.
Mon sein n'enferme point un cœur qui soit de pierre.
ELMIRE.
Pour moi, je crois qu'au ciel tendent tous vos soupirs,
Et que rien ici bas n'arrête vos desirs.
TARTUFE.
L'amour qui nous attache aux beautés éternelles,
N'étouffe pas en nous l'amour des temporelles.
Nos sens facilement peuvent être charmés
Des ouvrages parfaits que le ciel a formés.
Ses attraits réfléchis brillent dans vos pareilles ;
Mais il étale en vous ses plus rares merveilles.
Il a sur votre face épanché des beautés
Dont les yeux sont surpris et les cœurs transportés ;
Et je n'ai pu vous voir, parfaite créature,
Sans admirer en vous l'auteur de la nature,
Et d'un ardent amour sentir mon cœur atteint,
Au plus beau des portraits où lui-même il s'est peint.
D'abord j'appréhendai que cette ardeur secrète
Ne fût du noir esprit une surprise adroite,
Et même à fuir vos yeux mon cœur se résolut,
Vous croyant un obstacle à faire mon salut.
Mais enfin je connus, ô beauté toute aimable,
Que cette passion peut n'être point coupable,
Que je puis l'ajuster avecque la pudeur ;
Et c'est ce qui m'y fait abandonner mon cœur.
Ce m'est, je le confesse, une audace bien grande,
Que d'oser de ce cœur vous adresser l'offrande ;

Mais j'attends en mes vœux tout de votre bonté,
Et rien des vains efforts de mon infirmité.
En vous est mon espoir, mon bien, ma quiétude;
De vous dépend ma peine ou ma béatitude;
Et je vais être enfin, par votre seul arrêt,
Heureux, si vous voulez; malheureux, s'il vous plaît.
ELMIRE.
La déclaration est tout-à-fait galante;
Mais elle est, à vrai dire, un peu bien surprenante.
Vous deviez, ce me semble, armer mieux votre sein,
Et raisonner un peu sur un pareil dessein.
Un dévot comme vous, et que partout on nomme...
TARTUFE.
Ah! pour être dévot, je n'en suis pas moins homme *!

* *Ah! pour être dévot, je n'en suis pas moins homme!*
On a cru que ce vers étoit une parodie de celui de *Sertorius*, act. 4, sc. 1, *Et pour être Romain, je n'en suis pas moins homme.* On chercha même, dans le tems, à persuader au grand Corneille que Molière osoit le traiter comme Aristophane avoit traité Euripide; mais deux grands hommes se brouillent difficilement. D'ailleurs, il n'en étoit pas de ce vers comme de celui que parodia Racine dans les *Plaideurs*: *Ses rides sur son front gravoient tous ses exploits.* Molière avoit puisé le sien dans la huitième nouvelle de la troisième journée du *Decameron*. Elmire est avec Tartufe dans la même position où se trouve la femme de Féronde avec le Saint-Abbé, et il n'a fait que traduire littéralement ce que le dévot conteur dit dans Bocace: *Come che io sia abbate, io sono huomo come gli altri; tanta forza ha havuta la vostra vaga Bellezza, che amore mi costrigne a cosi fare.* C'est à-peu-près ce qu'ajoute aussi *Tartufe*, en disant:
Et lorsqu'on vient à voir vos célestes appas,
Un cœur se laisse prendre et ne raisonne pas.
Cette scène où *Tartufe* ouvre son cœur dans le jargon le plus mystique, fit crier principalement à l'abus, mais par-là même elle prononçoit avec force le ridicule du personnage, et le ridicule étoit toujours ce que voyoit Molière. Notre Théophraste nous paroît avoir décidé bien légèrement qu'*un faux dévot est bien loin d'employer le jargon de la dévotion, quand il ne serviroit qu'à le rendre très-ridicule.* On change mal aisément un jargon de métier; c'est ainsi qu'un jeune praticien, ou le fils de *Diaphorus*, en cherchant à plaire, parlent de leur amour dans les termes de leur art, sans se douter qu'ils en sont plus ridicules.

ACTE III. SCÈNE III.

Et lorsqu'on vient à voir vos célestes appas,
Un cœur se laisse prendre, et ne raisonne pas.
Je sais qu'un tel discours de moi paroît étrange ;
Mais, madame, après tout, je ne suis pas un ange.
Et, si vous condamnez l'aveu que je vous fais,
Vous devez vous en prendre à vos charmans attraits.
Dès que j'en vis briller la splendeur plus qu'humaine,
De mon intérieur vous fûtes souveraine ;
De vos regards divins l'ineffable douceur
Força la résistance où s'obstinoit mon cœur ;
Elle surmonta tout, jeûnes, prières, larmes,
Et tourna tous mes vœux du côté de vos charmes.
Mes yeux et mes soupirs vous l'ont dit mille fois ;
Et, pour mieux m'expliquer, j'emploie ici la voix.
Que si vous contemplez, d'une ame un peu bénigne,
Les tribulations de votre esclave indigne ;
S'il faut que vos bontés veuillent me consoler,
Et jusqu'à mon néant daignent se ravaler,
J'aurai toujours pour vous, ô suave merveille,
Une dévotion à nulle autre pareille.
Votre honneur, avec moi, ne court point de hasard,
Et n'a nulle disgrace à craindre de ma part.
Tous ces galans de cour, dont les femmes sont folles,
Sont bruyans dans leurs faits, et vains dans leurs paroles
De leurs progrès, sans cesse, on les voit se targuer ;
Ils n'ont point de faveurs qu'ils n'aillent divulguer,
Et leur langue indiscrette, en qui l'on se confie,
Déshonore l'autel où leur cœur sacrifie.
Mais les gens comme nous brulent d'un feu discret,
Avec qui, pour toujours, on est sûr du secret.
Le soin que nous prenons de notre renommée,
Répond de toute chose à la personne aimée ;
Et c'est en nous qu'on trouve, acceptant notre cœur,
De l'amour sans scandale, et du plaisir sans peur.

ELMIRE.

Je vous écoute dire, et votre rhétorique,
En termes assez forts, à mon ame s'explique.
N'appréhendez-vous point que je ne sois d'humeur
A dire à mon mari cette galante ardeur ?

Et que le prompt avis d'un amour de la sorte,
Ne pût bien altérer l'amitié qu'il vous porte ?
TARTUFE.
Je sais que vous avez trop de bénignité,
Et que vous ferez grace à ma témérité ;
Que vous m'excuserez, sur l'humaine foiblesse,
Des violens transports d'un amour qui vous blesse ;
Et considérerez, en regardant votre air,
Que l'on n'est pas aveugle, et qu'un homme est de chair.
ELMIRE.
D'autres prendroient cela d'autre façon, peut-être,
Mais ma discrétion veut se faire paroître.
Je ne redirai point l'affaire à mon époux ;
Mais je veux, en revanche, une chose de vous.
C'est de presser tout franc, et sans nulle chicane,
L'union de Valère avecque Mariane.
De renoncer vous-même à l'injuste pouvoir
Qui veut du bien d'un autre enrichir votre espoir ;
Et....

SCÈNE IV.
ELMIRE, DAMIS, TARTUFE.

DAMIS *sortant du cabinet où il s'étoit retiré.*

Non, madame, non, ceci doit se répandre ;
J'étois en cet endroit, d'où j'ai pu tout entendre ;
Et la bonté du ciel m'y semble avoir conduit
Pour confondre l'orgueil d'un traître qui me nuit ;
Pour m'ouvrir une voie à prendre la vengeance *
De son hypocrisie et de son insolence ;
A détromper mon père, et lui mettre en plein jour
L'ame d'un scélérat qui vous parle d'amour.
ELMIRE.
Non, Damis, il suffit qu'il se rende plus sage,
Et tâche à mériter la grace où je m'engage.
Puisque je l'ai promis, ne m'en dédites pas.

* *A prendre la vengeance.* La plupart auroient voulu *à tirer vengeance*, sans article.

ACTE III. SCÈNE V.

Ce n'est point mon humeur de faire des éclats ;
Une femme se rit de sottises pareilles ,
Et jamais d'un mari n'en trouble les oreilles.

DAMIS.

Vous avez vos raisons pour en user ainsi ;
Et , pour faire autrement, j'ai les miennes aussi.
Le vouloir épargner est une raillerie ;
Et l'insolent orgueil de sa cagoterie
N'a triomphé que trop de mon juste courroux,
Et que trop excité de désordres chez nous.
Le fourbe, trop long-tems, a gouverné mon père,
Et desservi mes feux, avec ceux de Valère.
Il faut que du perfide il soit désabusé ;
Et le ciel, pour cela, m'offre un moyen aisé.
De cette occasion je lui suis redevable ,
Et, pour la négliger, elle est trop favorable.
Ce seroit mériter qu'il me la vînt ravir,
Que de l'avoir en main, et ne m'en pas servir.

ELMIRE.

Damis....

DAMIS.

Non, s'il vous plaît, il faut que je me croie.
Mon ame est maintenant au comble de sa joie ;
Et vos discours, en vain, prétendent m'obliger
A quitter le plaisir de me pouvoir venger.
Sans aller plus avant, je vais vider l'affaire,
Et voici justement de quoi me satisfaire.

SCÈNE V.

ORGON, ELMIRE, DAMIS, TARTUFE.

DAMIS.

Nous allons régaler, mon père, votre abord
D'un incident tout frais, qui vous surprendra fort.
Vous êtes bien payé de toutes vos caresses ;
Et monsieur, d'un beau prix, reconnoît vos tendresses.
Son grand zèle, pour vous, vient de se déclarer ;
Il ne va pas à moins, qu'a vous déshonorer :

Et je l'ai surpris là, qui faisoit à madame
L'injurieux aveu d'une coupable flamme.
Elle est d'une humeur douce, et son cœur trop discret
Vouloit, à toute force, en garder le secret ;
Mais je ne puis flatter une telle impudence,
Et crois que vous la taire, est vous faire une offense.

ELMIRE.

Oui. Je tiens que jamais, de tous ces vains propos,
On ne doit d'un mari traverser le repos ;
Que ce n'est point de là que l'honneur peut dépendre,
Et qu'il suffit, pour nous, de savoir nous défendre.
Ce sont mes sentimens ; et vous n'auriez rien dit,
Damis, si j'avois eu sur vous quelque crédit.

SCÈNE VI.

ORGON, DAMIS, TARTUFE.

ORGON.

Ce que je viens d'entendre, ô ciel ! est-il croyable * ?

* C'est dans cette scène qu'il faut s'étonner du génie de Molière. L'impétueux Damis vient de révéler à son père l'ingratitude de *Tartufe* en sa présence. Elmire, loin de le désavouer, s'est retirée, en lui disant que si elle en avoit été crue, il auroit, comme elle, gardé le silence. L'imposture est découverte enfin : comment *Tartufe* se tirera-t-il de ce pas 1 ?

1 Il faut être de bonne foi. On aperçoit quelque idée de cette scène étonnante dans la nouvelle de Scarron, intitulée les *Hypocrites*. Montufar, sous le nom de Frère Martin, découvert pour ce qu'il est par un gentilhomme, le défend lui-même de la fureur du peuple. *Mes frères, s'écrioit-il de toute sa force, laissez-le en paix, pour l'amour du Seigneur... Je suis le méchant, je suis le pécheur, je suis celui qui n'a jamais rien fait d'agréable devant Dieu. Pensez-vous, continuoit-il, parce que vous me voyez vêtu en homme de bien, que je n'aie pas été toute ma vie un larron, le scandale des autres, et la perdition de moi-même ? Vous vous êtes trompés, mes frères ; faites-moi le but de vos injures et de vos pierres, et tirez sur moi vos épées. Après avoir dit ces paroles avec une fausse douceur, il alla se jeter avec un zèle encore plus faux aux pieds de son ennemi, et les lui baisant*, etc.

ACTE III. SCÈNE VI.
TARTUFE.

Oui, mon frère, je suis un méchant, un coupable,
Un malheureux pécheur, tout plein d'iniquité,
Le plus grand scélérat qui ait jamais été.
Chaque instant de ma vie est chargé de souillures;
Elle n'est qu'un amas de crimes et d'ordures,
Et je vois que le ciel, pour ma punition,
Me veut mortifier en cette occasion.
De quelque grand forfait qu'on me puisse reprendre,
Je n'ai garde d'avoir l'orgueil de m'en défendre.

Par une plus grande imposture; par cette espèce de confession adroite et modeste, qui semble n'être faite que pour justifier son propre accusateur. A le juger par ses regards apprêtés, ses gestes modérés, sa voix soumise, et toute la pantomime de la fausseté, vous jureriez que c'est par humilité et pour ne pas irriter Orgon contre son fils, qu'il veut bien convenir qu'il est *un méchant, un coupable*. Il connoît sa dupe; plus il charge le portrait de ses iniquités, plus il s'aperçoit qu'Orgon les trouve moins croyables: alors il s'avoue *le plus grand scélérat qui jamais ait été*. Il n'aura pas, dit-il, *l'orgueil de se défendre*; il supplie avec onction son ami de croire tout ce qu'on lui dit, et de le chasser de sa maison.

Le foible Orgon, qu'épouvante cette dernière image, s'enflamme d'un nouveau respect pour l'impudent imposteur; *Tartufe* alors s'adresse à son accusateur même; il l'appelle *son fils*, et se jette aux pieds d'Orgon, qui devient saintement furieux contre Damis. Le scélérat frappe le dernier coup, il demande la grace de son ennemi; Orgon lui-même tombe aux genoux du séducteur de sa femme, veut y précipiter son fils, et paye le refus qu'il en fait de sa malédiction. Tableau de la plus terrible énergie et de l'art le plus consommé, puisqu'en même tems qu'il nous présente le caractère de l'imposteur par les traits les plus forts, il renoue l'intrigue prête à finir.

L'accusation de Damis et la conduite d'Elmire n'ont rien produit. Orgon n'est que plus disposé à donner à *Tartufe* et son bien et sa fille; il exige même que l'hypocrite soit toujours auprès de sa femme *pour faire enrager tout le monde*. L'intérêt qu'on prend à toute la famille de ce citoyen abusé, n'a donc fait qu'augmenter avec le danger dont elle est menacée. Aucun ouvrage dramatique, dans aucune langue, dans aucun pays, n'a rien présenté qui puisse être comparé aux deux scenes qui terminent cet acte inimitable, et dans lesquelles d'ailleurs on ne trouve pas une négligence, pas une faute de langue.

Croyez ce qu'on vous dit, armez votre courroux,
Et, comme un criminel, chassez-moi de chez vous;
Je ne saurois avoir tant de honte en partage,
Que je n'en aye encor mérité davantage.
    ORGON *à son fils.*
Ah! traître, oses-tu bien, par cette fausseté,
Vouloir de sa vertu ternir la pureté?
    DAMIS.
Quoi! la feinte douceur de cette ame hypocrite
Vous fera démentir...
    ORGON.
     Tais-toi, peste maudite.
    TARTUFE.
Ah! laissez-le parler, vous l'accusez à tort,
Et vous ferez bien mieux de croire à son rapport.
Pourquoi, sur un tel fait, m'être si favorable?
Savez-vous, après tout, de quoi je suis capable?
Vous fiez-vous, mon frere, à mon extérieur?
Et, pour tout ce qu'on voit, me croyez-vous meilleur?
Non, non, vous vous laissez tromper à l'apparence,
Et je ne suis rien moins, hélas! que ce qu'on pense.
Tout le monde me prend pour un homme de bien;
Mais la vérité pure est que je ne vaux rien.
   (*S'adressant à Damis.*)
Oui, mon cher fils, parlez, traitez-moi de perfide,
D'infâme, de perdu, de voleur, d'homicide;
Accablez-moi de noms encor plus détestés,
Je n'y contredis point, je les ai mérités;
Et j'en veux, à genoux, souffrir l'ignominie,
Comme une honte due aux crimes de ma vie.
    ORGON.
 (*à Tartufe.*)   (*à son fils.*)
Mon frère, c'en est trop. Ton cœur ne se rend point,
Traître?
    DAMIS.
  Quoi! ses discours vous séduiront au point...
    ORGON.
   (*relevant Tartufe.*)
Tais-toi, pendard. Mon frère, hé, levez-vous; de grace!

ACTE III. SCENE VI.

(*à son fils.*)
Infâme.

DAMIS.
Il peut...

ORGON.
Tais-toi.

DAMIS.
J'enrage. Quoi ! je passe...

ORGON.
Si tu dis un seul mot, je te romprai les bras.

TARTUFE.
Mon frère, au nom de Dieu, ne vous emportez pas.
J'aimerois mieux souffrir la peine la plus dure,
Qu'il eût reçu pour moi la moindre égratignure.

ORGON *à son fils.*
Ingrat.

TARTUFE.
Laissez-le en paix. S'il faut, à deux genoux,
Vous demander sa grace....

ORGON *se jettant aussi à genoux et embrassant Tartufe.*
Hélas ! vous moquez-vous ?

(*à son fils.*)
Coquin, vois sa bonté.

DAMIS.
Donc...

ORGON.
Paix.

DAMIS.
Quoi, je...

ORGON.
Paix, dis-je...
Je sais bien quel motif à l'attaquer t'oblige.
Vous le haïssez tous, et je vois aujourd'hui,
Femme, enfans et valets déchaînés contre lui.
On met impudemment toute chose en usage,
Pour ôter de chez moi ce dévot personnage ;
Mais plus on fait d'effort afin de l'en bannir,

Plus j'en veux employer à l'y mieux retenir,
Et je vais me hâter de lui donner ma fille,
Pour confondre l'orgueil de toute ma famille.
DAMIS.
A recevoir sa main, on pense l'obliger ?
ORGON.
Oui, traître, et dès ce soir, pour vous faire enrager.
Ah ! je vous brave tous, et vous ferai connoître
Qu'il faut qu'on m'obéisse, et que je suis le maître.
Allons, qu'on se retracte, et qu'à l'instant, fripon,
On se jette à ses pieds, pour demander pardon.
DAMIS
Qui, moi ? De ce coquin, qui par ses impostures...
ORGON.
Ah ! tu résistes, gueux, et lui dis des injures ?
(*à Tartufe.*)
Un bâton, un bâton. Ne me retenez pas.
(*à son fils.*)
Sus ; que de ma maison on sorte de ce pas.
Et que d'y revenir on n'ait jamais l'audace.
DAMIS.
Oui, j'en sortirai ; mais...
ORGON.
         Vite, quittons la place.
Je te prive, pendard, de ma succession,
Et te donne, de plus, ma malédiction.

SCÈNE VII.

ORGON, TARTUFE.

ORGON.

Offenser de la sorte une sainte personne !
TARTUFE.
O ciel ! pardonne-lui la douleur qu'il me donne !
(*à Orgon.*)
Si vous pouviez savoir avec quel déplaisir
Je vois qu'envers mon frère on tâche à me noircir....
ORGON.
Hélas !

ACTE III. SCÈNE VII.

TARTUFE.

Le seul penser de cette ingratitude
Fait souffrir à mon ame un supplice si rude...
L'horreur que j'en conçois... J'ai le cœur si serré,
Que je ne puis parler, et crois que j'en mourrai.

ORGON *courant tout en larmes à la porte par où il a chassé son fils.*

Coquin ! je me repens que ma main t'ait fait grace,
Et ne t'ait pas, d'abord, assommé sur la place.

(*à Tartufe.*)

Remettez-vous, mon frère, et ne vous fâchez pas.

TARTUFE.

Rompons, rompons le cours de ces fâcheux débats.
Je regarde céans quels grands troubles j'apporte,
Et crois qu'il est besoin, mon frère, que j'en sorte.

ORGON.

Comment ! vous moquez-vous ?

TARTUFE.

On m'y hait, et je voi
Qu'on cherche à vous donner des soupçons de ma foi.

ORGON.

Qu'importe ? Voyez-vous que mon cœur les écoute ?

TARTUFE.

On ne manquera pas de poursuivre, sans doute ;
Et ces mêmes rapports qu'ici vous rejetez,
Peut-être une autre fois seront-ils écoutés.

ORGON.

Non, mon frère, jamais.

TARTUFE.

Ah ! mon frère, une femme
Aisément d'un mari peut bien surprendre l'ame.

ORGON.

Non, non.

TARTUFE.

Laissez-moi vîte, en m'éloignant d'ici,
Leur ôter tout sujet de m'attaquer ainsi.

ORGON.

Non, vous demeurerez, il y va de ma vie.

LE TARTUFE.
TARTUFE.
Hé bien ! il faudra donc que je me mortifie.
Pourtant, si vous vouliez....
ORGON.
Ah !
TARTUFE.
Soit. N'en parlons plus.
Mais je sais comme il faut en user là-dessus.
L'honneur est délicat, et l'amitié m'engage
A prévenir les bruits et les sujets d'ombrage.
Je fuirai votre épouse, et vous ne me verrez....
ORGON.
Non, en dépit de tous, vous la fréquenterez.
Faire enrager le monde est ma plus grande joie,
Et je veux qu'à toute heure avec elle on vous voie.
Ce n'est pas tout encor. Pour les mieux braver tous,
Je ne veux point avoir d'autre héritier que vous ;
Et je vais de ce pas, en fort bonne manière,
Vous faire de mon bien donation entière.
Un bon et franc ami, que pour gendre je prends,
M'est bien plus cher que fils, que femme, et que parens.
N'accepterez-vous pas ce que je vous propose ?
TARTUFE.
La volonté du ciel soit faite en toute chose.
ORGON.
Le pauvre homme ! Allons vite en dresser un écrit,
Et que puisse l'envie en crever de dépit.

ACTE IV.

SCENE I.

CLÉANTE, TARTUFE.

CLÉANTE.

Oui, tout le monde en parle, et, vous m'en pouvez croire,
L'éclat que fait ce bruit, n'est point à votre gloire ;
Et je vous ai trouvé, monsieur, fort à propos,
Pour vous en dire net ma pensée en deux mots.
Je n'examine point à fond ce qu'on expose ;
Je passe là-dessus, et prends au pis la chose.
Supposons que Damis n'en ait pas bien usé,
Et que ce soit à tort qu'on vous ait accusé ;
N'est-il pas d'un chrétien de pardonner l'offense,
Et d'éteindre en son cœur tout desir de vengeance ?
Et devez-vous souffrir, pour votre démêlé,
Que du logis d'un père un fils soit exilé ?
Je vous le dis encore, et parle avec franchise ;
Il n'est petit, ni grand, qui ne s'en scandalise ;
Et, si vous m'en croyez, vous pacifierez tout,
Et ne pousserez point les affaires à bout.
Sacrifiez à Dieu toute votre colere,
Et remettez le fils en grace avec le père.

TARTUFE.

Hélas ! je le voudrois, quant à moi, de bon cœur,
Je ne garde pour lui, monsieur, aucune aigreur ;
Je lui pardonne tout, de rien je ne le blame,
Et voudrois le servir du meilleur de mon ame.
Mais l'intérêt du ciel n'y sauroit consentir ;

Et, s'il rentre céans, c'est à moi d'en sortir.
Après son action, qui n'eut jamais d'égale,
Le commerce, entre nous, porteroit du scandale;
Dieu sait ce que d'abord tout le monde en croiroit.
A pure politique on me l'imputeroit,
Et l'on diroit partout que, me sentant coupable,
Je feins, pour qui m'accuse, un zèle charitable;
Que mon cœur l'appréhende, et veut le ménager,
Pour le pouvoir, sous main, au silence engager.

CLÉANTE.

Vous nous payez ici d'excuses colorées,
Et toutes vos raisons, monsieur, sont trop tirées.
Des intérêts du ciel pourquoi vous chargez-vous?
Pour punir le coupable, a-t-il besoin de nous?
Laissez-lui, laissez-lui le soin de ses vengeances,
Ne songez qu'au pardon qu'il prescrit des offenses,
Et ne regardez point aux jugemens humains,
Quand vous suivez du ciel les ordres souverains.
Quoi! le foible intérêt de ce qu'on pourra croire,
D'une bonne action empêchera la gloire?
Non, non, faisons toujours ce que le ciel prescrit,
Et d'aucun autre soin ne nous brouillons l'esprit *.

TARTUFE.

Je vous ai déja dit que mon cœur lui pardonne,
Et c'est faire, monsieur, ce que le ciel ordonne;
Mais, après le scandale et l'affront d'aujourd'hui,
Le ciel n'ordonne pas que je vive avec lui.

CLÉANTE.

Et vous ordonne-t-il, monsieur, d'ouvrir l'oreille
A ce qu'un pur caprice à son pere conseille?
Et d'accepter le don qui vous est fait d'un bien
Où le droit vous oblige à ne prétendre rien?

TARTUFE.

Ceux qui me connoîtront, n'auront pas la pensée
Que ce soit un effet d'une ame intéressée.
Tous les biens de ce monde ont pour moi peu d'appas,

---

* *Ne nous brouillons l'esprit.* Plusieurs ont blâmé *se brouiller l'esprit*, pour dire *s'embarrasser l'esprit*.

ACTE IV. SCÈNE I.

De leur éclat trompeur je ne m'éblouis pas ;
Et si je me résous à recevoir du père
Cette donation qu'il a voulu me faire,
Ce n'est, à dire vrai, que parce que je crains
Que tout ce bien ne tombe en de méchantes mains ;
Qu'il ne trouve des gens qui, l'ayant en partage,
En fassent, dans le monde, un criminel usage ;
Et ne s'en servent pas, ainsi que j'ai dessein,
Pour la gloire du ciel, et le bien du prochain.

CLÉANTE.

Hé, monsieur, n'ayez point ces délicates craintes,
Qui d'un juste héritier peuvent causer les plaintes.
Souffrez, sans vous vouloir embarrasser de rien,
Qu'il soit, à ses périls, possesseur de son bien ;
Et songez qu'il vaut mieux encor qu'il en mésuse,
Que si, de l'en frustrer, il faut qu'on vous accuse.
J'admire seulement que, sans confusion,
Vous en ayez souffert la proposition.
Car, enfin, le vrai zèle a-t-il quelque maxime
Qui montre à dépouiller l'héritier légitime ?
Et, s'il faut que le ciel dans votre cœur ait mis
Un invincible obstacle à vivre avec Damis,
Ne vaudroit-il pas mieux qu'en personne discrète,
Vous fissiez de céans une honnête retraite,
Que de souffrir ainsi, contre toute raison,
Qu'on en chasse pour vous le fils de la maison ?
Croyez-moi, c'est donner de votre prud'hommie,
Monsieur...

TARTUFE.

Il est, monsieur, trois heures et demie *,
Certain devoir pieux me demande là-haut,

---

* Il faudroit se récrier à presque toutes les scènes de Molière ; le trait qui termine celle-ci, est d'une simplicité sublime, il étonne l'esprit humain. *Tartufe* est pressé vivement par la force des raisons de Cléante, sur la brouillerie du fils avec le père, dont l'imposteur est la cause, et plus encore sur la donation que vient de lui faire Orgon. *Il est, monsieur, trois heures et demie, certain devoir pieux me demande là-haut*, répond *Tartufe*.

Et vous m'excuserez de vous quitter sitôt.
CLÉANTE seul.
Ah !

SCÈNE II.
ELMIRE, MARIANE, CLÉANTE, DORINE.
DORINE à Cléante.

De grace, avec nous, employez-vous pour elle.
Monsieur, son ame souffre une douleur mortelle,
Et l'accord que son père a conclu pour ce soir,
La fait, à tous momens, entrer en désespoir.
Il va venir. Joignons nos efforts, je vous prie,
Et tâchons d'ébranler, de force ou d'industrie,
Ce malheureux dessein qui nous a tous troublés.

SCÈNE III.
ORGON, ELMIRE, MARIANE, CLÉANTE, DORINE.
ORGON.

Ah ! je me réjouis de vous voir assemblés.
(à Mariane.)
Je porte en ce contrat de quoi vous faire rire,
Et vous savez déjà ce que cela veut dire.
MARIANE aux genoux d'Orgon.
Mon père, au nom du ciel, qui connoit ma douleur,
Et partout ce qui peut émouvoir votre cœur,
Relâchez-vous un peu des droits de la naissance *,
Et dispensez mes vœux de cette obéissance.
Ne me réduisez point, par cette dure loi,
Jusqu'à me plaindre au ciel de ce que je vous doi ;
Et, cette vie, hélas ! que vous m'avez donnée,

---

* *Les droits de la naissance*, pour dire *les droits de la paternité* a paru peu exact.

ACTE IV. SCÈNE III.

Ne me la rendez pas, mon père, infortunée.
Si, contre un doux espoir que j'avois pu former,
Vous me défendez d'être à ce que j'ose aimer,
Au moins, par vos bontés qu'à vos genoux j'implore,
Sauvez-moi du tourment d'être à ce que j'abhorre;
Et ne me portez point à quelque désespoir,
En vous servant, sur moi, de tout votre pouvoir.

ORGON *se sentant attendrir.*

Allons, ferme, mon cœur, point de foiblesse humaine.

MARIANE.

Vos tendresses pour lui ne me font point de peine;
Faites-les éclater, donnez-lui votre bien;
Et, si ce n'est assez, joignez-y tout le mien,
J'y consens de bon cœur, et je vous l'abandonne :
Mais au moins, n'allez pas jusques à ma personne;
Et souffrez qu'un couvent, dans les austérités,
Use les tristes jours que le ciel m'a comptés.

ORGON.

Ah ! voilà justement de mes religieuses,
Lorsqu'un père combat leurs flammes amoureuses.
Debout. Plus votre cœur répugne à l'accepter,
Plus ce sera pour vous matière à mériter.
Mortifiez vos sens avec ce mariage,
Et ne me rompez pas la tête davantage.

DORINE.

Mais quoi !...

ORGON.

Taisez-vous, vous. Parlez à votre écot.
Je vous défends, tout net, d'oser dire un seul mot.

CLÉANTE.

Si, par quelque conseil, vous souffrez qu'on réponde...

ORGON.

Mon frère, vos conseils sont les meilleurs du monde.
Ils sont bien raisonnés, et j'en fais un grand cas;
Mais vous trouverez bon que je n'en use pas.

ELMIRE *à Orgon.*

A voir ce que je vois, je ne sais plus que dire;
Et votre aveuglement fait que je vous admire.
C'est être bien coiffé, bien prévenu de lui,

Que de nous démentir sur le fait d'aujourd'hui.
ORGON.
Je suis votre valet, et crois les apparences.
Pour mon fripon de fils, je sais vos complaisances;
Et vous avez eu peur de le désavouer
Du trait qu'à ce pauvre homme il a voulu jouer.
Vous étiez trop tranquille, enfin, pour être crue,
Et vous auriez paru d'autre manière émue.
ELMIRE.
Est-ce qu'au simple aveu d'un amoureux transport,
Il faut que notre honneur se gendarme si fort?
Et ne peut-on répondre à tout ce qui le touche,
Que le feu dans les yeux, et l'injure à la bouche?
Pour moi de tels propos je me ris simplement;
Et l'éclat là-dessus ne me plaît nullement.
J'aime qu'avec douceur nous nous montrions sages,
Et ne suis point du tout pour ces prudes sauvages,
Dont l'honneur est armé de griffes et de dents,
Et veut, au moindre mot, dévisager les gens.
Me préserve le ciel d'une telle sagesse!
Je veux une vertu qui ne soit point diablesse,
Et crois que d'un refus la discrette froideur
N'en est pas moins puissante à rebuter un cœur.
ORGON.
Enfin, je sais l'affaire, et ne prends point le change.
ELMIRE.
J'admire, encore un coup, cette foiblesse étrange:
Mais, que me répondroit votre incrédulité,
Si je vous faisois voir qu'on vous dit vérité!
ORGON.
Voir?
ELMIRE.
Oui.
ORGON.
Chansons.
ELMIRE.
Mais quoi! Si je trouvois manière
De vous le faire voir avec pleine lumière!

ACTE IV. SCÈNE IV.

ORGON.

Contes en l'air.

ELMIRE.

Quel homme ! Au moins, répondez-moi.
Je ne vous parle pas de nous ajouter foi ;
Mais supposons ici que, d'un lieu qu'on peut prendre,
On vous fît clairement tout voir et tout entendre,
Que diriez-vous alors de votre homme de bien ?

ORGON.

En ce cas, je dirois que... Je ne dirois rien,
Car cela ne se peut.

ELMIRE.

L'erreur trop long-tems dure,
Et c'est trop condamner ma bouche d'imposture.
Il faut que, par plaisir, et sans aller plus loin,
De tout ce qu'on vous dit, je vous fasse témoin.

ORGON.

Soit. Je vous prends au mot. Nous verrons votre adresse,
Et comment vous pourrez remplir cette promesse.

ELMIRE à *Dorine*.

Faites-le moi venir.

DORINE à *Elmire*.

Son esprit est rusé,
Et peut-être, à surprendre, il sera malaisé.

ELMIRE à *Dorine*.

Non, on est aisément dupé par ce qu'on aime,
Et l'amour-propre engage à se tromper soi-même.

(à *Cléante et à Mariane*.)

Faites-le moi descendre ; et, vous, retirez-vous.

SCÈNE IV.

ELMIRE, ORGON.

ELMIRE.

Approchons cette table *, et vous mettez dessous.

* *Approchons cette table et vous mettez dessous.*
Ce soin d'approcher cette table sent un peu la machine. On voudroit que dans l'appartement ou se passe la pièce il y eut

LE TARTUFE.

ORGON.

Comment?

ELMIRE.

Vous bien cacher est un point nécessaire.

ORGON.

Pourquoi sous cette table?

ELMIRE.

Ah! mon Dieu, laissez faire;
J'ai mon dessein en tête, et vous en jugerez.
Mettez-vous-là, vous dis-je, et quand vous y serez,
Gardez qu'on ne vous voie; et qu'on ne vous entende.

ORGON.

Je confesse qu'ici ma complaisance est grande;
Mais de votre entreprise il vous faut voir sortir.

ELMIRE.

Vous n'aurez, que je crois, rien à me répartir.

(à Orgon, qui est sous la table.)

Au moins, je vais toucher une étrange matière.
Ne vous scandalisez en aucune manière.
Quoi que je puisse dire, il doit m'être permis;
Et c'est pour vous convaincre, ainsi que j'ai promis.
Je vais, par des douceurs, puisque j'y suis réduite,

dès le commencement une table couverte d'un grand tapis, que *Tartufe* eût toujours vue à la même place, telle qu'il y en avoit du tems de Molière, au lieu de nos modernes consoles, et telle qu'on en trouve encore chez d'anciens bourgeois. Alors il faudroit qu'Elmire dît à son mari d'aller se cacher sous ce tapis. Ce seroit à elle à se retirer, sans affectation, près de la table, pour y attirer *Tartufe*, afin qu'Orgon pût entendre ce qu'on diroit. La situation seroit la même, et tout se passeroit avec plus de vraisemblance et moins d'apprêt. Il est vrai qu'il faudroit un peu changer le vers qui a donné lieu à cette remarque, et dire:

Courez à cette table et cachez-vous dessous.

Tartufe avoit déjà été découvert pour ce qu'il est par un homme caché au troisième acte; Molière se sert encore ici du même moyen à-peu-près. L'imbécillité d'Orgon est la seule excuse de cette répétition, il falloit qu'il vît, qu'il entendît. Un homme aussi grossièrement abusé ne pouvoit être détrompé que par la voie des sens.

Faire poser le masque à cette ame hypocrite,
Flatter de son amour les desirs effrontés,
Et donner un champ libre à ses témérités.
Comme c'est pour vous seul, et pour mieux le confondre,
Que mon ame à ses vœux va feindre de répondre,
J'aurai lieu de cesser dès que vous vous rendrez,
Et les choses n'iront que jusqu'où vous voudrez.
C'est à vous d'arrêter son ardeur insensée,
Quand vous croirez l'affaire assez avant poussée,
D'épargner votre femme, et de ne m'exposer
Qu'à ce qu'il vous faudra pour vous désabuser.
Ce sont vos intérêts, vous en serez le maître,
Et... L'on vient. Tenez-vous, et gardez de paroître.

SCÈNE V.

TARTUFE, ELMIRE, ORGON sous la table.

TARTUFE.

On m'a dit qu'en ce lieu vous vouliez me parler;
ELMIRE.
Oui, l'on a des secrets à vous y révéler;
Mais tirez cette porte avant qu'on vous les dise,
Et regardez partout, de crainte de surprise.
(Tartufe va fermer la porte, et revient.)
Une affaire pareille à celle de tantôt,
N'est pas assurément ici ce qu'il nous faut.
Jamais il ne s'est vu de surprise de même *;
Damis m'a fait, pour vous, une frayeur extrême;
Et vous avez bien vu que j'ai fait mes efforts
Pour rompre son dessein, et calmer ses transports.
Mon trouble, il est bien vrai, m'a si fort possédée;
Que de le démentir je n'ai point eu l'idée;
Mais, par-là, grace au ciel, tout a bien mieux été,
Et les choses en sont en plus de sureté.
L'estime où l'on vous tient a dissipé l'orage?

* *De surprise de même*, pour dire *semblable*, a été désapprouvé.

Et mon mari, de vous, ne peut prendre d'ombrage.
Pour mieux braver l'éclat des mauvais jugemens,
Il veut que nous soyons ensemble à tous momens;
Et c'est par où je puis, sans peur d'être blâmée,
Me trouver ici seule avec vous enfermée,
Et ce qui m'autorise à vous ouvrir un cœur
Un peut trop prompt, peut-être, à souffrir votre ardeur.

TARTUFE.

Ce langage, à comprendre, est assez difficile,
Madame ; et vous parliez tantôt d'un autre style.

ELMIRE.

Ah ! si d'un tel refus vous êtes en courroux,
Que le cœur d'une femme est mal connu de vous !
Et que vous savez peu ce qu'il veut faire entendre,
Lorsque, si foiblement, on le voit se défendre !
Toujours notre pudeur combat, dans ces momens,
Ce qu'on peut nous donner de tendres sentimens.
Quelque raison qu'on trouve à l'amour qui nous dompte,
On trouve à l'avouer toujours un peu de honte,
On s'en défend d'abord ; mais de l'air qu'on s'y prend,
On fait connoître assez que notre cœur se rend ;
Qu'à nos vœux, par honneur, notre bouche s'oppose,
Et que de tels refus promettent toute chose.
C'est vous faire, sans doute, un assez libre aveu,
Et, sur notre pudeur, me ménager bien peu ;
Mais, puisque la parole enfin en est lâchée,
A retenir Damis me serois-je attachée ?
Aurois-je, je vous prie, avec tant de douceur,
Ecouté tout au long l'offre de votre cœur ?
Aurois-je pris la chose ainsi qu'on m'a vu faire,
Si l'offre de ce cœur n'eût eu de quoi me plaire ?
Et lorsque j'ai voulu, moi-même, vous forcer
A refuser l'hymen qu'on venoit d'annoncer *,
Qu'est-ce que cette instance a dû vous faire entendre ?
Que l'intérêt qu'en vous on s'avise de prendre,

---

* *A refuser l'hymen qu'on venoit d'annoncer.* Dans ce vers et dans les cinq suivans, *on* est pris dans deux sens différens, relatifs à la femme et au mari, ce qui est un vice de construction.

ACTE IV. SCÈNE V.

Et l'ennui qu'on auroit que ce nœud qu'on résoud,
Vînt partager du moins un cœur que l'on veut tout?
TARTUFE.
C'est, sans doute, madame, une douceur extrême,
Que d'entendre ces mots d'une bouche qu'on aime;
Leur miel, dans tous mes sens, fait couler à longs traits
Une suavité qu'on ne goûta jamais.
Le bonheur de vous plaire est ma suprême étude,
Et mon cœur, de vos vœux, fait sa béatitude;
Mais ce cœur vous demande ici la liberté,
D'oser douter un peu de sa félicité.
Je puis croire ces mots un artifice honnête,
Pour m'obliger à rompre un hymen qui s'apprête;
Et, s'il faut librement m'expliquer avec vous,
Je ne me fierai point à des propos si doux,
Qu'un peu de vos faveurs, après quoi je soupire,
Ne vienne m'assurer tout ce qu'ils ont pu dire,
Et planter dans mon ame une constante foi
Des charmantes bontés que vous avez pour moi.
ELMIRE *après avoir toussé pour avertir son mari.*
Quoi! vous voulez aller avec cette vitesse,
Et d'un cœur, tout d'abord, épuiser la tendresse?
On se tue à vous faire un aveu des plus doux,
Cependant, ce n'est pas encore assez pour vous;
Et l'on ne peut aller jusqu'à vous satisfaire,
Qu'aux dernières faveurs on ne pousse l'affaire?
TARTUFE.
Moins on mérite un bien, moins on l'ose espérer.
Nos vœux, sur des discours, ont peine à s'assurer.
On soupçonne aisément un sort * tout plein de gloire,
Et l'on veut en jouir avant que de le croire.
Pour moi, qui crois si peu mériter vos bontés,
Je doute du bonheur de mes témérités;
Et je ne croirai rien, que vous n'ayez, madame,
Par des réalités, su convaincre ma flamme.

* *On soupçonne un sort*, pour dire *on soupçonne un piège*, n'a pas paru exact.

LE TARTUFE.

ELMIRE.

Mon Dieu! que votre amour en vrai tyran agit,
Et qu'en un trouble étrange il me jette l'esprit!
Que sur les cœurs il prend un furieux empire!
Et qu'avec violence il veut ce qu'il desire!
Quoi, de votre poursuite on ne peut se parer,
Et vous ne donnez pas le tems de respirer?
Sied-t-il bien de tenir une rigueur si grande *,
De vouloir, sans quartier, les choses qu'on demande;
Et d'abuser ainsi, par vos efforts pressans,
Du foible que, pour vous, vous voyez qu'ont les gens?

TARTUFE.

Mais si, d'un œil benin, vous voyez mes hommages,
Pourquoi m'en refuser d'assurés témoignages?

ELMIRE.

Mais comment consentir à ce que vous voulez,
Sans offenser le ciel, dont toujours vous parlez?

TARTUFE.

Si ce n'est que le ciel qu'à mes vœux on oppose,
Lever un tel obstacle, est à moi peu de chose;
Et cela ne doit point retenir votre cœur.

ELMIRE.

Mais des arrêts du ciel on nous fait tant de peur?

TARTUFE.

Je puis vous dissiper ces craintes ridicules,
Madame; et je sais l'art de lever les scrupules.
Le ciel défend, de vrai, certains contentemens;
Mais on trouve avec lui des accommodemens **.

---

* *Tenir une rigueur si grande.* Quelques-uns ont douté qu'on puisse dire *tenir une grande rigueur.*

** Dans l'édition de 1682, à l'endroit où *Tartufe* dit qu'il est avec le ciel des accommodemens, il y a une note qui avertit sérieusement que c'est un scélérat qui parle 1. Cette attention puérile des éditeurs fait penser qu'il y avoit encore des murmures contre ce chef-d'œuvre.

1 Un acteur de province ayant copié son rôle de *Tartufe*, d'après cette édition de 1682, avoit transcrit jusqu'à la note, qu'il débita spirituellement comme une suite de ce qu'il avoit à dire.

ACTE IV. SCÈNE V.

Selon divers besoins, il est une science
D'étendre les liens de notre conscience,
Et de rectifier le mal de l'action
Avec la pureté de notre intention.
De ces secrets, madame, on saura vous instruire;
Vous n'avez seulement qu'à vous laisser conduire.
Contentez mon desir, et n'ayez point d'effroi;
Je vous réponds de tout, et prends le mal sur moi.
    (*Elmire tousse plus fort.*)
Vous toussez fort, madame.
ELMIRE.
    Oui, je suis au supplice.
TARTUFE.
Vous plaît-il un morceau de ce jus de réglisse?
ELMIRE.
C'est un rhume obstiné, sans doute; et je vois bien
Que tous les jus du monde, ici, ne feront rien.
TARTUFE.
Cela, certe, est fâcheux.
ELMIRE.
    Oui, plus qu'on ne peut dire.
TARTUFE.
Enfin, votre scrupule est facile à détruire.
Vous êtes assurée ici d'un plein secret;
Et le mal n'est jamais que dans l'éclat qu'on fait.
Le scandale du monde est ce qui fait l'offense;
Et ce n'est pas pécher, que pécher en silence.
  ELMIRE *après avoir encore toussé et frappé sur la table.*
Enfin, je vois qu'il faut se résoudre à céder,
Qu'il faut que je consente à vous tout accorder;
Et qu'à moins de cela je ne dois point prétendre,
Qu'on puisse être content, et qu'on veuille se rendre.
Sans doute, il est fâcheux d'en venir jusques-là,
Et, c'est bien, malgré moi, que je franchis cela;
Mais, puisque l'on s'obstine à m'y vouloir réduire,
Puisqu'on ne veut point croire à tout ce qu'on peut dire,
Et qu'on veut des témoins qui soient plus convaincans,
Il faut bien s'y résoudre, et contenter les gens.
Si ce contentement porte en soi quelque offense,

Tant pis pour qui me force à cette violence ;
La faute assurément n'en doit point être à moi.
TARTUFE.
Oui, madame, on s'en charge ; et la chose de soi..,
ELMIRE.
Ouvrez un peu la porte, et voyez, je vous prie,
Si mon mari n'est point dans cette galerie.
TARTUFE.
Qu'est-il besoin pour lui du soin que vous prenez ?
C'est un homme, entre nous, à mener par le nez.
De tous nos entretiens, il est pour faire gloire,
Et je l'ai mis au point de voir tout, sans rien croire.
ELMIRE.
Il n'importe. Sortez, je vous prie, un moment ;
Et partout, là-dehors, voyez exactement.

SCÈNE VI.
ORGON, ELMIRE.
ORGON *sortant de dessous la table.*

VOILA, je vous l'avoue, un abominable homme.
Je n'en puis revenir, et tout ceci m'assomme.
ELMIRE.
Quoi, vous sortez sitôt ? Vous vous moquez des gens,
Rentrez sous le tapis, il n'est pas encor tems ;
Attendez jusqu'au bout, pour voir les choses sûres,
Et ne vous fiez point aux simples conjectures.
ORGON.
Non, rien de plus méchant n'est sorti de l'enfer.
ELMIRE.
Mon Dieu ! L'on ne doit point croire trop de léger *.
Laissez-vous bien convaincre avant que de vous rendre,
Et ne vous hâtez pas de peur de vous méprendre.
(*Elmire fait mettre Orgon derrière elle.*)

---

* *Croire trop de léger*, pour *trop légèrement*, ne se diroit plus.

SCÈNE VII.

TARTUFE, ELMIRE, ORGON.

TARTUFE *sans voir Orgon.*

Tout conspire, madame, à mon contentement.
J'ai visité de l'œil tout cet appartement;
Personne ne s'y trouve; et mon ame ravie...
(*Dans le tems que Tartufe s'avance, les bras ouverts pour embrasser Elmire, elle se retire, et Tartufe aperçoit Orgon.*)

ORGON *arrêtant Tartufe.*

Tout doux, vous suivez trop votre amoureuse envie,
Et vous ne deviez pas vous tant passionner.
Ah, ah! l'homme de bien, vous m'en vouliez donner!
Comme aux tentations s'abandonne votre ame!
Vous épousiez ma fille, et convoitiez ma femme;
J'ai douté fort long-tems que ce fut tout de bon,
Et je croyois toujours qu'on changeroit de ton;
Mais c'est assez avant pousser le témoignage,
Je m'y tiens; et n'en veux, pour moi, pas davantage.

ELMIRE *à Tartufe.*

C'est contre mon honneur que j'ai fait tout ceci;
Mais on m'a mise au point de vous traiter ainsi.

TARTUFE *à Orgon.*

Quoi! vous croyez....

ORGON.

Allons, point de bruit, je vous prie,
Dénichons de céans, et sans cérémonie.

TARTUFE.

Mon dessein....

ORGON.

Ces discours ne sont plus de saison.
Il faut, tout sur-le-champ, sortir de la maison.

TARTUFE.

C'est à vous d'en sortir, vous, qui parlez en maître.
La maison m'appartient, je le ferai connoître,
Et vous montrerai bien qu'en vain on a recours,
Pour me chercher querelle, à ces lâches détours;

Qu'on n'est pas où l'on pense, en me faisant injure;
Que j'ai de quoi confondre et punir l'imposture,
Venger le ciel qu'on blesse, et faire repentir
Ceux qui parlent ici de me faire sortir.

SCENE VIII.

ELMIRE, ORGON.

ELMIRE.

Quel est donc ce langage, et qu'est-ce qu'il veut dire?
ORGON.
Ma foi, je suis confus, et n'ai pas lieu de rire.
ELMIRE.
Comment?

ORGON.

Je vois ma faute aux choses qu'il me dit,
Et la donation m'embarrasse l'esprit.
ELMIRE.
La donation...
ORGON.
Oui. C'est une affaire faite;
Mais j'ai quelque autre chose encor qui m'inquiète.
ELMIRE.
Et quoi?
ORGON.
Vous saurez tout. Mais voyons au plutôt
Si certaine cassette est encore là-haut.

ACTE V.

SCÈNE I.

ORGON, CLÉANTE.

CLÉANTE.

Où voulez-vous courir ?

ORGON.

Las, que sais-je !

CLÉANTE.

Il me semble
Que l'on doit commencer par consulter ensemble
Les choses qu'on peut faire en cet événement.

ORGON.

Cette cassette-là me trouble entièrement.
Plus que le reste encore, elle me désespère.

CLÉANTE.

Cette cassette est donc un important mystère ?

ORGON.

C'est un dépôt qu'Argas, cet ami que je plains,
Lui-même, en grand secret, m'a mis entre les mains.
Pour cela, dans sa fuite, il me voulut élire ;
Et ce sont des papiers, à ce qu'il m'a pu dire,
Où sa vie et ses biens se trouvent attachés.

CLÉANTE.

Pourquoi donc les avoir en d'autres mains lâchés ?

ORGON.

Ce fut par un motif de cas de conscience.
J'allai droit à mon traître en faire confidence,
Et son raisonnement me vint persuader

De lui donner plutôt la cassette à garder,
Afin que, pour nier, en cas de quelque enquête,
J'eusse d'un faut-fuyant la faveur toute prête,
Par où ma conscience eût pleine sureté
A faire des sermens contre la vérité.

CLEANTE.

Vous voilà mal, au moins, si j'en crois l'apparence;
Et la donation, et cette confidence,
Sont, à vous en parler selon mon sentiment,
Des démarches par vous faites légèrement.
On peut vous mener loin avec de pareils gages;
Et cet homme, sur vous, ayant ces avantages,
Le pousser est encor grande imprudence à vous,
Et vous deviez chercher quelque biais plus doux.

ORGON.

Quoi! sur un beau semblant de ferveur si touchante,
Cacher un cœur si double, une ame si méchante?
Et moi qui l'ai reçu gueusant, et n'ayant rien...
C'en est fait, je renonce à tous les gens de bien;
J'en aurai désormais une horreur effroyable,
Et m'en vais devenir, pour eux, pire qu'un diable.

CLEANTE.

Hé bien, ne voilà pas de vos emportemens!
Vous ne gardez en rien les doux tempéramens.
Dans la droite raison jamais n'entre la vôtre *;
Et toujours d'un excès vous vous jetez dans l'autre.
Vous voyez votre erreur, et vous avez connu
Que par un zèle feint vous étiez prévenu;
Mais, pour vous corriger, quelle raison demande
Que vous alliez passer dans une erreur plus grande;
Et qu'avecque le cœur d'un perfide vaurien
Vous confondiez les cœurs de tous les gens de bien?
Quoi! parce qu'un fripon vous dupe avec audace,
Sous le pompeux éclat d'une austère grimace,
Vous voulez que partout on soit fait comme lui,
Et qu'aucun vrai dévot ne se trouve aujourd'hui?

* *Dans la droite raison n'entre jamais la vôtre.* Ce tour a paru peu naturel.

Laissez aux libertins ces sottes conséquences,
Démêlez la vertu d'avec ses apparences,
Ne hasardez jamais votre estime trop tôt,
Et soyez, pour cela, dans le milieu qu'il faut.
Gardez-vous, s'il se peut, d'honorer l'imposture;
Mais, au vrai zèle aussi, n'allez pas faire injure;
Et, s'il vous faut tomber dans une extrémité,
Péchez plutôt encor de cet autre côté.

SCÈNE II.

ORGON, CLÉANTE, DAMIS.

DAMIS.

Quoi, mon père, est-il vrai qu'un coquin vous menace,
Qu'il n'est point de bienfait qu'en son ame il n'efface?
Et que son lâche orgueil, trop digne de courroux,
Se fait de vos bontés des armes contre vous?

ORGON.

Oui, mon fils; et j'en sens des douleurs non pareilles.

DAMIS.

Laissez-moi, je lui veux couper les deux oreilles.
Contre son insolence on ne doit point gauchir.
C'est à moi, tout d'un coup, de vous en affranchir;
Et, pour sortir d'affaire, il faut que je l'assomme.

CLÉANTE.

Voilà tout justement parler en vrai jeune homme.
Modérez, s'il vous plaît, ces transports éclatans.
Nous vivons sous un règne, et sommes dans un tems
Ou, par la violence, on fait mal ses affaires.

SCÈNE III.

MADAME PERNELLE. ORGON, ELMIRE, CLÉANTE, MARIANE, DAMIS, DORINE.

Madame PERNELLE.

Qu'est-ce? J'apprends ici de terribles mystères.

LE TARTUFE.

ORGON.

Ce sont des nouveautés dont mes yeux sont témoins,
Et vous voyez le prix dont sont payés mes soins.
Je recueille avec zèle un homme en sa misère,
Je le loge, et le tiens comme mon propre frère,
De bienfaits, chaque jour, il est par moi chargé,
Je lui donne ma fille, et tout le bien que j'ai ;
Et, dans le même tems, le perfide, l'infâme,
Tente le noir dessein de suborner ma femme ;
Et, non content encor de ces lâches essais,
Il m'ose menacer de mes propres bienfaits,
Et veut, à ma ruine, user des avantages
Dont le viennent d'armer mes bontés trop peu sages,
Me chasser de mes biens où je l'ai transféré,
Et me réduire au point d'où je l'ai retiré.

DORINE.

Le pauvre homme !

Madame PERNELLE.

Mon fils, je ne puis du tout croire
Qu'il ait voulu commettre une action si noire.

ORGON.

Comment ?

Madame PERNELLE.

Les gens de bien sont enviés toujours.

ORGON.

Que voulez-vous donc dire, avec votre discours,
Ma mère ?

Madame PERNELLE.

Que chez vous on vit d'étrange sorte,
Et qu'on ne sait que trop la haine qu'on lui porte.

ORGON.

Qu'a cette haine à faire avec ce qu'on vous dit ?

Madame PERNELLE.

Je vous l'ai dit cent fois, quand vous étiez petit :
La vertu, dans le monde, est toujours poursuivie ;
Les envieux mourront, mais non jamais l'envie.

ORGON.

Mais que fait ce discours aux choses d'aujourd'hui ?

ACTE V. SCÈNE III.

Madame PERNELLE.

On vous aura forgé cent sots contes de lui.

ORGON.

Je vous ai dit déjà que j'ai vu tout moi-même.

Madame PERNELLE.

Des esprits médisans la malice est extrême.

ORGON.

Vous me feriez damner, ma mère. Je vous di
Que j'ai vu de mes yeux, un crime si hardi.

Madame PERNELLE.

Les langues ont toujours du venin à répandre ;
Et rien n'est ici-bas, qui s'en puisse défendre.

ORGON.

C'est tenir un propos de sens bien dépourvu.
Je l'ai vu, dis-je, vu, de mes propres yeux vu,
Ce qu'on appelle vu. Faut-il vous le rebattre
Aux oreilles cent fois, et crier comme quatre ?

Madame PERNELLE.

Mon Dieu ! le plus souvent l'apparence déçoit.
Il ne faut pas toujours juger sur ce qu'on voit.

ORGON.

J'enrage.

Madame PERNELLE.

Aux faux soupçons la nature est sujette,
Et c'est souvent à mal, que le bien s'interprète.

ORGON.

Je dois interpréter à charitable soin,
Le desir d'embrasser ma femme ?

Madame PERNELLE.

Il est besoin,
Pour accuser les gens, d'avoir de justes causes,
Et vous deviez attendre à vous voir sur des choses.

ORGON.

Hé, diantre, le moyen de m'en assurer mieux ?
Je devois donc, ma mère, attendre qu'à mes yeux,
Il eût... Vous me feriez dire quelque sottise.

Madame PERNELLE.

Enfin, d'un trop pur zèle on voit son ame éprise ;
Et je ne puis, du tout, me mettre dans l'esprit,

Qu'il ait voulu tenter les choses que l'on dit.
ORGON.
Allez. Je ne sais pas, si vous n'étiez ma mère,
Ce que je vous dirois, tant je suis en colère.
DORINE à Orgon.
Juste retour, monsieur, des choses d'ici-bas.
Vous ne vouliez point croire, et l'on ne vous croit pas.
CLÉANTE.
Nous perdons des momens, en bagatelles pures,
Qu'il faudroit employer à prendre des mesures.
Aux menaces du fourbe on ne doit dormir point.
DAMIS.
Quoi! son effronterie iroit jusqu'à ce point?
ELMIRE.
Pour moi, je ne crois pas cette instance * possible,
Et son ingratitude est ici trop visible.
CLÉANTE à Orgon.
Ne vous y fiez pas. Il aura des ressorts,
Pour donner, contre vous, raison à ses efforts;
Et, sur moins que cela, le poids d'une cabale
Embarrasse les gens dans un fâcheux dédale.
Je vous le dis encore, armé de ce qu'il a,
Vous ne deviez jamais le pousser jusques-là.
ORGON.
Il est vrai; mais qu'y faire? A l'orgueil de ce traître,
De mes ressentimens je n'ai pas été maître.
CLÉANTE.
Je voudrois, de bon cœur, qu'on pût entre vous deux,
De quelque ombre de paix raccommoder les nœuds.
ELMIRE.
Si j'avois su qu'en main il a de telles armes,
Je n'aurois pas donné matière à tant d'alarmes;
Et mes....
ORGON à Dorine, voyant entrer M. Loyal.
Que veut cet homme? Allez tôt le savoir.
Je suis bien en état que l'on me vienne voir.

---

* *Cette instance*, pour dire *ce procès*, a paru déplacé dans la bouche d'une femme.

SCÈNE IV.

ORGON, MADAME PERNELLE, ELMIRE, MARIANE, CLÉANTE, DAMIS, DORINE, M. LOYAL.

M. LOYAL *à Dorine dans le fond du théâtre.*

Bonjour, ma chère sœur. Faites, je vous supplie,
Que je parle à monsieur.

DORINE.

Il est en compagnie;
Et je doute qu'il puisse, à présent, voir quelqu'un.

M. LOYAL.

Je ne suis pas pour être en ces lieux importun.
Mon abord n'aura rien, je crois, qui lui déplaise;
Et je viens pour un fait, dont il sera bien aise.

DORINE.

Votre nom?

M. LOYAL.

Dites-lui seulement que je vien
De la part de monsieur Tartufe, pour son bien.

DORINE *à Orgon.*

C'est un homme qui vient, avec douce manière,
De la part de monsieur Tartufe, pour affaire
Dont vous serez, dit-il, bien aise.

CLÉANTE *à Orgon.*

Il vous faut voir
Ce que c'est que cet homme, et ce qu'il peut vouloir.

ORGON *à Cléante.*

Pour nous raccommoder il vient ici, peut-être;
Quels sentimens aurai-je à lui faire paroître?

CLÉANTE.

Votre ressentiment ne doit point éclater;
Et, s'il parle d'accord, il le faut écouter.

M. LOYAL *à Orgon.*

Salut, monsieur. Le ciel perde qui vous veut nuire,
Et vous soit favorable, autant que je desire.

ORGON *bas à Cléante.*

Ce doux début s'accorde avec mon jugement,
Et présage déjà quelque accommodement.

M. LOYAL.

Toute votre maison m'a toujours été chère ;
Et j'étois serviteur de monsieur votre père.

ORGON.

Monsieur, j'ai grande honte, et demande pardon,
D'être sans vous connoître *, ou savoir votre nom.

M. LOYAL

Je m'appelle Loyal, natif de Normandie,
Et suis huissier à verge, en dépit de l'envie.
J'ai, depuis quarante ans, grace au ciel, le bonheur
D'en exercer la charge avec beaucoup d'honneur ;
Et je vous viens, monsieur, avec votre licence,
Signifier l'exploit de certaine ordonnance....

ORGON.

Quoi, vous êtes ici ?...

M. LOYAL.

Monsieur, sans passion.
Ce n'est rien seulement qu'une sommation,
Un ordre de vider d'ici, vous et les vôtres,
Mettre vos meubles hors, et faire place à d'autres,
Sans délai, ni remise, ainsi que besoin est.

ORGON.

Moi, sortir de céans ?

M. LOYAL.

Oui, monsieur, s'il vous plaît.
La maison, à présent, comme savez de reste,
Au bon monsieur Tartufe appartient sans conteste.
De vos biens, désormais, il est maître et seigneur,
En vertu d'un contrat, duquel je suis porteur.
Il est en bonne forme, et l'on n'y peut rien dire.

DAMIS à *M. Loyal.*

Certes, cette impudence est grande, et je l'admire.

---

* *D'être sans vous connoître,* pour dire *de ne pas vous connoître,* ne se diroit pas aujourd'hui.

ACTE V. SCÈNE IV.

M. LOYAL à *Damis*.

Monsieur, je ne dois point avoir affaire à vous;
    (*montrant Orgon.*)
C'est à monsieur; il est et raisonnable et doux,
Et d'un homme de bien il sait trop bien l'office,
Pour se vouloir, du tout, opposer à justice.

ORGON.

Mais...

M. LOYAL à *Orgon*.

    Oui, monsieur, je sais que pour un million
Vous ne voudriez pas faire rébellion,
Et que vous souffrirez, en honnête personne,
Que j'exécute ici les ordres qu'on me donne.

DAMIS.

Vous pourriez bien ici, sur votre noir jupon,
Monsieur l'huissier à verge, attirer le bâton.

M. LOYAL à *Orgon*.

Faites que votre fils se taise ou se retire,
Monsieur; j'aurois regret d'être obligé d'écrire,
Et de vous voir couché dans mon procès-verbal.

DORINE à *part*.

Ce monsieur Loyal porte un air bien déloyal!

M. LOYAL.

Pour tous les gens de bien * j'ai de grandes tendresses,
Et ne me suis voulu, monsieur, charger des pièces,
Que pour vous obliger, et vous faire plaisir;
Que pour ôter par-là le moyen d'en choisir
Qui, n'ayant pas pour vous le zèle qui me pousse,
Auroit pu procéder d'une façon moins douce.

ORGON.

Et que peut-on de pis, que d'ordonner aux gens
De sortir de chez eux?

---

    * Dans cette scène on supprimoit, du tems de Molière, vingt-huit vers de suite, à commencer par : *Pour tous les gens de bien*, etc., jusqu'à *Laissez, ne gâtons rien*. Le consentement qu'avoit donné Molière à cette suppression et aux suivantes, est un aveu de ce que nous avons dit, que Molière avoit travaillé ce dernier acte avec moins de soin qu'il n'en avoit apporté aux premiers.

LE TARTUFE.

M. LOYAL.
                    On vous donne du tems ;
Et jusques à demain je ferai surséance
A l'exécution, monsieur, de l'ordonnance.
Je viendrai seulement passer ici la nuit,
Avec dix de mes gens, sans scandale et sans bruit.
Pour la forme il faudra, s'il vous plaît, qu'on m'apporte,
Avant que se coucher, les clefs de votre porte.
J'aurai soin de ne pas troubler votre repos,
Et de ne rien souffrir qui ne soit à propos.
Mais demain, du matin, il vous faut être habile
A vider de céans jusqu'au moindre ustensile ;
Mes gens vous aideront ; et je les ai pris forts,
Pour vous faire service à tout mettre dehors.
On n'en peut pas user mieux que je fais, je pense ;
Et, comme je vous traite avec grande indulgence ;
Je vous conjure aussi, monsieur, d'en user bien,
Et qu'au dû de ma charge, on ne me trouble en rien.

ORGON *à part.*
Du meilleur de mon cœur, je donnerois sur l'heure
Les cent plus beaux louis de ce qui me demeure,
Et pouvoir, à plaisir, sur ce mufle assener
Le plus grand coup de poing qui se puisse donner.

CLÉANTE *bas à Orgon.*
Laissez, ne gâtons rien.

DAMIS.
                    A cette audace étrange,
J'ai peine à me tenir, et la main me démange.

DORINE.
Avec un si bon dos, ma foi, monsieur Loyal.
Quelques coups de bâton ne vous siéroient pas mal.

M. LOYAL.
On pourroit bien punir ces paroles infames,
Ma mie ; et l'on décrète aussi contre les femmes.

CLÉANTE *à M. Loyal.*
Finissons tout cela, monsieur, c'en est assez.
Donnez tôt ce papier, de grace, et nous laissez.

ACTE V. SCÈNE V.

M. LOYAL.

Jusqu'au revoir. Le ciel vous tienne tous en joie.

ORGON.

Puisse-t-il te confondre, et celui qui t'envoie!

SCÈNE V.

ORGON, MADAME PERNELLE, ELMIRE, CLÉANTE, MARIANE, DAMIS, DORINE.

ORGON.

Hé bien, vous le voyez, ma mère, si j'ai droit,
Et vous pouvez juger du reste par l'exploit.
Ses trahisons, enfin, vous sont-elles connues?

Madame PERNELLE.

Je suis toute ébaubie, et je tombe des nues.

DORINE à Orgon.

Vous vous plaignez à tort *, à tort vous le blâmez,
Et ses pieux desseins par-là sont confirmés.
Dans l'amour du prochain sa vertu se consomme **,
Il sait que très-souvent les biens corrompent l'homme.
Et, par charité pure, il veut vous enlever
Tout ce qui vous peut faire obstacle à vous sauver.

ORGON.

Taisez-vous. C'est le mot qu'il vous faut toujours dire.

CLÉANTE à Orgon.

Allons voir quel conseil on doit vous faire élire ***.

ELMIRE.

Allez faire éclater l'audace de l'ingrat.

---

* On supprimoit, dans cette scène, huit vers, à commencer par : *Vous vous plaignez à tort*, etc., jusqu'à *Allez faire éclater....*

* *Dans l'amour du prochain sa vertu se consomme.* Ce tour a paru forcé.

*** *Quel conseil on doit faire élire*, a paru très-impropre.

Ce procédé détruit la vertu du contrat ;
Et sa déloyauté va paroître trop noire *,
Pour souffrir qu'il en ait le succès qu'on veut croire.

SCÈNE VI.

VALÈRE, ORGON, M.me PERNELLE, ELMIRE, CLÉANTE, MARIANE, DAMIS, DORINE.

VALÈRE.

Avec regret, monsieur, je viens vous affliger ;
Mais je m'y vois contraint par le pressant danger.
Un ami, qui m'est joint d'une amitié fort tendre,
Et qui sait l'intérêt qu'en vous j'ai lieu de prendre,
A violé pour moi, par un pas délicat,
Le secret que l'on doit aux affaires d'état ;
Et me vient d'envoyer un avis, dont la suite
Vous réduit au parti d'une soudaine fuite.
Le fourbe, qui long-tems a pu vous imposer,
Depuis une heure, au prince a su vous accuser ;
Et remettre en ses mains, dans les traits qu'il vous jette,
D'un criminel d'état l'importante cassette,
Dont, au mépris, dit-il, du devoir d'un sujet,
Vous avez conservé le coupable secret.
J'ignore le détail du crime qu'on vous donne ;
Mais un ordre est donné contre votre personne ;
Et lui-même est chargé, pour mieux l'exécuter,
D'accompagner celui qui vous doit arrêter.

CLÉANTE.

Voilà ses droits armés ; et c'est par où le traître,
De vos biens qu'il prétend, cherche à se rendre maître.

ORGON.

L'homme est, je vous l'avoue, un méchant animal.

VALÈRE.

Le moindre amusement vous peut être fatal.

---

* *Et sa déloyauté*, etc. Ces deux vers, et surtout le second, ont paru très-négligés.

ACTE V. SCÈNE VII.

J'ai, pour vous emmener, mon carosse à la porte,
Avec mille louis qu'ici je vous apporte.
Ne perdons point de tems, le trait est foudroyant;
Et ce sont de ces coups que l'on pare en fuyant.
A vous mettre en lieu sûr, je m'offre pour conduite,
Et veux accompagner, jusqu'au bout, votre fuite.

ORGON.

Las! Que ne dois-je point à vos soins obligeans?
Pour vous en rendre grace, il faut un autre tems;
Et je demande au ciel de m'être assez propice,
Pour reconnoître un jour ce généreux service.
Adieu. Prenez le soin, vous autres....

CLÉANTE.

                              Allez tôt;
Nous songerons, mon frère, à faire ce qu'il faut *.

SCÈNE VII.

TARTUFE, UN EXEMPT, MADAME PERNELLE, ORGON, ELMIRE, CLÉANTE, MARIANE, VALÈRE, DAMIS, DORINE.

TARTUFE arrêtant Orgon.

Tout beau, monsieur, tout beau, ne courez point si vîte;
Vous n'irez pas fort loin pour trouver votre gîte;
Et de la part du prince, on vous fait prisonnier.

ORGON.

Traître! tu me gardois ce trait pour le dernier,
C'est le coup, scélérat! par où tu m'expédies;
Et voilà couronner toutes tes perfidies.

TARTUFE.

Vos injures n'ont rien à me pouvoir aigrir,
Et je suis, pour le ciel, appris à tout souffrir.

CLÉANTE.

La modération est grande, je l'avoue.

---

* Toute la fin de cette scène a paru négligée, ainsi que la suivante.

DAMIS.
Comme du ciel, l'infame, impudemment se joue !
TARTUFE.
Tous vos emportemens ne sauroient m'émouvoir,
Et je ne songe à rien qu'à faire mon devoir.
MARIANE.
Vous avez de ceci grande gloire à prétendre,
Et cet emploi, pour vous, est fort honnête à prendre.
TARTUFE.
Un emploi ne sauroit être que glorieux,
Quand il part du pouvoir qui m'envoie en ces lieux.
ORGON.
Mais t'es-tu souvenu que ma main charitable,
Ingrat, t'a retiré d'un état misérable ?
TARTUFE.
Oui. Je sais quels secours j'en ai pu recevoir ;
Mais l'intérêt du prince est mon premier devoir.
De ce devoir sacré la juste violence
Etouffe dans mon cœur toute reconnoissance ;
Et je sacrifierois à de si puissans nœuds,
Ami, femme, parens, et moi-même avec eux.
ELMIRE.
L'imposteur !
DORINE.
Comme il sait, de traîtresse manière,
Se faire un beau manteau de tout ce qu'on révere !
CLÉANTE.
Mais s'il est si parfait que vous le déclarez,
Ce zèle qui vous pousse, et dont vous vous parez,
D'où vient que, pour paroître, il s'avise d'attendre
Qu'à poursuivre sa femme il ait su vous surprendre,
Et que vous ne songez à l'aller dénoncer,
Que lorsque son honneur l'oblige à vous chasser ?
Je ne vous parle point, pour devoir en distraire,
Du don de tout son bien qu'il venoit de vous faire ;
Mais, le voulant traiter en coupable aujourd'hui,
Pourquoi consentiez-vous à rien prendre de lui?
TARTUFE à l'Exempt.
Délivrez-moi, monsieur, de la criaillerie,

ACTE V. SCÈNE VII.

Et daignez accomplir votre ordre, je vous prie.
L'EXEMPT.
Oui, c'est trop demeurer, sans doute, à l'accomplir,
Votre bouche, à propos, m'invite à le remplir ;
Et, pour l'exécuter, suivez-moi tout-à-l'heure
Dans sa prison qu'on doit vous donner pour demeure.
TARTUFE.
Qui ? moi, monsieur ?
L'EXEMPT.
Oui, vous.
TARTUFE.
Pourquoi donc la prison ?
L'EXEMPT.
Ce n'est pas vous à qui j'en veux rendre raison.
(à *Orgon.*)
Remettez-vous, monsieur, d'une alarme si chaude.
Nous vivons sous un prince ennemi de la fraude,
Un prince dont les yeux se font jour dans les cœurs,
Et que ne peut tromper tout l'art des imposteurs.
D'un fin discernement * sa grande ame pourvue,
Sur les choses toujours jette une droite vue,
Chez elle jamais rien ne surprend trop d'accès,
Et sa ferme raison ne tombe en nul excès.
Il donne aux gens de bien une gloire immortelle ;
Mais, sans aveuglement, il fait briller ce zèle,
Et l'amour pour les vrais ne ferme point son cœur
A tout ce que les faux doivent donner d'horreur.
Celui-ci n'étoit pas pour le pouvoir surprendre,
Et, de pièges plus fins, on le voit se défendre.

---

* Molière avoit senti que le récit de l'Exempt étoit trop long, et nous voyons dans l'édition de 1682 qu'on en supprimoit huit vers, commençant par : *D'un fin discernement*, etc. Après les deux vers qui suivent ce retranchement, on en supprimoit encore quatorze, commençant par : *D'abord il a percé*, etc., jusqu'à ce vers : *Oui, de tous vos papiers*, etc.

Il faut en convenir, ces retranchemens suffisent à peine pour rendre cet acte digne des quatre premiers, dont l'élégance et la force se retrouvent rarement à la fin de cette inimitable comédie.

D'abord il a percé, par ses vives clartés,
Des replis de son cœur toutes les lâchetés.
Venant vous accuser, il s'est trahi lui-même;
Et, par un juste trait de l'équité suprême,
S'est découvert au prince un fourbe renommé,
Dont, sous un autre nom, il étoit informé;
Et c'est un long détail d'actions toutes noires,
Dont on pourroit former des volumes d'histoires.
Ce monarque, en un mot, a, vers vous, détesté
Sa lâche ingratitude et sa déloyauté;
A ses autres horreurs, il a joint cette suite;
Et ne m'a, jusqu'ici, soumis à sa conduite,
Que pour voir l'impudence aller jusques au bout,
Et vous faire par lui, faire raison de tout,
Oui, de tous vos papiers, dont il se dit le maître,
Il veut, qu'entre vos mains, je dépouille le traître.
D'un souverain pouvoir, il brise les liens
Du contrat qui lui fait un don de tous vos biens,
Et vous pardonne enfin cette offense secrette,
Ou vous a, d'un ami, fait tomber la retraite;
Et c'est le prix qu'il donne au zèle qu'autrefois
On vous vit témoigner en appuyant ses droits;
Pour montrer que son cœur sait, quand moins on y pense,
D'une bonne action verser la récompense;
Que jamais le mérite avec lui ne perd rien,
Et que, mieux que du mal, il se souvient du bien.

DORINE.

Que le ciel soit loué!

Madame PERNELLE.

Maintenant je respire.

ELMIRE.

Favorable succès!

MARIANE.

Qui l'auroit osé dire?

ORGON *à Tartufe que l'Exempt emmène.*

Hé bien, te voilà, traître....

ACTE V. SCÈNE VIII.

SCÈNE VIII ET DERNIÈRE*.

Mme PERNELLE, ORGON, ELMIRE, MARIANE, CLÉANTE, VALÈRE, DAMIS, DORINE.

CLÉANTE.

Ah ! mon frere, arrêtez,
Et ne descendez point à des indignités.
A son mauvais destin laissez un misérable,
Et ne vous joignez point au remords qui l'accable.
Souhaitez bien plutôt que son cœur, en ce jour,

---

* Les premières éditions du *Tartufe*, sous les yeux de Molière, ne donnoient que sept scènes au cinquième acte. On en a marqué depuis une huitieme, au départ de l'Imposteur et de l'Exempt.

Molière n'a péché qu'une fois (dit le grand Rousseau) [1] *contre la règle, de ne peindre que ce que les vices ont de ridicule, en présentant un hypocrite à ses spectateurs; mais le ridicule de l'action où il le représente, et l'art admirable qu'il emploie à ne le faire voir que du côté le plus risible, fait disparoître en quelque sorte la noirceur du caractère : et ce que le cinquième acte peut avoir de trop tragique, doit s'excuser par la nécessité de donner le dernier coup de pinceau à son personnage, qui seroit demeuré imparfait sans ce trait d'infidélité qui met en péril la vie de son bienfaiteur.*

L'esprit de cet acte et son seul effet.... n'a été que de représenter les affaires de cette pauvre famille dans la dernière désolation, par la violence et l'impudence de l'imposteur, jusques-là qu'il paroit que c'est une affaire sans ressource dans les formes; de sorte qu'à moins de quelque Dieu qui y mette la main, c'est-à-dire, de la machine, comme parle Aristote, tout est déploré. C'est ainsi que l'ami de Molière, et peut-être Molière lui-même, justifioit ce dénouement dans sa lettre sur l'Imposteur, pag. 75; mais l'auteur de la lettre auroit pu ajouter que la machine du dénouement tenoit aux ressorts de la piece, et n'avoit le défaut d'être ni subite, ni imprévue, ni invraisemblable.

Brossette écrivoit en 1718 au même poëte que Despréaux, lui parlant un jour d'un plan qu'il avoit imaginé pour rectifier le dénouement du *Tartufe*, lui avoit dit que notre Horace français étoit seul capable d'exécuter un pareil dessein. *C'est ce que vous avez fait dans le Flatteur*, ajoute le long commentateur de Boileau.

[1] Lettre à M. de Chauvelin, garde des sceaux, en 1731.

Au sein de la vertu fasse un heureux retour,
Qu'il corrige sa vie, en détestant son vice,
Et puisse du grand prince adoucir la justice,
Tandis qu'à sa bonté vous irez, à genoux,
Rendre ce que demande un traitement si doux.

ORGON.

Oui, c'est bien dit. Allons à ses pieds avec joie;
Nous louer des bontés que son cœur nous déploie;
Puis, acquittés un peu de ce premier devoir,
Aux justes soins d'un autre il nous faudra pourvoir;
Et, par un doux hymen, couronner en Valère
La flamme d'un amant généreux et sincère.

Ce dénouement du *Flatteur*, qui consiste à avoir surpris assez mal-adroitement au valet de Philinte un dédit que le maître n'eût pas rendu, auroit été bien foible pour le *Tartufe*, cela suffisoit au plus pour sauver la fortune d'Orgon, et Molière avoit un scélérat à punir et à sequestrer de la société. On ne conçoit pas ce que Despréaux avoit dessein de rectifier dans le dénouement du *Tartufe*, si ce n'est le style; et quant à Brossette, il a bien prouvé qu'il entendoit bien peu l'art dramatique, lorsqu'il a écrit à Rousseau qu'il *avoit donné à sa comédie du Flatteur un dénouement beaucoup plus naturel et plus heureux que Molière ne l'avoit donné à la sienne.*

Remarquons encore, avec M. de Marmontel, que le *Tartufe* est un chef-d'œuvre surprenant dans l'art des contrastes; que dans cette intrigue si comique, aucun des principaux personnages ne le seroit, pris séparément, mais qu'ils le deviennent tous par leur opposition.

On connoît une comédie de l'Arétin, intitulée l'*Hypocrite*; à une réimpression de cet ouvrage, on changea le titre et on supprima le nom de cet auteur, qui faisoit tort à tout ouvrage où il se trouvoit. Cette comédie porte, dans cette nouvelle édition, le titre de *Il Finto*. Elle n'a aucun rapport avec le *Tartufe*. L'hypocrite de l'Arétin est un parasite intrigant, qui a toujours à la bouche le mot de charité, au point qu'un des acteurs de la pièce croit qu'il la demande: il mêle souvent à ses propos des mots tirés des pseaumes de David, mais il n'agit point en hypocrite; il ne trompe, il ne séduit personne dans une intrigue dont le fond principal est tiré des Ménechmes de Plaute, et dans laquelle il ne joue aucun personnage essentiel.

Une des meilleures maximes de cet hypocrite de l'Arétin est celle-ci: *Chi non sa fingere non sa vivere, perocche la simulatione e uno scudo che spunta ogni arme, anzi una arma che spezza ogni scudo.* C'est ne savoir pas vivre que de ne savoir pas feindre; la dissimulation est un bouclier qui repousse toutes les armes, et une arme qui perce tous les boucliers.

AMPHITRYON,

COMÉDIE EN TROIS ACTES.

A SON ALTESSE SÉRÉNISSIME

MONSEIGNEUR

LE PRINCE.

M ONSEIGNEUR.

N'en déplaise à nos beaux-esprits, je ne vois rien de plus ennuyeux que les épîtres dédicatoires; et VOTRE ALTESSE SÉRÉNISSIME *trouvera bon, s'il lui plaît, que je ne suive point ici le style de ces messieurs-là, et refuse de me servir de deux ou trois misérables pensées qui ont été tournées et retournées tant de fois, qu'elles sont usées de tous les côtés. Le nom du grand* CONDÉ *est un nom trop glorieux pour le traiter comme on fait tous les autres noms. Il ne faut l'appliquer, ce nom illustre, qu'à des emplois qui soient dignes de lui; et, pour dire de belles choses, je voudrois parler de le mettre à la tête d'une armée plutôt qu'à la tête d'un livre; et je conçois bien mieux ce qu'il est capable de faire, en l'opposant aux forces des ennemis de cet État, qu'en l'opposant à la critique des ennemis d'une comédie.*

Ce n'est pas, MONSEIGNEUR, *que la glorieuse approbation de* V. A. S. *ne fût une puissante protection pour toutes ces sortes d'ouvrages, et qu'on ne soit persuadé des lumières de votre esprit, autant que de l'intrépidité de votre cœur et de la grandeur de votre ame. On sait, par toute la terre, que l'éclat de votre mérite n'est point renfermé dans les bornes de cette valeur* indomptable, qui se fait des adorateurs chez ceux même qu'elle surmonte, qu'il s'étend, ce mérite, jusqu'aux connoissances les plus fines et les plus relevées, et que les décisions de votre jugement sur tous les ouvrages d'esprit, ne manquent point d'être suivies par le sentiment des plus délicats. Mais on sait aussi, MONSEIGNEUR, que toutes ces glorieuses approbations dont nous nous vantons au public, ne nous coûtent rien à faire imprimer, et que ce sont des choses dont nous disposons comme nous voulons. On sait, dis-je, qu'une épître dédicatoire dit tout ce qu'il lui plaît, et qu'un auteur est en pouvoir d'aller saisir les personnes les plus augustes, et de parer de leurs grands noms les premiers feuillets de son livre ; qu'il a la liberté de s'y donner, autant qu'il veut, l'honneur de leur estime, et se faire des protecteurs qui n'ont jamais songé à l'être.

Je n'abuserai, MONSEIGNEUR, ni de votre nom, ni de vos bontés, pour combattre les censeurs de l'Amphitryon, et m'attribuer une gloire que je n'ai peut-être pas méritée : et je ne prends la liberté de vous offrir ma comédie, que pour avoir lieu de vous dire que je regarde incessamment, avec une profonde vénération, les grandes qualités que vous joignez au sang auguste dont vous tenez le jour, et que je suis, MONSEIGNEUR, avec tout le respect possible, et le zèle imaginable,

DE VOTRE ALTESSE SÉRÉNISSIME,

Le très-humble, très-obéissant,
et très-obligé serviteur,

MOLIÈRE.

AVERTISSEMENT

DE L'ÉDITEUR

SUR

AMPHITRYON.

Cette comédie en trois actes, écrite en vers libres, et précédée d'un prologue, fut jouée sur le théâtre du Palais-Royal, le 13 Janvier 1668, avec un très-grand succès. On ne voit pas qu'aucun des ennemis de Molière se soit déchaîné contre cet ouvrage. Leur silence vint peut-être de ce qu'ils imaginoient que c'étoit une simple traduction de Plaute, et que la gloire en devoit retourner à l'auteur original.

Si l'on jette les yeux sur l'*Amphitryon* latin et sur celui de Molière, on verra que c'est de loin en loin qu'il se trouve dans la comédie française une plaisanterie de Plaute. Presque toujours cette plaisanterie acquiert ou plus de grace ou plus de force sous la plume de notre auteur. Écoutons Bayle parler de cette comédie.

Molière a pris beaucoup de choses de Plaute, dit-il, *mais il leur donne un autre tour, et s'il n'y avoit qu'à comparer ces deux pièces l'une avec l'autre pour décider la dispute sur la supériorité ou l'infériorité des anciens, je crois que M. Perrault gagneroit bientôt sa cause* (1). *Il y a des finesses et des tours dans l'Amphitryon de Molière qui surpassent de beaucoup les railleries de l'Amphitryon latin. Combien de choses n'a-t-il pas fallu retrancher de la comédie de Plaute, qui n'eussent pas réussi sur le théâtre français ? Combien d'ornemens et de traits d'une nouvelle invention n'a-t-il pas fallu que Molière ait inséré dans son ouvrage pour le mettre en état d'être applaudi comme il l'a été ? Par la seule comparaison des prologues, on peut connoître que l'avantage est du côté de l'auteur moderne*, etc.

Un des grands avantages que Molière tira de Plaute, c'est que ce dernier avoit consacré, par le plus grand succès, et chez un nation éclairée, un sujet qui blessoit en même tems et l'honnêteté et la vraisemblance théâtrales. On n'eût point pardonné à notre auteur l'adultère, quoique involontaire, d'Alcmène, si la fable n'en avoit été regardée, depuis les Grecs jusqu'à nous, comme une des plus plaisantes inventions dramatiques qui ait existé.

Deux auteurs Grecs, *Archippus* et *Euripide*, avoient traité ce sujet bien avant Plaute, et c'est un trait digne des pieuses folies humaines, que, chez les Grecs ainsi que chez les Ro-

(1) Bayle écrivoit ceci dans le fort de la dispute de M. Perrault et de Despréaux.

mains, non-seulement on n'ait pas cru manquer au respect qu'on y devoit au souverain des Dieux, en lui faisant porter une aussi grave atteinte à l'honneur d'un pauvre mari, mais que pendant très-long-tems on ait représenté cette pièce avec appareil à la fête de ce Dieu.

Après avoir vu comment Bayle s'explique sur l'*Amphytrion* de Molière, il est singulier de voir un autre juge du Parnasse en parler d'une façon toute opposée. L'ami particulier de notre auteur, Despréaux lui-même, si l'on en croit le *Boloeana*, ne pouvoit souffrir les tendresses de Jupiter et d'Alcmène, et surtout cette scène où le Dieu joue si ingénieusement sur les termes d'époux et d'amant. L'humeur de Boileau, à cet égard, annonçoit bien celle que devoit lui donner la galanterie de l'esprit de Quinault.

Plaute lui paroissoit même plus comique que Molière dans la scène et dans le jeu du *moi*. Il citoit un vers de Rotrou dans sa pièce des Sosies, qu'il prétendoit plus naturel que ceux de Molière... Voyez les observations sur cette comédie.

Enfin le satyrique, dans sa mauvaise humeur sur cette pièce, alloit jusqu'à préférer le prologue de Plaute à celui de Molière, et ce dernier trait pourroit faire douter du reste, car le prologue latin n'est qu'un long monologue où Mercure ne se contente pas de venir apprendre les choses antérieures à l'action, mais où il en développe et les mouvemens et la marche, et en découvre, sans gaieté, le dénouement et la catastrophe.

AVERTISSEMENT

Le succès de l'*Amphytrion* de Molière, écrit en vers libres (1), fit imaginer que cette versification moins gênée, étoit plus propre à la comédie ; cependant l'usage des rimes plates a prévalu, surtout pour les comédies de caractère, parce que, comme le dit M. de Voltaire, un des plus grands juges qu'on puisse citer à cet égard, *les vers libres sont d'autant plus mal-aisés à faire qu'ils semblent plus faciles, et qu'il y a un rythme très-peu connu, qu'il faut y observer, sans quoi cette poésie rebute.*

C'est ce rythme, dont le goût de Molière l'avoit si bien instruit, qui fait que sa comédie passe encore pour un chef-d'œuvre de style; cependant on y trouve, indépendamment de quelques langueurs, une négligence fréquemment répétée, c'est celle de ne point séparer des vers d'une consonnance différente, soit masculine ou féminine (2). Les remarques grammaticales ne l'ont observé que dans un seul endroit, scène cinquième, de l'acte deux ; mais elle se retrouve près de soixante fois dans l'ouvrage.

Il falloit que ce genre de poésie fût dispensé, du tems de Molière, de cette observation devenue nécessaire aujourd'hui. On voit encore,

(1) Les auteurs de l'histoire du théâtre français, en disant que c'étoit la seule pièce de Molière écrite en vers libres, ne se rappeloient pas que *Psiché* est écrite dans la même mesure de vers.

(2) La négligence des rimes qu'on remarque ici dans *Amphitryon*, ne se trouve plus dans *Psiché*, ni de la part de Molière, ni de celle de Corneille.

dans l'Abbé de Chaulieu, cette petite faute.
V. le Madrigal 68.

>Et tu croyois avoir trop fait de la moitié,
>D'écouter sous ce nom les transports de mon *ame*,
>Enfin tu rends justice à mon amour *extrême*, etc.

Voyez encore le voyage de l'Amour et l'Amitié.

>Inquiet de n'oser faire
>Seul ce voyage à *Paris*,
>Viens, dit-il, à *l'amitié*, etc.

Voyez aussi Chapelle dans sa réponse au duc de Nevers.

>Je gagerois bien qu'il n'en veut
>Qu'à quelque malheureux *Poëte*,
>C'est donc sur quoi je me *retire*, etc.

Cependant on trouve madame Deshoulières, dès 1671, plus exacte à cet égard, et cette faute ne se rencontre pas une seule fois dans sa fameuse Idylle des Moutons, en 1674.

Il faut observer que malgré cette inattention dont on vient de parler, le style général de l'ouvrage est enchanteur, que les choses naturelles et gaies qui s'y trouvent en grand nombre sont au-dessus de ce que nous avons de mieux écrit dans cette mesure de vers libres, et que presque partout l'oreille y est agréablement flattée de la rondeur, de la cadence des phrases, et de la chûte heureuse des rimes redoublées dont on a fait, on ne sait pourquoi, un mérite particulier à Chapelle (1).

---

(1) Les rimes redoublées sont très-anciennes dans notre poésie. Voyez Alain Chartier au Liv. des 4 Dames.

>Ils ne sont bons qu'à seoir ou banc
>   Soubs cheminées
>Quand leurs bouches sont avinées,
>Et ils ont les bonnes vinées,
>Lors comptant de leurs destinées....

AVERTISSEMENT

Molière, outre cela, s'est bien rarement permis un vers de sept syllabes sans l'accompagner d'un ou de plusieurs vers de la même coupe, tant son oreille étoit juste et délicate sur l'harmonie de cette espèce de versification.

Lodovico Dolce avoit imité l'*Amphitryon* de Plaute dans une pièce qui a pour titre *Il Marito*, imprimée à Venise en 1545. Le fameux *Dryden* a aussi traité ce sujet sur le théâtre de Londres, et Molière lui a beaucoup servi dans cet ouvrage qui, au rapport de M. le *Duchat*, est plein d'impiétés et de profanations : Molière ne lui en avoit pas donné l'exemple.

Madame de Montagu, dans sa huitième lettre, datée de Vienne, parle d'une comédie d'*Amphitryon* qu'elle vit en 1716, dans cette capitale de l'Autriche. *La farce commença,* dit-elle, *par Jupiter qui tomboit amoureux en lorgnant à travers une ouverture de nuages..... mais le plus plaisant étoit l'usage que Jupiter faisoit de sa métamorphose ; car à peine le voyez-vous sous la figure d'Amphitryon, qu'au lieu de courir chez Alcmène avec les transports que Dryden lui prête, il fait appeler le tailleur du prince et lui filoute un manteau galonné. Il escroque encore à son banquier un sac d'argent, à un Juif une bague de diamans, et l'intrigue enfin roule sur les chagrins que ces particuliers causent au véritable Amphitryon pour les dettes contractées par le Dieu.* C'est ce que les Allemands appeloient alors, dit la dame anglaise, une pièce à *Brouhaha*.

Tout cela est fort ridicule sans doute, mais cela l'est-il beaucoup plus que la députation d'Hercule auprès des oiseaux, dans la comédie d'Aristophane ? La salle d'audience est une cuisine bien fournie, et le Dieu demande à y établir sa demeure, comme feroit Arlequin parmi nous (1).

(1) Dans les observations, act. 2, sc. 7, on dit q ;'Alcmène n'avoit chez Plaute que *Bromia* pour suivante. Il y a encore une *Thessala*, à laquelle Alcmène ordonne, acte 2, scène 2, d'aller chercher la coupe qu'elle a reçue.

Tu, Thessala, intus pateram proferto,
Quà hodie vir meus donavit me.

On trouve dans le commentaire historique sur les œuvres de l'auteur de la Henriade, p. 229, un détail sur l'Amphytrion, essentiel à faire connoître.

« J'ai rapporté (dit le célèbre Nestor de notre Littérature)
» que la Fable dont Molière a composé son Amphytrion, étoit
» imitée de Plaute, qui l'avoit imitée des Grecs, mais l'origi-
» nal est Indien. Cette Fable a été traduite par le colonel Dow,
» très-instruit de la langue qu'on parloit de tems immémorial
» sur le bord du Gange, vers la ville de Bénarès, à 20 lieues
» de Calcuta, chef-lieu de la compagnie anglaise. »

.... Un Indou, connu pour être d'une force extraordinaire, avoit une très-belle femme ; il en fut jaloux, la battit, et s'en alla. Un Dieu d'un rang inférieur fit passer son ame dans un corps qu'il rendit tout-à-fait semblable à celui du mari fugitif, et vint obtenir grace de ses emportemens. Sa femme, qui avoit pardonné de bonne foi, devint mere lorsque le véritable mari revint tomber aux genoux de sa moitié, et la jeta dans le plus grand embarras. Un autre lui-même s'étoit emparé d'elle et de sa maison. Il eut beau se plaindre et réclamer ses droits : il fallut plaider. Le Brachmane qui devoit juger cette singulière contestation, s'aperçut que l'un des deux maris étoit une dupe, et que l'autre étoit au-dessus de l'humanité ; et voici le juge-ment bizarre qu'il prononça : » Votre époux, madame, dit-il,
» est le plus robuste des maris de l'Inde ; recevez entre vos
» bras, en présence de vos juges, les deux prétendans ; et
» l'expérience de leur valeur décidera leurs droits. Le vérita-
» ble mari, qui avoit accepté le défi, égala le nombre des tra-
» vaux d'Hercule ; mais le Dieu eut pu devenir l'époux des
» cinquante filles de Danaüs. Toute l'assemblée alloit lui adju-
» ger la femme indienne, lorsque le Brachmane dit au sénat
» qu'il se trompoit ; que le premier athlete avoit atteint le plus
» haut degré des forces humaines, et que le dernier, sans dou-
» te, étoit un être supérieur qui avoit voulu s'amuser » Le Dieu avoua tout, et retourna au ciel en riant.

Vous m'avouerez, dit l'auteur, dont il a fallu changer un peu le texte, que l'Amphytrion Indou est encore plus comique et plus ingénieux que l'Amphytrion grec, quoiqu'il ne puisse pas être décemment joué sur le théâtre.

ACTEURS.

ACTEURS DU PROLOGUE.

MERCURE.
LA NUIT.

ACTEURS DE LA COMÉDIE.

JUPITER, sous la figure d'Amphitryon.
MERCURE, sous la figure de Sosie.
AMPHITRYON, Général des Thébains.
ALCMÈNE, femme d'Amphitryon.
CLÉANTHIS, suivante d'Alcmène, et femme de Sosie.
ARGATIPHONTIDAS,
NAUCRATÈS,
POLIDAS,
PAUSICLÈS,
} Capitaines Théb.
SOSIE, valet d'Amphitryon.

La scène est à Thèbes, dans le palais d'Amphitryon.

AMPHITRYON.

PROLOGUE *.

MERCURE *sur un nuage*, LA NUIT *dans un char traîné dans l'air par deux chevaux.*

MERCURE.

Tout beau, charmante Nuit, daignez vous arrêter.
Il est certains secours que de vous on desire ;
 Et j'ai deux mots à vous dire
 De la part de Jupiter.

LA NUIT.

Ah, ah ! c'est vous, seigneur Mercure :
Qui vous eut deviné là, dans cette posture ?

MERCURE.

Ma foi, me trouvant las, pour ne pouvoir fournir **

---

* Molière, après avoir vu qu'il ne pouvoit tirer aucun parti du Prologue de Plaute, ne recourut point à *Lucien*, comme l'a dit Bayle même. Ce fut dans la scène première du premier acte de l'*Amphitryon* latin, qu'il puisa la fable charmante du sien. Mercure, déja sous la forme de Sosie, s'adresse à la Nuit, et l'invite à continuer de ralentir sa marche pour prolonger les plaisirs de Jupiter, et il assure la déesse de la reconnoissance du maître des dieux.

*Perge, Nox, ut occœpisti : gere patri moram meo
Optume, optumò : optumam operam das, datam pulchrè locas.*

Il n'en fallut pas davantage à notre auteur pour composer son dialogue, plein de sel et de grace, entre la Nuit et Mercure.

** *Me trouvant las pour ne pouvoir fournir*, ne se diroit pas aujourd'hui.

AMPHITRYON.

Aux différens emplois où Jupiter m'engage,
Je me suis doucement assis sur ce nuage,
    Pour vous attendre venir.

LA NUIT.

Vous vous moquez, Mercure, et vous n'y songez pas,
Sied-il bien a des dieux de dire qu'ils sont las ?

MERCURE.

Les dieux sont-ils de fer ?

LA NUIT.

        Non ; mais il faut, sans cesse,
Garder le décorum de la divinité.
Il est de certains mots dont l'usage rabaisse
    Cette sublime qualité ;
    Et que, pour leur indignité *,
    Il est bon qu'aux hommes on laisse.

MERCURE.

    A votre aise vous en parlez ;
Et vous avez, la belle, une chaise roulante,
Où, par deux bons chevaux, en dame nonchalante,
Vous vous faites traîner partout où vous voulez.
    Mais de moi ce n'est pas de même ;
Et je ne puis vouloir, dans mon destin fatal,
    Aux poëtes assez de mal
    De leur impertinence extrême,
    D'avoir, par une injuste loi,
    Dont on veut maintenir l'usage,
    A chaque Dieu, dans son emploi,
    Donné quelque allure en partage,
    Et de me laisser à pied, moi,
    Comme un messager de village ;
Moi qui suis, comme on sait, en terre et dans les cieux **,
Le fameux messager du souverain des Dieux ;
    Et qui, sans rien exagérer,
    Par tous les emplois qu'il me donne,
    Aurois besoin, plus que personne,
    D'avoir de quoi me voiturer.

---

* *Pour leur indignité*, a paru impropre.

** *En terre et dans les cieux* : l'exactitude demanderoit *sur la terre et dans les cieux*.

PROLOGUE.
LA NUIT.
Que voulez-vous faire à cela ?
Les poëtes font à leur guise.
Ce n'est pas la seule sottise
Qu'on voit faire à ces messieurs-là.
Mais contr'eux toutefois votre ame à tort s'irrite,
Et vos ailes aux pieds sont un don de leurs soins.
MERCURE.
Oui ; mais pour aller plus vîte,
Est-ce qu'on s'en lasse moins ?
LA NUIT.
Laissons cela, seigneur Mercure,
Et sachons ce dont il s'agit.
MERCURE
C'est Jupiter, comme je vous l'ai dit,
Qui, de votre manteau, veut la faveur obscure,
Pour certaine douce aventure
Qu'un nouvel amour lui fournit.
Ses pratiques, je crois, ne vous sont pas nouvelles ;
Bien souvent, pour la terre, il néglige les cieux ;
Et vous n'ignorez pas que ce maître des dieux
Aime à s'humaniser pour des beautés mortelles,
Et sait cent tours ingénieux
Pour mettre à bout les plus cruelles.
Des yeux d'Alcmène il a senti les coups,
Et, tandis qu'au milieu des Béotiques plaines,
Amphitryon, son époux,
Commande aux troupes thébaines,
Il en a pris la forme, et reçoit, là-dessous,
Un soulagement à ses peines,
Dans la possession des plaisirs les plus doux.
L'état des mariés à ses feux est propice,
L'hymen ne les a joints que depuis quelques jours,
Et la jeune chaleur de leurs tendres amours
A fait que Jupiter à ce bel artifice
S'est avisé d'avoir recours.

Son stratagême ici se trouve salutaire.
   Mais, près de maint objet chéri,
Pareil déguisement seroit pour ne rien faire ;
Et ce n'est pas partout un bon moyen de plaire,
   Que la figure d'un mari.
LA NUIT.
J'admire Jupiter, et je ne comprends pas
Tous les déguisemens qui lui viennent en tête.
MERCURE.
Il veut goûter par-là toutes sortes d'états * :
   Et c'est agir en Dieu qui n'est pas bête.
Dans quelque rang qu'il soit des mortels regardé,
   Je le tiendrois fort misérable,
S'il ne quittoit jamais sa mine redoutable,
Et qu'au faîte des cieux il fût toujours guindé.
Il n'est point, à mon gré, de plus sotte méthode,
Que d'être emprisonné toujours dans sa grandeur ;
Et surtout aux transports de l'amoureuse ardeur,
La haute qualité devient fort incommode.
Jupiter qui, sans doute, en plaisirs se connoît,
Sait descendre du haut de sa gloire suprême,
   Et, pour entrer dans tout ce qui lui plaît,
      Il sort tout-à-fait de lui-même,
Et ce n'est plus alors Jupiter qui paroît.
LA NUIT.
Passe encor de le voir, de ce sublime étage,
   Dans celui des hommes venir,
Prendre tous les transports que le cœur peut fournir,
   Et se faire à leur badinage,
Si, dans les changemens où son humeur l'engage,
A la nature humaine il s'en vouloit tenir ;
   Mais de voir Jupiter taureau,
   Serpent, cygne, ou quelque autre chose,
   Je ne trouve point cela beau,
Et ne m'étonne pas si par fois on en cause.

* *Goûter toute sorte d'états :* l'exactitude demanderoit *goûter de....*

PROLOGUE.
MERCURE.
Laissons dire tous les censeurs.
Tels changemens ont leurs douceurs.
Qui passent leur intelligence.
Ce Dieu sait ce qu'il fait aussi bien là qu'ailleurs ;
Et, dans les mouvemens de leurs tendres ardeurs,
Le bêtes ne sont pas si bêtes que l'on pense.
LA NUIT.
Revenons à l'objet dont il a les faveurs.
Si, par son stratagême, il voit sa flamme heureuse,
Que peut-il souhaiter, et qu'est-ce que je puis ?
MERCURE.
Que vos chevaux, par vous, au petit pas réduits,
Pour satisfaire aux vœux de son ame amoureuse,
D'une nuit si délicieuse,
Fassent la plus longue des nuits ;
Qu'à ses transports vous donniez plus d'espace,
Et retardiez la naissance du jour,
Qui doit avancer le retour
De celui dont il tient la place.
LA NUIT.
Voilà, sans doute, un bel emploi,
Que le grand Jupiter m'apprête,
Et l'on donne un nom fort honnête
Au service qu'il veut de moi.
MERCURE.
Pour une jeune déesse,
Vous êtes bien du bon tems !
Un tel emploi n'est bassesse.
Que chez les petites gens.
Lorsque dans un haut rang on a l'heur de paroître,
Tout ce qu'on fait est toujours bel et bon ;
Et, suivant ce qu'on peut être,
Les choses changent de nom.
LA NUIT.
Sur de pareilles matières,
Vous en savez plus que moi ;
Et, pour accepter l'emploi,
J'en veux croire vos lumières.

MERCURE.
Hé, là, là, madame la nuit,
Un peu doucement, je vous prie ;
Vous avez dans le monde un bruit *
De n'être pas si renchérie.
On vous fait confidente, en cent climats divers,
De beaucoup de bonnes affaires ;
Et je crois, à parler a sentimens ouverts,
Que nous ne nous en devons guères.
LA NUIT.
Laissons ces contrariétés ;
Et demeurons ce que nous sommes :
N'apprêtons point à rire aux hommes,
En nous disant nos vérités.
MERCURE.
Adieu. Je vais là-bas, dans ma commission,
Dépouiller promptement la forme de Mercure,
Pour y vêtir la figure
Du valet d'Amphitryon.
LA NUIT.
Moi, dans cet hémisphère, avec ma suite obscure,
Je vais faire une station.
MERCURE.
Bonjour, la Nuit.
LA NUIT.
Adieu, Mercure.
(*Mercure descend de son nuage, et la Nuit traverse le théâtre.*)

* *Vous avez.... un bruit de*, ne se diroit pas aujourd'hui.

AMPHITRYON.

ACTE PREMIER.

SCÈNE I.

SOSIE.

Qui va là ? Hé ? ma peur à chaque pas s'accroît *.
    Messieurs, ami de tout le monde,
    Ah ! quelle audace sans seconde,
    De marcher à l'heure qu'il est !
    Que mon maître, couvert de gloire,
    Me joue ici d'un vilain tour !
Quoi, si pour son prochain il avoit quelque amour,
M'auroit-il fait partir par une nuit si noire ?
Et, pour me renvoyer annoncer son retour
    Et le détail de sa victoire ?
Ne pouvoit-il pas bien attendre qu'il fût jour ** ?
    Sosie, à quelle servitude
    Tes jours sont-ils assujettis ?
    Notre sort est beaucoup plus rude
    Chez les grands que chez les petits.

* *S'accroît* et *est*, ne riment plus.

** *Ne pouvoit-il pas bien attendre qu'il fût jour?*
Plaute avoit dit :
   Nonne idem hoc luci me mittere potuit?
C'est presque à ce seul vers que se borne l'imitation qu'a faite Molière de l'imitation de la pièce.

Ils veulent que, pour eux, tout soit, dans la nature,
   Obligé de s'immoler.
Jour et nuit, grêle, vent, péril, chaleur, froidure,
   Dès qu'ils parlent il faut voler.
    Vingt ans d'assidu service
    N'en obtiennent rien pour nous;
    Le moindre petit caprice
    Nous attire leur courroux.
   Cependant notre ame insensée
S'acharne au vain honneur de demeurer près d'eux,
Et s'y veut contenter de la fausse pensée
Qu'ont tous les autres gens que nous sommes heureux.
Vers la retraite en vain la raison nous appelle,
En vain notre dépit quelquefois y consent ;
    Leur vue a sur notre zèle
    Un ascendant trop puissant,
Et la moindre faveur d'un coup-d'œil caressant
    Nous rengage de plus belle.
   Mais enfin, dans l'obscurité,
Je vois notre maison, et ma frayeur s'évade.
   Il me faudroit, pour l'ambassade,
   Quelque discours prémédité.
Je dois aux yeux d'Alcmène un portrait militaire
Du grand combat qui met nos ennemis à bas;
    Mais comment diantre le faire,
    Si je ne m'y trouvai pas ?
N'importe, parlons-en et d'estoc et de taille,
   Comme oculaire témoin.
Combien des gens font-ils des récits de bataille *,
   Dont ils se sont tenus loin.
   Pour jouer mon rôle sans peine,
   Je le veux un peu repasser.
Voici la chambre où j'entre en courier que l'on mène,

---

 * *Combien de gens font-ils* : quelques-uns auroient voulu supprimer *ils*.

ACTE I. SCÈNE I.

　　Et cette lanterne * est Alcmène,
　　A qui je me dois adresser.
　　　　(*Sosie pose sa lanterne à terre.*)
Madame, Amphitryon, mon maître et votre époux...
Bon. Beau début ! l'esprit toujours plein de vos charmes,
　　M'a voulu choisir entre tous,
Pour vous donner avis du succès de ses armes,
Et du desir qu'il a de se voir près de vous.
　　Ah, vraiment, mon pauvre Sosie,
　　A te revoir j'ai de la joie au cœur.
　　Madame, ce m'est trop d'honneur,
　　Et mon destin doit faire envie.
Bien répondu. *Comment se porte Amphitryon ?*
　　Madame, en homme de courage,
Dans les occasions où la gloire l'engage.
　　Fort bien. Belle conception !
　　Quand viendra-t-il, par son retour charmant,
　　Rendre mon ame satisfaite ?
Le plutôt qu'il pourra, madame assurément ;
　　Mais bien plus tard que son cœur ne souhaite.
Ah ! *Mais quel est l'état où la guerre l'a mis ?*
Que dit-il ? Que fait-il ? Contente un peu mon ame ?
　　Il dit moins qu'il ne fait, madame,
　　Et fait trembler les ennemis.
Peste, où prend mon esprit toutes ces gentillesses ?
Que font les révoltés ? dis-moi quel est leur sort ?
Ils n'ont pu résister, madame, à notre effort ;

---

* L'imitation de la lanterne devant laquelle Sosie répète sa harangue, n'est point de Plaute ; c'est une idée très-comique que Molière puisa dans les *Harangueuses d'Aristophane*, où *Praxagora* adresse, pendant la nuit, à sa lampe un discours qu'elle doit prononcer dans le conseil des femmes. Sosie, chez Plaute, a bien une lanterne pour l'éclairer. *Vulcanum in cornu conclusum geris*, lui dit Mercure, mais Sosie ne parle point à sa lanterne 1.

1 On voit dans la troisième nuit de *Straparole*, fable V, *Travaillin* habiller une branche d'arbre, et essayer devant elle comment il feroit en présence de son maître.

Nous les avons taillés en pièces,
Mis Ptérélas, leur chef, à mort,
Pris Télèbe d'assaut; et déjà, dans le port,
Tout retentit de nos prouesses.
Ah! quel succès; ô dieux! qui l'eut pu jamais croire?
Raconte-moi, Sosie, un tel événement.
Je le veux bien, madame; et, sans m'enfler de gloire,
Du détail de cette victoire
Je puis parler très-savamment.
Figurez-vous donc que Télèbe,
Madame, est de ce côté:

(*Sosie marque les lieux sur sa main.*)

C'est une ville, en vérité,
Aussi grande quasi que Thèbe.
La rivière est comme là.
Ici nos gens se campèrent,
Et l'espace que voilà,
Nos ennemis l'occupèrent.
Sur un haut, vers cet endroit,
Etoit leur infanterie;
Et plus bas, du côté droit,
Etoit la cavalerie.
Après avoir aux dieux adressé les prières,
Tous les ordres donnés, on donne le signal;
Les ennemis, pensant nous tailler des croupières,
Firent trois pelotons de leurs gens à cheval;
Mais leur chaleur par nous fut bientôt réprimée,
Et vous allez voir comme quoi.
Voilà notre avant-garde a bien faire animée;
Là, les archers de Créon notre roi;
Et voici le corps d'armée.

(*On fait un peu de bruit.*)

Qui d'abord... Attendez, le corps d'armée a peur:
J'entends quelque bruit, ce me semble.

SCÈNE II.
MERCURE, SOSIE.

MERCURE, *sous la figure de Sosie, sortant de la maison d'Amphitryon.*

Sous ce minois qui lui ressemple,
Chassons de ces lieux ce causeur,
Dont l'abord importun troubleroit la douceur
Que nos amans goûtent ensemble.

SOSIE *sans voir Mercure.*

Mon cœur tant soit peu se rassure,
Et je pense que ce n'est rien.
Crainte pourtant de sinistre aventure,
Allons chez nous achever l'entretien.

MERCURE *à part.*

Tu seras plus fort que Mercure,
Ou je t'en empêcherai bien.

SOSIE *sans voir Mercure.*

Cette nuit en longueur me semble sans pareille.
Il faut, depuis le tems que je suis en chemin,
Ou que mon maître ait pris le soir pour le matin,
Ou que trop tard au lit le blond Phébus sommeille,
Pour avoir trop pris de son vin *.

MERCURE *à part.*

Comme avec irrévérence **

---

* *Il faut...*
Ou que trop tard au lit le blond Phébus sommeille,
 Pour avoir trop pris de son vin.

Plaute avoit dit :
Credo ego hâc noctu nocturnum obdormisse ebrium.

* *Comme avec irrévérence*
Parle des dieux ce maraud !
Mon bras saura bien tantôt
Châtier son insolence.

Ces quatre vers, imités de Plaute, ont bien plus de naïveté et de franchise dans notre langue, que chez le poëte latin.

Ain vero verbero ? Deos esse tui similes putas ?
Ego Pol te istis tuis pro dictis et malefactis, furcifer,
Accipiam.

AMPHITRYON.

Parle des dieux ce maraud !
Mon bras saura bientôt
Châtier cette insolence ;
Et je vais m'égayer avec lui comme il faut,
En lui volant son nom avec sa ressemblance.

SOSIE *apercevant Mercure d'un peu loin.*

Ah ! par ma foi, j'avois raison,
C'est fait de moi, chétive créature.
Je vois devant notre maison,
Certain homme dont l'encolure
Ne me présage rien de bon.
Pour faire semblant d'assurance,
Je veux chanter un peu ici.

(*Il chante.*)

MERCURE.

Qui donc est ce coquin qui prend tant de licence
Que de chanter et m'étourdir ainsi ?

(*A mesure que Mercure parle, la voix de Sosie s'affoiblit peu à peu.*)

Veut-il qu'à l'étriller ma main un peu s'applique ?

SOSIE *à part.*

Cet homme, assurément, n'aime pas la musique.

MERCURE.

Depuis plus d'une semaine *,

---

* *Depuis plus d'une semaine,*
Je n'ai trouvé personne à qui rompre les os ;
La vigueur de mon bras se perd dans le repos,
Et je cherche quelque dos
Pour me mettre en haleine.

Mercure dit avec moins de gaieté et de naturel chez Plaute : allons, mes poings, il y a long-tems que vous n'avez nourri votre homme.

Agita pugni, jam diu'st quod ventri victum non datis.

On ne voit pas quel profit peuvent rapporter à Mercure les coups dont il menace Sosie. Il ajoute que la veille il a assommé quatre hommes. Sosie fait la mauvaise et intraduisible plaisanterie de dire à part qu'il a grand'peur de changer de nom, et de s'appeler *Quintus*, parce qu'il pourra être la cinquième victime. *Quintus fiam è Sosia.*

ACTE I. SCÉNE II.

Je n'ai trouvé personne à qui rompre les os ;
La vigueur de mon bras se perd dans le repos ;
  Et je cherche quelque dos
  Pour me remettre en haleine.
   SOSIE *à part.*
  Quel diable d'homme est ceci ?
De mortelles frayeurs je sens mon ame atteinte.
  Mais pourquoi trembler tant aussi ?
Peut-être a-t-il dans l'ame autant que moi de crainte ;
  Et que le drôle parle ainsi
Pour me cacher sa peur sous une audace feinte.
Oui, oui, ne souffrons point qu'on nous croye un oison.
Si je ne suis hardi, tâchons de le paroître.
  Faisons-nous du cœur par raison.
Il est seul comme moi ; je suis fort ; j'ai bon maître ;
  Et voila notre maison.
   MERCURE.
Qui va là ?
   SOSIE.
 Moi.
   MERCURE.
  Qui, moi ?
   SOSIE.
    (*à part.*)
  Moi. Courage, Sosie.

Une autre chose peu supportable en ce même endroit de la première scène, qui ne finit point, ce sont tous les jeux de mots, et plus encore les éternels *à parte* de Sosie et de Mercure, qui se répondent et s'interrompent tour-à-tour, sans être encore en scene l'un avec l'autre ; car Mercure, après quatre ou cinq pages de colloque de cette espèce, dit qu'il lui semble que quelque voix a volé à ses oreilles, *vox mihi ad aures advolavit*, à quoi Sosie répond, de son côté, qu'il est bien malheureux d'avoir une voix qui vole, et qu'il auroit bien dû lui couper les ailes.

. . . . . *Næ ego homo infelix fui,*
Qui non alas intervelli ; volucrem vocem gestito.

On se laisse aller à ces observations, parce qu'elles donnent une idée du dialogue dramatique ancien, et du goût supérieur de Molière, qui ne manque jamais d'abandonner son modèle lorsqu'il lui paroît si peu digne de l'être.

AMPHITRYON.

MERCURE.

Quel est ton sort, dis-moi ?

SOSIE.

D'être homme, et de parler.

MERCURE.

Es-tu maître, ou valet ?

SOSIE.

Comme il me prend envie.

MERCURE.

Où s'adressent tes pas ?

SOSIE.

Où j'ai dessein d'aller.

MERCURE.

Ah ! ceci me déplaît.

SOSIE.

J'en ai l'ame ravie.

MERCURE.

Résolument, par force ou par amour,
Je veux savoir de toi, traître *,
Ce que tu fais, d'où tu viens avant jour,
Où tu vas, et qui tu peux être.

SOSIE.

Je fais le bien et le mal tour-à-tour,
Je viens de là, vais là, j'appartiens à mon maître.

---

* *Je veux savoir de toi, traître,*
Ce que tu fais, d'où tu viens avant jour,
Où tu vas, à qui tu peux être.

 il e dit :

Possum scire quò profectus, quò jus sis, aut quid veneris.

On voit que Moliere s'est ici moins écarté de son original, qui devient plus vif, plus rapide et plus gai. Il n'avoit à éviter que quelques pointes, comme celle de Mercure, qui veut faire de Sosie un grand seigneur, parce qu'on le remportera sur les épaules lorsqu'il l'aura roué de coups ; et cette autre de Sosie, qui répond à Mercure qu'il ne vient point avec des fourberies cousues, mais avec des habits cousus : *Immo equidem tunicis consutis huc advenio, non dolis.* A quoi le dieu répond dans le même goût, que c'est avec ses pieds qu'il vient : *At mentiris etiam ; certùm pedibus non tunicis venis.*

ACTE I. SCÈNE II.

MERCURE.

Tu montres de l'esprit, et je te vois en train
De trancher avec moi de l'homme d'importance.
Il me prend un desir, pour faire connoissance,
De te donner un soufflet de ma main.

SOSIE.

A moi-même ?

MERCURE.

A toi-même ; et t'en voilà certain.
(*Mercure donne un soufflet à Sosie.*)

SOSIE.

Ah, ah ! c'est tout de bon.

MERCURE.

Non, ce n'est que pour rire,
Et répondre à tes quolibets.

SOSIE.

Tu-dieu, l'ami, sans vous rien dire,
Comme vous baillez des soufflets !

MERCURE.

Ce sont là de mes moindres coups,
De petits soufflets ordinaires.

SOSIE.

Si j'étois aussi prompt que vous,
Nous ferions de belles affaires.

MERCURE.

Tout cela n'est encor rien,
Nous verrons bien autre chose ;
Pour y faire quelque pause,
Poursuivons notre entretien.

SOSIE.

Je quitte la partie.
(*Sosie veut s'en aller.*)

MERCURE *arrêtant Sosie.*

Où vas-tu ?

SOSIE.

Que t'importe?

MERCURE.

Je veux savoir où tu vas.

SOSIE.
Me faire ouvrir cette porte.
Pourquoi retiens-tu mes pas ?
MERCURE.
Si jusqu'à l'approcher tu pousses ton audace,
Je fais sur toi pleuvoir un orage de coups.
SOSIE.
Quoi! tu veux, par ta menace,
M'empêcher d'entrer chez nous ?
MERCURE.
Comment ! chez nous ?
SOSIE.
Oui, chez nous.
MERCURE.
O le traître !
Tu te dis de cette maison ?
SOSIE.
Fort bien. Amphitryon n'en est-il pas le maître ?
MERCURE.
Hé bien que fait cette raison ?
SOSIE.
Je suis son valet.
MERCURE.
Toi ?
SOSIE.
Moi.
MERCURE.
Son valet ?
SOSIE.
Sans doute.
MERCURE.
Valet d'Amphitryon ?
SOSIE.
D'Amphitryon, de lui.
MERCURE.
Ton nom est ?
SOSIE.
Sosie.
MERCURE.
Hé, comment ?

ACTE I. SCÈNE II.

SOSIE.
Sosie.
MERCURE.
Ecoute.
Sais-tu que de ma main je t'assomme aujourd'hui ?
SOSIE.
Pourquoi ? de quelle rage est ton ame saisie ?
MERCURE.
Qui te donne ; dis-moi, cette témérité,
De prendre le nom de Sosie ?
SOSIE.
Moi, je ne le prends point ; je l'ai toujours porté.
MERCURE.
O le mensonge horrible, et l'impudence extrême !
Tu m'oses soutenir que Sosie est ton nom ?
SOSIE.
Fort bien. Je le soutiens par la grande raison
Qu'ainsi l'a fait des Dieux la puissance suprême ;
Et qu'il n'est pas en moi de pouvoir dire non,
Et d'être un autre que moi-même.
MERCURE.
Mille coups de bâton doivent être le prix
D'une pareille effronterie.
SOSIE *battu par Mercure.*
Justice, citoyens ! Au secours, je vous prie !
MERCURE.
Comment, bourreau ! tu fais des cris !
SOSIE.
De mille coups tu me meurtris,
Et tu ne veux pas que je crie ?
MERCURE.
C'est ainsi que mon bras....
SOSIE.
L'action ne vaut rien.
Tu triomphes de l'avantage
Que te donne sur moi mon manque de courage ;
Et ce n'est pas en user bien.
C'est pure fanfaronnerie,
De vouloir profiter de la poltronnerie

De ceux qu'attaque notre bras.
Battre un homme à jeu sûr n'est pas d'une belle ame ;
Et le cœur est digne de blâme,
Contre les gens qui n'en ont pas.

MERCURE.

Hé bien ! es-tu Sosie à présent ! qu'en dis-tu ?

SOSIE.

Tes coups n'ont point en moi fait de métamorphose,
Et tout le changement que je trouve à la chose,
C'est d'être Sosie battu.

MERCURE *menaçant Sosie.*

Encore ? Cent autres coups pour cette autre impudence.

SOSIE.

De grace, fais trève à tes coups.

MERCURE.

Fais donc trève à ton insolence.

SOSIE.

Tout ce qu'il te plaira : je garde le silence.
La dispute est par trop inégale entre nous.

MERCURE.

Es-tu Sosie encor ; dis, traître ?

SOSIE.

Hélas ! je suis ce que tu veux !
Dispose de mon sort tout au gré de tes vœux ;
Ton bras t'en a fait le maître.

MERCURE.

Ton nom étoit Sosie, à ce que tu disois ?

SOSIE.

Il est vrai, jusqu'ici j'ai cru la chose claire ;
Mais ton bâton, sur cette affaire,
M'a fait voir que je m'abusois.

MERCURE.

C'est moi qui suis Sosie, et tout Thèbes l'avoue ;
Amphitryon jamais n'en eut d'autre que moi.

SOSIE.

Toi, Sosie ?

MERCURE.

Oui, Sosie ; et, si quelqu'un s'y joue,

ACTE I. SCÈNE II.

Il peut bien prendre garde à soi.

SOSIE *à part.*

Ciel! me faut-il ainsi renoncer à moi-même,
Et, par un imposteur, me voir voler mon nom?
Que son bonheur est extrême
De ce que je suis poltron!
Sans cela, par la mort....

MERCURE.

Entre tes dents, je pense,
Tu murmures je ne sais quoi?

SOSIE.

Non, mais, au nom des Dieux, donne-moi la licence
De parler un moment à toi.

MERCURE.

Parle.

SOSIE.

Mais promets-moi, de grace,
Que les coups n'en seront point.
Signons une trève.

MERCURE.

Passe;
Va, je t'accorde ce point.

SOSIE.

Qui te jette, dis-moi, dans cette fantaisie?
Que te reviendra-t-il de m'enlever mon nom?
Et peux-tu faire enfin, quand tu serois démon,
Que je ne sois pas moi, que je ne sois Sosie?

MERCURE *levant le bâton sur Sosie.*

Comment! tu peux?....

SOSIE.

Ah! tout doux:
Nous avons fait trève aux coups.

MERCURE.

Quoi! pendard, imposteur, coquin....

SOSIE.

Pour des injures,
Dis-m'en tant que tu voudras:
Ce sont légères blessures;
Et je ne m'en fâche pas.

AMPHITRYON.

MERCURE.

Tu te dis Sosie ?

SOSIE.

Oui. Quelque conte frivole...

MERCURE.

Sus, je romps notre trêve, et reprends ma parole.

SOSIE.

N'importe. Je ne puis m'anéantir pour toi,
Et souffrir un discours si loin de l'apparence.
Être ce que je suis, est-il en ta puissance ?
  Et puis-je cesser d'être moi ?
S'avisa-t-on jamais d'une chose pareille * ?
Et peut-on démentir cent indices pressans ?
  Rêvé-je ? Est-ce que je sommeille ?
Ai-je l'esprit troublé par des transports puissans ?
  Ne sens-je pas bien que je veille ?
  Ne suis-je pas dans mon bon sens ?
Mon maître Amphitryon ne m'a-t-il pas commis
A venir ** en ces lieux vers Alcmène sa femme ?
Ne lui dois-je pas faire, en lui vantant sa flamme,
Un récit de ses faits contre nos ennemis ?
Ne suis-je pas du port arrivé tout-à-l'heure ?
  Ne tiens-je pas une lanterne en main ;
Ne te trouvé-je pas devant notre demeure ?
Ne t'y parlé-je pas d'un esprit tout humain ?
Ne te tiens-tu pas fort de ma poltronnerie,
  Pour m'empêcher d'entrer chez nous ?
N'as-tu pas sur mon dos exercé ta furie ?
  Ne m'as-tu pas roué de coups ?
  Ah ! tout cela n'est que trop véritable,
  Et, plût au ciel, le fût-il moins !
Cesse donc d'insulter au sort d'un misérable ;
Et laisse à mon devoir s'acquitter de ses soins.

---

* L'édition de 1682 marque dans cette scène, un peu longue malgré son extrême gaieté, 26 vers de suite à retrancher, à commencer par ce vers : *S'avisa-t-on jamais d'une chose pareille ?* jusqu'à celui-ci, *Est à moi, hormis les coups.*

** *Commis à venir ;* on diroit aujourd'hui *chargé de venir.*

ACTE I. SCÈNE II.

MERCURE.

Arrête, ou, sur ton dos, le moindre pas attire
Un assommant éclat de mon juste courroux.
  Tout ce que tu viens de dire
  Est à moi, hormis les coups.

SOSIE.

Ce matin, du vaisseau, plein de frayeur en l'ame,
Cette lanterne sait comme je suis parti.
Amphitryon, du camp, vers Alcmène sa femme,
Ne-t-il pas envoyé ?

MERCURE.
  Vous en avez menti.
C'est moi qu'Amphitryon député vers Alcmène ;
Et qui, du port Persique, arrive de ce pas ;
Moi, qui viens annoncer la valeur de son bras,
Qui nous fait remporter une victoire pleine ;
Et de nos ennemis a mis le chef à bas.
C'est moi qui suis Sosie, enfin, de certitude,
  Fils de Dave, honnête berger,
Frère d'Arpage, mort en pays étranger ;
  Mari de Cléanthis la prude,
  Dont l'humeur me fait enrager ;
Qui, dans Thèbe, ai reçu mille coups d'étrivière,
  Sans en avoir jamais dit rien ;
Et jadis, en public, fut marqué par derrière,
  Pour être trop homme de bien.

SOSIE *bas à part.*

Il a raison. A moins d'être Sosie,
  On ne peut pas savoir tout ce qu'il dit ;
Et, dans l'étonnement dont mon ame est saisie,
Je commence, à mon tour, à le croire un petit.
En effet, maintenant que je le considère,
Je vois qu'il a de moi taille, mine, action :
  Faisons-lui quelque question,
  Afin d'éclaircir ce mystère.

(*haut.*)

Parmi tout le butin fait sur nos ennemis,
Qu'est-ce qu'Amphitryon obtint pour son partage ?

MERCURE.

Cinq fort gros diamans en nœud proprement mis,
Dont leur chef se paroit comme d'un rare ouvrage.

SOSIE.

A qui destine-t-il un si riche présent ?

MERCURE.

A sa femme ; et, sur elle, il le veut voir paroître.

SOSIE.

Mais où, pour l'apporter, est-il mis à présent ?

MERCURE.

Dans un coffret scellé des armes de mon maître.

SOSIE *à part*.

Il ne ment pas d'un mot à chaque repartie ;
Et, de moi, je commence à douter tout de bon.
Près de moi, par la force, il est déjà Sosie ;
Il pourroit bien encor l'être par la raison.
Pourtant, quand je me tâte, et que je me rappelle,
  Il me semble que je suis moi.
Où puis-je rencontrer quelque clarté fidèle
  Pour démêler ce que je voi ?
Ce que j'ai fait tout seul, et que n'a vu personne,
A moins d'être moi-même, on ne le peut savoir.
Par cette question il faut que je l'étonne :
C'est de quoi le confondre ; et nous allons le voir.

(*haut.*)

Lorsqu'on étoit aux mains, que fis-tu dans nos tentes,
  Où tu courus seul te fourrer ?

MERCURE.

D'un jambon....

SOSIE *bas à part*.

  L'y voilà !

MERCURE.

              Que j'allai déterrer,
Je coupai bravement deux tranches succulentes,
  Dont je sus fort bien me bourrer.
Et joignant à cela d'un vin que l'on ménage,
Et dont, avant le goût, les yeux se contentoient,
  Je pris un peu de courage
  Pour nos gens qui se battoient.

ACTE I. SCÈNE II.

SOSIE *bas à part.*

Cette preuve sans pareille
En sa faveur conclut bien ;
Et l'on n'y peut dire rien,
S'il n'étoit dans la bouteille.

(*haut.*)

Je ne saurois nier, aux preuves qu'on m'expose,
Que tu ne sois Sosie ; et j'y donne ma voix.
Mais si tu l'es, dis-moi qui tu veux que je sois?
Car encor faut-il bien que je sois quelque chose.

MERCURE.

Quand je ne serai plus Sosie,
Sois-le, j'en demeure d'accord ;
Mais, tant que je le suis, je te garantis mort,
Si tu prends cette fantaisie.

SOSIE.

Tout cet embarras met mon esprit sur les dents,
Et la raison à ce qu'on voit s'oppose.
Mais il faut terminer enfin par quelque chose ;
Et le plus court pour moi, c'est d'entrer là-dedans.

MERCURE.

Ah ! tu prends donc, pendard, goût à la bastonade.

SOSIE *battu par Mercure.*

Ah ! qu'est ceci, grands Dieux ! Il frappe un ton plus fort ;
Et mon dos, pour un mois, en doit être malade.
Laissons ce diable d'homme, et retournons au port.
O juste ciel ! j'ai fait une belle ambassade !

MERCURE *seul.*

Enfin, je l'ai fait fuir ; et, sous ce traitement,
De beaucoup d'actions il a reçu la peine.
Mais je vois Jupiter, que fort civilement
Reconduit l'amoureuse Alcmène.

SCÈNE III*.

JUPITER, *sous la figure d'Amphitryon*; ALCMÈNE, CLÉANTHIS, MERCURE.

JUPITER.

Défendez, chère Alcmène, aux flambeaux d'approcher;
Ils m'offrent des plaisirs en m'offrant votre vue ;
Mais ils pourroient ici découvrir ma venue,
    Qu'il est à propos de cacher.
Mon amour, que gênoient tous ces soins éclatans,
Où me tenoit lié la gloire de nos armes,
Aux devoirs de ma charge, a volé les instans
    Qu'il vient de donner à vos charmes.
Ce vol qu'à vos beautés mon cœur a consacré,
Pourroit être blâmé dans la bouche publique ** ;
    Et j'en veux, pour témoin unique,
    Celle qui peut m'en savoir gré.

ALCMÈNE.

Je prends, Amphitryon, grande part à la gloire
Que répandent sur vous vos illustres exploits ;
    Et l'éclat de votre victoire
Sait toucher de mon cœur les sensibles endroits *** ;
    Mais, quand je vois que cet honneur fatal
    Éloigne de moi ce que j'aime,
Je ne puis m'empêcher, dans ma tendresse extrême,

---

* Molière, dans cette scène, n'avoit rien à imiter de Plaute, qui donne à Jupiter un trop grand empressement de quitter Alcmène, et à celle-ci trop peu de délicatesse dans ce qu'elle dit à Jupiter pour le retenir. A peine êtes-vous couché, lui dit-elle, que vous songez à me quitter. *Prius abis quàm lectus, ubi cubuisti, concaluit locus.* Reproche très-singulier à faire à cet amant, qui a fait doubler le cours de la nuit. La galanterie du règne sous lequel Molière écrivoit, lui a fourni des ressources ingénieuses, mais dont son ami Despréaux faisoit peu de cas.

** *Dans la bouche publique*, pour *par la bouche du public*, a paru impropre.

*** *Les sensibles endroits*, pour *les endroits sensibles*.

ACTE I. SCENE III.

De lui vouloir un peu de mal ;
Et d'opposer mes vœux à cet ordre suprême,
    Qui des Thébains vous fait le général.
C'est une douce chose, après une victoire,
Que la gloire où l'on voit ce qu'on aime élevé ;
Mais parmi les périls mêlés à cette gloire,
Un triste coup, hélas ! est bientôt arrivé.
De combien de frayeurs a-t-on l'ame blessée,
    Au moindre choc dont on entend parler !
Voit-on, dans les horreurs d'une telle pensée,
    Par où jamais se consoler
    Du coup dont elle est menacée * ?
Et, de quelque laurier qu'on couronne un vainqueur,
Quelque part que l'on ait à cet honneur suprême,
Vaut-il ce qu'il en coûte aux tendresses d'un cœur
Qui peut, à tout moment, trembler pour ce qu'il aime ?

JUPITER.
Je ne vois rien en vous dont mon feu ne s'augmente ;
Tout y marque à mes yeux un cœur bien enflammé ;
Et c'est, je vous l'avoue, une chose charmante
De trouver tant d'amour dans un objet aimé.
Mais, si je l'ose dire, un scrupule me gêne
Aux tendres sentimens que vous me faites voir ;
Et, pour les bien goûter, mon amour, chère Alcmène,
Voudroit n'y voir entrer rien de votre devoir ;
Qu'à votre seule ardeur, qu'à ma seule personne,
Je dusse les faveurs que je reçois de vous ;
Et que la qualité que j'ai de votre époux,
    Ne fût point ce qui me les donne.

ALCMÈNE.
C'est de ce nom, pourtant, que l'ardeur qui me brûle,
    Tient le droit de paroître au jour ;
Et je ne comprends rien à ce nouveau scrupule,
    Dont s'embarrasse votre amour.

JUPITER.
Ah ! ce que j'ai pour vous d'ardeur et de tendresse,

---

* Du coup dont elle est menacée. Il y a des éditions qui portent on, au lieu d'elle ; ce qui sauve l'équivoque.

AMPHITRYON.

> Passe aussi celle d'un époux ;
> Et vous ne savez pas, dans des momens si doux,
> Quelle en est la délicatesse !
> Vous ne concevez point qu'un cœur bien amoureux
> Sur cent petits égards s'attache avec étude,
> En se fait une inquiétude
> De la manière d'être heureux.
> En moi, belle et charmante Alcmène,
> Vous voyez un mari, vous voyez un amant ;
> Mais l'amant seul me touche, à parler franchement ;
> Et je sens, près de vous, que le mari le gêne.
> Cet amant, de vos vœux jaloux au dernier point,
> Souhaite qu'à lui seul votre cœur s'abandonne ;
> Et sa passion ne veut point
> De ce que le mari lui donne.
> Il veut, de pure source, obtenir vos ardeurs ;
> Et ne veut rien tenir des nœuds de l'hyménée,
> Rien d'un fâcheux devoir qui fait agir les cœurs,
> Et par qui, tous les jours, des plus chères faveurs,
> La douceur est empoisonnée.
> Dans le scrupule enfin dont il est combattu,
> Il veut, pour satisfaire à sa délicatesse,
> Que vous le sépariez d'avec ce qui le blesse ;
> Que le mari ne soit que pour votre vertu ;
> Et que, de votre cœur de bonté revêtu *,
> L'amant ait tout l'amour et toute la tendresse.

ALCMÈNE.

> Amphitryon, en vérité,
> Vous vous moquez, de tenir ce langage !
> Et j'aurois peur qu'on ne vous crût pas sage,
> Si de quelqu'un vous étiez écouté.

JUPITER.

> Ce discours est plus raisonnable,
> Alcmène, que vous ne pensez ;
> Mais un plus long séjour me rendroit trop coupable,
> Et, du retour au port, les momens sont pressés **.

* *De bonté revêtu*, a paru cheville et mal écrit.

** *Du retour au port les momens sont pressés*, a paru mal écrit. Toute cette scène a paru durement, languissamment et négligemment écrite.

Adieu. De mon devoir l'étrange barbarie
　　Pour un tems m'arrache de vous ;
Mais, belle Alcmène, au moins, quand vous verrez l'époux,
　　Songez à l'amant, je vous prie.
　　　　ALCMÈNE.
Je ne sépare point ce qu'unissent les dieux ;
Et l'époux et l'amant me sont fort précieux.

SCÈNE IV*.

CLÉANTHIS, MERCURE.

　　　　CLÉANTHIS à part.
　　O ciel ! que d'aimables caresses
　　D'un époux ardemment chéri !
　　Et que mon traître de mari
　　Est loin de toutes ces tendresses !
　　　　MERCURE à part.
　　La Nuit, qu'il me faut avertir,
　　N'a plus qu'à plier tous ses voiles ;
　　Et, pour effacer les étoiles,
Le Soleil, de son lit, peut maintenant sortir.
　　　　CLÉANTHIS arrêtant Mercure.
　　Quoi ! c'est ainsi que l'on me quitte ?
　　　　MERCURE.
　　Et comment donc ! ne veux-tu pas
　　Que de mon devoir je m'acquitte,
Et que d'Amphitryon j'aille suivre les pas ?
　　　　CLÉANTHIS.
　　Mais, avec cette brusquerie,
　　Traître, de moi te séparer ?
　　　　MERCURE.
　　Le beau sujet de fâcherie !
Nous avons tant de tems ensemble à demeurer.

* Cette scène originale de Cléanthis et de Mercure, est toute de Molière, et termine le premier acte avec la gaîté charmante, et la bonne plaisanterie qui caractériseront à jamais l'esprit de notre auteur.

AMPHITRYON.

CLÉANTHIS.

Mais quoi, partir ainsi d'une façon brutale *,
Sans me dire un seul mot de douceur pour régale **?

MERCURE.

Diantre, où veux-tu que mon esprit
T'aille chercher des fariboles ?
Quinze ans de mariage épuisent les paroles ;
Et, depuis un long-tems, nous nous sommes tout dit.

CLÉANTHIS.

Regarde, traître, Amphitryon,
Vois combien pour Alcmène il étale de flamme ;
Et rougis, là-dessus, du peu de passion
Que tu témoignes pour ta femme.

MERCURE.

Hé ! mon Dieu, Cléanthis, ils sont encore amans !
Il est certain age où tout passe ;
Et ce qui leur sied bien dans ces commencemens,
En nous, vieux mariés, auroit mauvaise grace.
Il nous feroit beau voir attachés, face à face,
A pousser les beaux sentimens.

CLÉANTHIS.

Quoi ! suis-je hors d'état, perfide, d'espérer
Qu'un cœur auprès de moi soupire ?

MERCURE.

Non, je n'ai garde de le dire,
Mais je suis trop barbon pour oser soupirer,
Et je ferois crever de rire.

---

* Cette faute, qu'on ne peut reprocher à Molière, puisqu'elle est autorisée par la première édition du Dictionnaire de l'Académie en 1694, et qu'on la trouve encore en 1712 dans la préface des Dissertations de l'abbé de *Tilladet* 1 ; cette faute, dis-je, est heureusement aisée à corriger :
Sans me dire un seul mot de douceur conjugale.

1 M. Huet promit à M. de Segrais de prendre part à ce régale.
    Préf. des Dissert. de l'abbé de Tilladet.

** *Pour régale*. Tous les anciens dictionnaires écrivent *régal*, comme aujourd'hui, à l'exception de Richelet, qu cite Molière, et de la première édition du dictionnaire de l'académie françoise, année 1694, qui écrit aussi *régale*.

ACTE I. SCÈNE IV.

CLÉANTHIS.

Mérites-tu, pendard, cet insigne bonheur,
De te voir, pour épouse, une femme d'honneur ?

MERCURE.

Mon Dieu, tu n'es que trop honnête ;
Ce grand honneur ne me vaut rien.
Ne sois point si femme de bien,
Et me romps un peu moins la tête.

CLÉANTHIS.

Comment, de trop bien vivre, on te voit me blâmer ?

MERCURE.

La douceur d'une femme est tout ce qui me charme ;
Et ta vertu fait un vacarme
Qui ne cesse de m'assommer.

CLÉANTHIS.

Il te faudroit des cœurs pleins de fausses tendresses,
De ces femmes aux beaux et louables talens,
Qui savent accabler leurs maris de caresses,
Pour leur faire avaler l'usage des galans.

MERCURE.

Ma foi, veux-tu que je te dise ?
Un mal d'opinion ne touche que les sots ;
Et je prendrois pour ma devise,
Moins d'honneur et plus de repos.

CLÉANTHIS.

Comment, tu souffrirois, sans nulle répugnance,
Que j'aimasse un galant avec toute licence ?

MERCURE.

Oui, si je n'étois plus de tes cris rebattu,
Et qu'on te vît changer d'humeur et de méthode.
J'aime mieux un vice commode,
Qu'une fatigante vertu.
Adieu, Cléanthis, ma chère ame,
Il me faut suivre Amphitryon.

CLÉANTHIS *seule*.

Pourquoi, pour punir cet infame,
Mon cœur n'a-t-il assez de résolution ?
Ah ! que dans cette occasion,
J'enrage d'être honnête femme !

ACTE II.

SCÈNE I.

AMPHITRYON, SOSIE.

AMPHITRYON.

Viens-çà, bourreau, viens-çà. Sais-tu, maître fripon,
Qu'à te faire assommer ton discours peut suffire ;
Et que, pour te traiter comme je le desire,
    Mon courroux n'attend qu'un bâton ?
SOSIE.
    Si vous le prenez sur ce ton,
  Monsieur, je n'ai plus rien à dire ;
    Et vous aurez toujours raison.
AMPHITRYON.
Quoi, tu veux me donner pour des vérités, traître,
Des contes que je vois d'extravagance outrés ?
SOSIE.
Non, je suis le valet, et vous êtes le maître ;
Il n'en sera, monsieur, que ce que vous voudrez.
AMPHITRYON.
Ça, je veux étouffer le courroux qui m'enflamme,
Et, tout du long, t'ouïr sur ta commission.
    Il faut, avant que voir ma femme,
Que je débrouille ici cette confusion.
Rappelle tous tes sens, rentre bien dans ton ame,
Et réponds, mot pour mot, à chaque question.
SOSIE.
    Mais, de peur d'incongruité,

ACTE II. SCÈNE I.

Dites-moi, de grâce, à l'avance *,
De quel air il vous plaît que ceci soit traité.
Parlerai-je, monsieur, selon ma conscience,
Ou comme auprès des grands on le voit usité ?
  Faut-il dire la vérité,
  Ou bien user de complaisance ?

AMPHITRYON.

  Non, je ne te veux obliger
Qu'à me rendre de tout un compte fort sincère.

SOSIE.

  Bon. C'est assez, laissez-moi faire ;
  Vous n'avez qu'à m'interroger.

AMPHITRYON.

Sur l'ordre que tantôt je t'avois su prescrire **...

SOSIE.

Je suis parti, les cieux d'un noir crêpe voilés,
Pestant fort contre vous dans ce fâcheux martyre,
Et maudissant vingt fois l'ordre dont vous parlez.

AMPHITRYON.

Comment, coquin ?

SOSIE.

   Monsieur, vous n'avez rien qu'à dire *** ;
Je mentirai, si vous voulez.

AMPHITRYON.

Voilà comme un valet montre pour nous du zèle.
Passons. Sur le chemin, que t'est-il arrivé ?

SOSIE.

  D'avoir une frayeur mortelle
  Au moindre objet que j'ai trouvé.

AMPHITRYON.

Poltron !

* *A l'avance*, quelques-uns ont douté si on pouvoit dire *à l'avance* pour *d'avance*.

** *Que je t'avois su prescrire* pour *que je t'avois prescrit*, a paru oiseux à quelques-uns ; d'autres ont cru que la poésie pouvoit le permettre.

*** *Vous n'avez rien qu'à dire*, ne se passeroit pas aujourd'hui, si ce n'est peut-être dans la bouche d'un paysan.

AMPHITRYON.

SOSIE.

En nous formant, nature a ses caprices,
Divers penchans en nous elle fait observer.
Les uns, à s'exposer, trouvent mille délices;
Moi, j'en trouve à me conserver.

AMPHITRYON.

Arrivant au logis....

SOSIE.

J'ai, devant notre porte,
En moi-même, voulu répéter un petit,
Sur quel ton, et de quelle sorte
Je ferois du combat le glorieux récit.

AMPHITRYON.

Ensuite ?

SOSIE.

On m'est venu troubler et mettre en peine.

AMPHITRYON.

Et qui ?

SOSIE.

Sosie. Un moi, de vos ordres jaloux,
Que vous avez, du port, envoyé vers Alcmène;
Et qui, de nos secrets, a connoissance pleine,
Comme le moi qui parle à vous.

AMPHITRYON.

Quels contes !

SOSIE.

Non, monsieur, c'est la vérité pure :
Ce moi, plutôt que moi, s'est au logis trouvé,
Et j'étois venu, je vous jure,
Avant que je fusse arrivé *.

---

* Molière ne pouvoit faire mieux dans cette scène, que de s'écarter peu de son original : aussi y trouve-t-on des choses qui sont plus traduites qu'imitées, telles, par exemple, que celle-ci :

Et j'étois venu, je vous jure,
Avant que je fusse arrivé.

Priùs multò ante œdis stabam quàm illò adveneram.

Il est difficile d'apercevoir ce qui faisoit préférer à Despréaux ce vers de Rotrou :

J'étois chez nous long-tems avant que d'arriver.

ACTE II. SCENE I.

AMPHITRYON.

D'où peut procéder, je te prie,
Ce galimatias maudit?
Est-ce songe, est-ce ivrognerie,
Aliénation d'esprit,
Ou méchante plaisanterie?

SOSIE.

Non, c'est la chose comme elle est,
Et point du tout conte frivole.
Je suis homme d'honneur, j'en donne ma parole,
Et vous m'en croirez, s'il vous plaît.
Je vous dis que, croyant n'être qu'un seul Sosie,
Je me suis trouvé deux chez nous;
Et que, de ces deux moi, piqués de jalousie,
L'un est à la maison, et l'autre est avec vous;
Que le moi que voici, chargé de lassitude,
A trouvé l'autre moi frais, gaillard et dispos;
Et n'ayant d'autre inquiétude
Que de battre et casser des os.

AMPHITRYON.

Il faut être, je le confesse,
D'un esprit bien posé, bien tranquille, bien doux,
Pour souffrir qu'un valet de chansons me repaisse.

SOSIE.

Si vous vous mettez en courroux,
Plus de conférence entre nous;
Vous savez que d'abord tout cesse.

AMPHITRYON.

Non, sans emportement je te veux écouter,
Je l'ai promis. Mais dis, en bonne conscience,
Au mystère nouveau que tu me viens conter,
Est-il quelque ombre d'apparence?

SOSIE.

Non; vous avez raison; et la chose à chacun
Hors de créance doit paroître.
C'est un fait à n'y rien connoître,
Un conte extravagant, ridicule, importun;
Cela choque le sens commun;
Mais cela ne laisse pas d'être.

AMPHITRYON.
Le moyen d'en rien croire, à moins qu'être insensé?
SOSIE.
Je ne l'ai pas cru, moi, sans une peine extrême..
Je me suis, d'être deux, senti l'esprit blessé,
Et long-tems d'imposteur j'ai traité ce moi-même :
Mais à me reconnoître enfin il m'a forcé,
J'ai vu que c'étoit moi, sans aucun stratagême ;
Des pieds jusqu'à la tête, il est comme moi fait,
Beau, l'air noble, bien pris, les manières charmantes ;
  Enfin deux gouttes de lait
  Ne sont pas plus ressemblantes ;
Et, n'étoit que ses mains sont un peu trop pesantes,
  J'en serois fort satisfait.
AMPHITRYON.
A quelle patience il faut que je m'exhorte !
Mais enfin, n'es-tu pas entré dans la maison.
SOSIE.
  Bon, entré. Hé, de quelle sorte ?
Ai-je voulu jamais entendre de raison ?
Et ne me suis-je pas interdit notre porte ?
AMPHITRYON.
 Comment donc ?
SOSIE.
   Avec un bâton,
Dont mon dos sent encore une douleur très-forte.
AMPHITRYON.
On t'a battu ?
SOSIE.
 Vraiment !
AMPHITRYON.
  Et qui ?
SOSIE.
   Moi.
AMPHITRYON.
    Toi, te battre ?
SOSIE.
 Oui, moi. Non pas le moi d'ici,
Mais le moi du logis, qui frappe comme quatre.

ACTE II. SCÈNE I.

AMPHITRYON.

Te confonde le ciel de me parler ainsi !

SOSIE.

Ce ne sont point des badinages * :
Le moi que j'ai trouvé tantôt,
Sur le moi qui vous parle a de grands avantages ;
Il a le bras fort, le cœur haut ;
J'en ai reçu des témoignages,
Et ce diable de moi m'a rossé comme il faut ;
C'est un drôle qui fait des rages **.

AMPHITRYON.

Achevons. As-tu vu ma femme ?

SOSIE.

Non.

AMPHITRYON.

Pourquoi ?

SOSIE.

Par une raison assez forte.

AMPHITRYON.

Qui t'a fait y manquer, maraud ? Explique-toi.

SOSIE.

Faut-il le répéter vingt fois de même sorte ?
Moi, vous dis-je, ce moi plus robuste que moi ***,
Ce moi, qui s'est de force emparé de la porte ;
Ce moi, qui m'a fait filer doux ;

---

* Il y a dans cette scène une tirade déparée par ce vers : *C'est un drôle qui fait des rages.* La correction en est si aisée et si simple, qu'on ose la risquer ici.

Ce n'est point du tout badinage :
Le moi que j'ai trouvé tantôt,
Sur le moi qui vous parle, a plus d'un avantage.
Il a le bras fort, le cœur haut ;
J'en ai reçu bon témoignage :
Et ce diable de moi m'a rossé comme il faut ;
Car c'est un drôle qui fait rage.

** *Qui fait des rages*, pour *qui fait rage*, ne se dit pas.

*** Mais, pour donner une nouvelle idée de l'avantage avec lequel Molière emprunte de Plaute, il n'y a qu'à comparer le détail charmant du *moi* :

Ce moi, qui le seul moi veut être ;
Ce moi, de moi-même jaloux ;
Ce moi vaillant, dont le courroux
Au moi poltron s'est fait connoître ;
Enfin ce moi, qui suis chez nous ;
Ce moi, qui s'est montré mon maître ;
Ce moi, qui m'a roué de coups.

AMPHITRYON.

Il faut que ce matin, à force de trop boire,
Il se soit troublé le cerveau.

SOSIE.

Je veux être pendu, si j'ai bu que de l'eau ;
A mon serment on m'en peut croire.

AMPHITRYON.

Il faut donc qu'au sommeil tes sens se soient portés,
Et qu'un songe fâcheux, dans ces confus mystères,
T'ait fait voir toutes les chimères
Dont tu me fais des vérités.

SOSIE.

Tout aussi peu. Je n'ai point sommeillé,
Et n'en ai même aucune envie.

Moi, vous dis-je, ce moi plus robuste que moi, etc.
Avec ce que dit Plaute :

. . . . . *Egomet memet, qui nunc sum domi.*

Et dans un autre endroit :

. . . . *Ego, inquam : quoties dicendum est tibi ?*

Comment Despréaux a-t-il pu trouver dans Plaute le jeu du *moi* plus ingénieux ? Il falloit que la galanterie de Jupiter lui eût donné bien de l'humeur ! C'est à Rotrou que Molière avoit la plus grande obligation sur ce point, puisque ce père de Corneille avoit dit, en 1636, dans ses *Sosies*.

Moi que j'ai rencontré, moi qui suis sur la porte,
Moi qui me suis moi-même ajusté de la sorte,
Moi qui me suis chargé d'une grêle de coups ;
Ce moi qui m'a parlé, ce moi qui suis chez nous, etc.

On verra que ce n'est pas le seul endroit des *deux Sosies* que Molière ne se soit pas fait scrupule d'imiter.

ACTE II. SCÈNE I.

Je vous parle bien éveillé *,
J'étois bien éveillé ce matin, sur ma vie ;
Et bien éveillé même étoit l'autre Sosie,
Quand il m'a si bien étrillé.

AMPHITRYON.

Suis-moi, je t'impose silence.
C'est trop me fatiguer l'esprit ;
Et je suis un vrai fou d'avoir la patience
D'écouter d'un valet les sottises qu'il dit.

SOSIE à part.

Tous les discours sont des sottises **,

* *Je vous parle bien éveillé ;*
J'étois bien éveillé ce matin, sur ma vie ;
Et bien éveillé même étoit l'autre Sosie ;
Quand il m'a si bien étrillé.

Plaute avoit dit comme Molière :

Vigilans vidi, vigilans nunc te video, vigilans fabulor ;
Vigilantem me jam-dudum vigilans pugnis contudit.

** *Tous les discours sont des sottises,*
Partant d'un homme sans éclat :
Ce seroit paroles exquises,
Si c'étoit un grand qui parlât.

La Fontaine paroît avoir imité ces quatre vers dans sa fable du Fermier, du Chien et du Renard, Liv. V, où il dit :

Son raisonnement pouvoit être
Fort bon dans la bouche d'un maître ;
Mais n'étant que d'un simple chien,
On trouva qu'il ne valoit rien.

On a observé que La Fontaine les avoit imités dans sa fable *du Fermier, du Chien et du Renard.* Il y avoit une remarque plus importante à faire : c'est que le poëte Ennius en avoit probablement donné l'idée à Moliere, dans ces vers qu'on trouve dans Aulu-Gelle :

Hæc tu et si perversè dices, facilè Achivos flexeris :
Nam cùm opulenti loquuntur, pariter atque ignobiles ;
Eadem dicta, eademque oratio æqua non æquè valet.

« Quelque mal que vous parliez, vous fléchirez aisément les
» Grecs ; car un homme riche et un homme du peuple au-
» roient beau dire la même chose, et s'exprimer de même,
» l'effet de leurs discours ne seroit pas égal. »

Partant d'un homme sans éclat :
Ce seroit paroles exquises,
Si c'étoit un grand qui parlât.

AMPHITRYON.

Entrons, sans davantage attendre.
Mais Alcmène paroît avec tous ses appas ;
En ce moment, sans doute, elle ne m'attend pas,
Et mon abord la va surprendre.

SCÈNE II.

ALCMÈNE, AMPHITRYON, CLÉAN-THIS, SOSIE.

ALCMÈNE, *sans voir Amphitryon* *.

Allons, pour mon époux, Cléanthis vers les dieux ;
Nous acquitter de nos hommages,
Et les remercier des succès glorieux
Dont Thèbes, par son bras, goûte les avantages.
(*Apercevant Amphitryon.*)
O dieux !

AMPHITRYON.

Fasse le ciel qu'Amphitryon vainqueur,
Avec plaisir soit revu de sa femme ;
Et que ce jour, favorable à ma flamme,
Vous redonne à mes yeux avec le même cœur ;

Avant Ennius, Euripide, dans sa tragédie d'Hécube, avoit dit à-peu-près la même chose. Cette princesse malheureuse, parlant au roi d'Ithaque, lui dit : « L'autorité dont jouit » Ulysse, le fera triompher, quelque mal qu'il s'exprime. Le » même discours de la part d'une femme célèbre ou d'une per- » sonne ignorée, produit un effet bien différent. »

* Les grossièretés de Sosie sur la grossesse d'Alcmène, ne convenoient pas au père de la scène française : il n'a donc pris de Plaute que l'intention de cette scène, et il s'est bien gardé de faire débiter à l'épouse d'Amphitryon des maximes sur les devoirs des femmes. Enfin, Molière n'a suivi dans cette scène que son propre génie.

ACTE II. SCÈNE II.

Que j'y retrouve autant d'ardeur
Que vous en rapporte mon ame !
ALCMÈNE.
Quoi, de retour sitôt ?
AMPHITRYON.
Certes, c'est en ce jour
Me donner de vos feux un nouveau témoignage ;
Et ce *Quoi sitôt de retour*,
En ces occasions n'est guère le langage
D'un cœur bien enflammé d'amour.
J'osois me flatter, en moi-même,
Que, loin de vous, j'aurois trop demeuré.
L'attente d'un retour ardemment desiré,
Donne à tous les instans une longueur extrême,
Et l'absence de ce qu'on aime,
Quelque peu qu'elle dure, a toujours trop duré.
ALCMÈNE.
Je ne vois....
AMPHITRYON.
Non, Alcmène, à son impatience
On mesure le tems, en de pareils états ;
Et vous comptez les momens de l'absence
En personne qui n'aime pas.
Lorsque l'on aime comme il faut,
Le moindre éloignement nous tue ;
Et ce dont on chérit la vue,
Ne revient jamais assez tôt.
De votre accueil, je le confesse,
Se plaint ici mon amoureuse ardeur,
Et j'attendois de votre cœur,
D'autres transports de joie et de tendresse.
ALCMÈNE.
J'ai peine à comprendre sur quoi
Vous fondez les discours que je vous entends faire ;
Et, si vous vous plaignez de moi,
Je ne sais pas, de bonne foi,
Ce qu'il faut pour vous satisfaire.
Hier au soir, ce me semble, à votre heureux retour,
On me vit témoigner une joie assez tendre,

Et rendre aux soins de votre amour,
Tout ce que de mon cœur vous aviez lieu d'attendre.
AMPHITRYON.
Comment ?
ALCMÈNE.
Ne fis-je pas éclater à vos yeux
Les soudains mouvemens d'une entière alégresse ?
Et le transport d'un cœur peut-il s'expliquer mieux,
Au retour d'un époux qu'on aime avec tendresse ?
AMPHITRYON.
Que me dites-vous là ?
ALCMÈNE.
Que même votre amour
Montra de mon accueil une joie incroyable ;
Et que, m'ayant quittée à la pointe du jour,
Je ne vois pas qu'à ce soudain retour,
Ma surprise soit si coupable.
AMPHITRYON.
Est-ce que du retour que j'ai précipité,
Un songe, cette nuit, Alcmène, dans votre ame
A prévenu la vérité ?
Et que, m'ayant peut-être en dormant bien traité,
Votre cœur se croit, vers ma flamme,
Assez amplement acquitté ?
ALCMÈNE.
Est-ce qu'une vapeur, par sa malignité,
Amphitryon, a dans votre ame,
Du retour d'hier au soir, brouillé la vérité ?
Et que, du doux accueil duquel je m'acquittai,
Votre cœur prétend à ma flamme
Ravir toute l'honnêteté ?
AMPHITRYON.
Cette vapeur, dont vous me régalez,
Est un peu, ce me semble, étrange.
ALCMÈNE.
C'est ce qu'on peut donner pour change *

---

* *Pour change*, au lieu de *pour équivalent*, *pour réponse*, a paru impropre en cet endroit.

ACTE II. SCÈNE II.

Au songe dont vous me parlez.
AMPHITRYON.
A moins d'un songe, on ne peut pas, sans doute,
Excuser ce qu'ici votre bouche m'a dit.
ALCMÈNE.
A moins d'une vapeur qui vous trouble l'esprit,
On ne peut pas sauver ce que de vous j'écoute.
AMPHITRYON.
Laissons un peu cette vapeur, Alcmène.
ALCMÈNE.
Laissons un peu ce songe, Amphitryon.
AMPHITRYON.
Sur le sujet dont il est question,
Il n'est guère de jeu, que trop loin on ne mène.
ALCMÈNE.
Sans doute; et, pour marque certaine,
Je commence à sentir un peu d'émotion.
AMPHITRYON.
Est-ce donc que, par là, vous voulez essayer
A réparer l'accueil dont je vous ai fait plainte ?
ALCMÈNE.
Est-ce donc que, par cette feinte,
Vous desirez vous égayer ?
AMPHITRYON.
Ah! de grace, cessons, Alcmène, je vous prie,
Et parlons sérieusement.
ALCMÈNE.
Amphitryon, c'est trop pousser l'amusement ;
Finissons cette raillerie.
AMPHITRYON.
Quoi! Vous osez me soutenir en face,
Que, plutôt qu'à cette heure, on m'ait ici pu voir?
ALCMÈNE.
Quoi! Vous voulez nier avec audace
Que, dès hier, en ces lieux, vous vîntes sur le soir ?
AMPHITRYON.
Moi! je vins hier ?

ALCMÈNE.

Sans doute ; et, dès avant l'aurore * ,
Vous vous en êtes retourné.

AMPHITRYON *à part.*

Ciel ! Un pareil débat s'est-il pu voir encore ?
Et qui, de tout ceci, ne seroit étonné ?
Sosie.

SOSIE.

Elle a besoin de six grains d'ellébore :
Monsieur, son esprit est tourné.

AMPHITRYON.

Alcmène, au nom de tous les dieux,
Ce discours a d'étranges suites ;
Reprenez vos sens un peu mieux,
Et pensez à ce que vous dites.

ALCMÈNE.

J'y pense mûrement aussi ;
Et tous ceux du logis ont vu votre arrivée.
J'ignore quel motif vous fait agir ainsi ;
Mais, si la chose avoit besoin d'être prouvée ;
S'il étoit vrai qu'on pût ne s'en souvenir pas,
De qui puis-je tenir, que de vous, la nouvelle
Du dernier de tous vos combats ?
Et les cinq diamans que portoit Ptérélas
Qu'a fait dans la nuit éternelle
Tomber l'effort de votre bras,
En pourroit-on vouloir un plus sûr témoignage ?

AMPHITRYON.

Quoi ! je vous ai déjà donné
Le nœud de diamans que j'eus pour mon partage ,
Et que je vous ai destiné ?

ALCMÈNE.

Assurément. Il n'est pas difficile
De vous en bien convaincre.

AMPHITRYON.

Et comment ?

---

* *Dès avant l'aurore*, on diroit aujourd'hui *avant l'aurore*.

ACTE II. SCÈNE II.

ALCMÈNE *montrant le nœud de diamans à sa ceinture.*
Le voici.

AMPHITRYON.

Sosie !

SOSIE *tirant de sa poche un coffret.*
Elle se moque ; et je le tiens ici,
Monsieur : la feinte est inutile.

AMPHITRYON *regardant le coffret.*
Le cachet est entier.

ALCMÈNE *présentant à Amphitryon le nœud de diamans.*
Est-ce une vision ?
Tenez. Trouverez-vous cette preuve assez forte ?

AMPHITRYON.
Ah ciel ! O juste ciel !

ALCMÈNE.
Allez, Amphitryon,
Vous vous moquez d'en user de la sorte ;
Et vous en devriez avoir confusion.

AMPHITRYON.
Romps vîte ce cachet.

SOSIE *ayant ouvert le coffret.*
Ma foi, la place est vide.
Il faut que, par magie, on ait su le tirer,
Ou bien que, de lui-même, il soit venu sans guide
Vers celle qu'il a su qu'on en vouloit parer.

AMPHITRYON *à part.*
O dieux, dont le pouvoir sur les choses préside,
Quelle est cette aventure, et qu'en puis-je augurer,
Dont mon amour ne s'intimide !

SOSIE *à Amphitryon.*
Si sa bouche dit vrai, nous avons même sort ;
Et de même que moi, monsieur, vous êtes double.

AMPHITRYON.
Tais-toi.

ALCMÈNE.
Sur quoi vous étonner si fort,
Et d'où peut naître ce grand trouble ?

AMPHITRYON *à part.*
O ciel ! quel étrange embarras !

Je vois des incidens qui passent la nature ;
Et mon honneur redoute une aventure
Que mon esprit ne comprend pas.
ALCMÈNE.
Songez-vous, en tenant cette preuve sensible,
A me nier encor votre retour pressé ?
AMPHITRYON.
Non ; mais, à ce retour, daignez, s'il est possible,
Me conter ce qui s'est passé.
ALCMÈNE.
Puisque vous demandez un récit de la chose,
Vous voulez dire donc que ce n'étoit pas vous ?
AMPHITRYON.
Pardonnez-moi, mais j'ai certaine cause
Qui me fait demander ce récit entre nous.
ALCMÈNE.
Les soucis importans qui vous peuvent saisir,
Vous ont-ils fait si vite en perdre la mémoire ?
AMPHITRYON.
Peut-être ; mais enfin vous me ferez plaisir,
De m'en dire toute l'histoire.
ALCMÈNE.
L'histoire n'est pas longue. A vous je m'avançai*,
Pleine d'une aimable surprise :
Tendrement je vous embrassai,
Et témoignai ma joie, à plus d'une reprise.
AMPHITRYON à part.
Ah ! d'un si doux accueil je me serois passé.
ALCMÈNE.
Vous me fîtes d'abord ce présent d'importance,
Que du butin conquis vous m'aviez destiné.
Votre cœur avec véhémence
M'étala de ses feux toute la violence,
Et les soins importuns qui l'avoient enchaîné,
L'aise de me revoir **, les tourmens de l'absence,

---

* *A vous je m'avançai :* quelques-uns ont douté si on disoit *avancer à quelqu'un.*

** *L'aise de me revoir :* quelques-uns ont douté qu'on pût dire aujourd'hui *l'aise* pour *la joie.*

ACTE II. SCÈNE II.

Tout le souci que son impatience
Pour le retour s'étoit donné ;
Et jamais votre amour, en pareille occurence,
Ne me parut si tendre et si passionné.

AMPHITRYON *à part.*

Peut-on plus vivement se voir assassiné ?

ALCMÈNE.

Tous ces transports, toute cette tendresse,
Comme vous croyez bien, ne me déplaisoient pas ;
Et, s'il faut que je le confesse,
Mon cœur, Amphitryon, y trouvoit mille appas.

AMPHITRYON.

Ensuite, s'il vous plaît ?

ALCMÈNE.

Nous nous entrecoupâmes
De mille questions qui pouvoient nous toucher.
On servit. Tête à tête, ensemble nous soupâmes ;
Et, le souper fini, nous nous fûmes coucher.

AMPHITRYON.

Ensemble ?

ALCMÈNE.

Assurément. Quelle est cette demande ?

AMPHITRYON *à part.*

Ah ! c'est ici le coup le plus cruel de tous,
Et dont à s'assurer trembloit mon feu jaloux * !

ALCMÈNE.

D'où vous vient, à ce mot, une rougeur si grande ?
Ai-je fait quelque mal de coucher avec vous ?

AMPHITRYON.

Non ; ce n'étoit pas moi, pour ma douleur sensible ;
Et qui dit qu'hier ici mes pas se sont portés,
Dit, de toutes les faussetés,
La fausseté la plus horrible.

ALCMÈNE.

Amphitryon ?

AMPHITRYON.

Perfide !

* *Trembloit mon feu jaloux : feu pour amour, a paru impropre.*

AMPHITRYON.

ALCMÈNE.

Ah! quel emportement?

AMPHITRYON.

Non, non, plus de douceur et plus de déférence.
Ce revers vient à bout de toute ma constance;
Et mon cœur ne respire, en ce fatal moment,
Et que fureur, et que vengeance.

ALCMÈNE.

De qui donc vous venger? et quel manque de foi
Vous fait ici me traiter de coupable?

AMPHITRYON.

Je ne sais pas; mais ce n'étoit pas moi;
Et c'est un désespoir qui de tout rend capable.

ALCMÈNE.

Allez, indigne époux, le fait parle de soi;
Et l'imposture est effroyable.
C'est trop me pousser là-dessus,
Et d'infidélité me voir trop condamnée.
Si vous cherchez, dans ces transports confus,
Un prétexte à briser les nœuds d'une hymenée
Qui me tient à vous enchaînée,
Tous ces détours sont superflus;
Et me voilà déterminée
A souffrir qu'en ce jour nos liens soient rompus.

AMPHITRYON.

Après l'indigne affront que l'on me fait connoître,
C'est bien à quoi, sans doute, il faut vous préparer.
C'est le moins qu'on doit voir; et les choses peut-être
Pourront n'en pas là demeurer *.
Le déshonneur est sûr, mon malheur m'est visible;
Et mon amour en vain voudroit me l'obscurcir.
Mais le détail encor ne m'en est pas sensible;
Et mon juste courroux prétend s'en éclaircir.
Votre frère déjà peut hautement répondre
Que, jusqu'à ce matin, je ne l'ai point quitté:
Je m'en vais le chercher, afin de vous confondre

---

* *N'en pas là demeurer*; pour *n'en pas demeurer là*, ne se dit pas.

ACTE II. SCÈNE III.

Sur ce retour qui m'est faussement imputé.
Après, nous percerons jusqu'au fond d'un mystère
    Jusques à présent inouï ;
Et dans les mouvemens d'une juste colère,
    Malheur à qui m'aura trahi !

SOSIE.

Monsieu...

AMPHITRYON.

    Ne m'accompagne pas,
Et demeure ici pour m'attendre

CLÉANTHIS à *Alcmène*.

Faut-il...

ALCMÈNE.

    Je ne puis rien entendre.
Laisse-moi seule, et ne suis point mes pas.

SCÈNE III.

CLÉANTHIS, SOSIE.

CLÉANTHIS à *part*.

Il faut que quelque chose ait brouillé sa cervelle ;
    Mais le frère, sur le champ,
    Finira cette querelle.

SOSIE à *part*.

C'est ici, pour mon maître, un coup assez touchant ;
    Et son aventure est cruelle.
Je crains fort, pour mon fait, quelque chose approchant *
Et je m'en veux, tout doux éclaircir avec elle.

CLÉANTHIS à *part*.

Voyez s'il me viendra seulement aborder !
Mais je veux m'empêcher de rien faire paroître.

SOSIE à *part*.

La chose quelquefois est fâcheuse à connoître,
    Et je tremble à la demander.
Ne vaudroit-il pas mieux, pour ne rien hasarder,

---

* *Quelque chose approchant* : l'exactitude demande *d'approchant*.

AMPHITRYON.

Ignorer ce qu'il en peut-être * ?
Allons, tout coup vaille, il faut voir,
Et je ne m'en saurois défendre.
La foiblesse humaine est d'avoir
Des curiosités d'apprendre
Ce qu'on ne voudroit pas savoir.
Dieu te gard', Cléanthis

CLÉANTHIS.

Ah, ah ! tu t'en avises,
Traître, de t'approcher de nous !

SOSIE.

Mon Dieu ! Qu'as-tu ? Toujours on te voit en courroux,
Et sur rien tu te formalises ?

CLÉANTHIS.

Qu'appelles-tu, sur rien ? Dis ?

SOSIE.

J'appelle sur rien,
Ce qui, sur rien, s'appelle en vers, ainsi qu'en prose ;
Et rien, comme tu le sais bien,
Veut dire rien, ou peu de chose.

CLÉANTHIS.

Je ne sais qui me tient, infâme,
Que je ne t'arrache les yeux,
Et ne t'apprenne où va le courroux d'une femme.

SOSIE.

Holà. D'où te vient donc ce transport furieux ?

CLÉANTHIS.

Tu n'appelles donc rien le procédé peut-être **,
Qu'avec moi ton cœur a tenu ?

---

* Cette scène de Cléanthis et de Sosie, est toute de Molière.
Ne vaudroit-il pas mieux, pour ne rien hasarder,
Ignorer ce qu'il en peut être ?
C'est ainsi que *Renauld*, dans l'*Arioste*, en refusant de faire l'expérience de la coupe du *Chevalier Mantuan*, dit : *Pourquoi chercherois-je ce que je serois au désespoir de trouver ?*

** *Tu n'appelles donc rien le procédé peut-être* : ce *peut-être* a paru mal placé pour la construction, et de plus, rédondant, à moins qu'on ne supprime *donc*.

ACTE II. SCÈNE III.

SOSIE.

Et quel ?

CLÉANTHIS.

Quoi ! tu fais l'ingénu :
Est-ce qu'à l'exemple du maître,
Tu veux dire qu'ici tu n'es pas revenu ?

SOSIE.

Non : je sais fort bien le contraire ;
Mais, je ne t'en fais pas le fin,
Nous avions bu de je ne sais quel vin,
Qui m'a fait oublier tout ce que j'ai pu faire.

CLÉANTHIS.

Tu crois peut-être excuser par ce trait...

SOSIE.

Non, tout de bon, tu m'en peux croire.
J'étois dans un état où je puis avoir fait
Des choses dont j'aurois regret,
Et dont je n'ai nulle mémoire.

CLÉANTHIS.

Tu ne te souviens point du tout de la manière
Dont tu m'as su traiter étant venu du port ?

SOSIE.

Non plus que rien ; tu peux m'en faire le rapport :
Je suis équitable et sincère,
Et me condamnerai moi-même, si j'ai tort.

CLÉANTHIS.

Comment Amphitryon m'ayant su disposer,
Jusqu'à ce que tu vins, j'avois poussé ma veille ;
Mais je ne vis jamais une froideur pareille :
De ta femme il fallut moi-même t'aviser ;
Et lorsque je fus te baiser,
Tu détournas le nez et me donnas l'oreille.

SOSIE.

Bon !

CLÉANTHIS.

Comment, bon ?

SOSIE.

Mon Dieu, tu ne sais pas pourquoi,
Cléanthis, je tiens ce langage !

J'avois mangé de l'ail, et fis en homme sage,
De détourner un peu mon haleine de toi.
CLÉANTHIS.
Je te sus exprimer des tendresses de cœur;
Mais, à tous mes discours tu fus comme une souche;
    Et jamais un mot de douceur
    Ne te put sortir de la bouche.
SOSIE *à part.*
Courage.
CLÉANTHIS.
    Enfin, ma flamme eut beau s'émanciper,
Sa chaste ardeur en toi ne trouva rien que glace;
Et, dans un tel retour, je te vis la tromper
Jusqu'à faire refus de prendre au lit la place
Que les lois de l'hymen t'obligent d'occuper.
SOSIE.
Quoi! je ne couchai point?
CLÉANTHIS.
    Non, lâche.
SOSIE.
              Est-il possible!
CLÉANTHIS.
    Traître! il n'est que trop assuré:
C'est de tous les affronts, l'affront le plus sensible;
Et, loin que ce matin ton cœur l'ait réparé,
    Tu t'es d'avec moi séparé
Par des discours chargés d'un mépris tout visible.
SOSIE *à part.*
Vivat Sosie!
CLÉANTHIS.
    Hé quoi! ma plainte a cet effet?
Tu ris après ce bel ouvrage?
SOSIE.
Que je suis de moi satisfait!
CLÉANTHIS.
Exprime-t-on ainsi le regret d'un outrage!
SOSIE.
Je n'aurois jamais cru que j'eusse été si sage.

ACTE II. SCÈNE III.
CLÉANTHIS.

Loin de te condamner d'un si perfide trait,
Tu m'en fais éclater la joie en ton visage.

SOSIE.

Mon Dieu, tout doucement ! Si je parois joyeux,
Crois que j'en ai, dans l'ame, une raison très-forte ;
Et que, sans y penser, je ne fis jamais mieux,
Que d'en user tantôt avec toi de la sorte.

CLÉANTHIS.

Traître, te moques-tu de moi ?

SOSIE.

Non : je te parle avec franchise.
En l'état ou j'étois, j'avois certain effroi,
Dont, avec ton discours, mon ame s'est remise.
Je m'appréhendois fort, et craignois qu'avec toi
    Je n'eusse fait quelque sottise.

CLÉANTHIS.

Quelle est cette frayeur, et sachons donc pourquoi ?

SOSIE.

    Les médecins disent, quand on est ivre,
      Que de sa femme on se doit abstenir ;
    Et que, dans cet état, il ne peut provenir
Que des enfans pesans, et qui ne sauroient vivre.
Vois, si mon cœur n'eût su de froideur se munir,
Quels inconvéniens auroient pu s'en ensuivre !

CLÉANTHIS.

    Je me moque des médecins
    Avec leurs raisonnemens fades.
    Qu'ils règlent ceux qui sont malades,
Sans vouloir gouverner les gens qui sont bien sains.
    Ils se mêlent de trop d'affaires,
De prétendre tenir nos chastes feux gênés ;
    Et sur les jours caniculaires,
Ils nous donnent encore, avec leurs lois sévères,
    De cent sots contes par le nez.

SOSIE.

Tout doux.

CLÉANTHIS.

    Non. Je soutiens que cela conclut mal ;

Ces raisons sont raisons d'extravagantes têtes.
Il n'est ni vin ni tems qui puisse être fatal
A remplir les devoirs de l'amour conjugal ;
  Et les médecins sont des bêtes.

SOSIE.

Contr'eux, je t'en supplie, apaise ton courroux ;
Ce sont d'honnêtes gens, quoi que le monde en dise.

CLEANTHIS.

Tu n'es pas où tu crois. En vain tu files doux :
Ton excuse n'est point une excuse de mise ;
Et je me veux venger, tôt ou tard, entre nous,
De l'air dont, chaque jour, je vois qu'on me méprise.
Des discours de tantôt je garde tous les coups *,
Et tâcherai d'user, lâche et perfide époux,
De cette liberté que ton cœur m'a permise.

SOSIE.

Quoi ?

CLÉANTHIS.

  Tu m'as dit tantôt que tu consentois fort,
  Lâche, que j'en aimasse un autre.

SOSIE.

Ah ! pour cet article, j'ai tort.
Je m'en dédis, il y va trop du nôtre.
Garde-toi bien de suivre ce transport.

CLEANTHIS.

  Si je puis une fois pourtant
  Sur mon esprit gagner la chose....

SOSIE.

Fais à ce discours quelque pause.
Amphitryon revient, qui me paroît content.

---

* *Je garde tous les coups*, pour *je garde toute l'impression*, a paru impropre.

SCÈNE IV*.
JUPITER, CLÉANTHIS, SOSIE.

JUPITER à part.

Je viens prendre le tems de rapaiser** Alcmène,
De bannir les chagrins que son cœur veut garder,
Et donner à mes feux, dans ce soin qui m'amène,
Le doux plaisir de se raccommoder.

(à Cléanthis.)

Alcmène est là-haut, n'est-ce pas ?

CLÉANTHIS.

Oui, pleine d'une inquiétude
Qui cherche de la solitude,
Et qui*** m'a défendu d'accompagner ses pas.

JUPITER.

Quelque défense qu'elle ait faite,
Elle ne sera pas pour moi****.

---

* Cette scène du retour de Jupiter, est chez Plaute la première du troisième acte. Ce dieu, dans un monologue trop long, prévient le spectateur de ce qui va se passer, et de la manière dont il dénouera l'intrigue. Chez Molière, il court chez Alcmène y raccommoder ce que l'arrivée du véritable Amphitryon a causé de désordre.

** *Rapaiser* n'est plus français, et peut-être ne l'a jamais été pour dire *apaiser*.

*** *Et qui m'a défendu* : ce second *qui* se rapporte à Alcmène pour le sens, et pour la construction, à *inquiétude*.

**** *Elle ne sera pas pour moi* : *elle*, est équivoque grammaticalement.

SCÈNE V*.

CLÉANTHIS, SOSIE.

CLÉANTHIS.

Son chagrin, à ce que je voi,
A fait une prompte retraite.

SOSIE.

Que dis-tu, Cléanthis, de ce joyeux maintien,
Après son fracas effroyable ?

CLÉANTHIS.

Que, si toutes nous faisions bien,
Nous donnerions tous les hommes au diable,
Et que le meilleur n'en vaut rien **.

SOSIE.

Cela se dit dans le courroux.
Mais, aux hommes, par trop vous êtes accrochées ;
Et vous seriez, ma foi, toutes bien empêchées,
Si le diable les prenoit tous.

CLÉANTHIS.

Vraiment....

SOSIE.

Les voici. Taisons-nous.

SCÈNE VI.

JUPITER, ALCMÈNE, CLÉANTHIS, SOSIE.

JUPITER.

Voulez-vous me désespérer *** ?
Hélas ! arrêtez, belle Alcmène.

---

* Cette courte scène de Cléanthis et de Sosie n'est qu'une adresse théâtrale, pour donner à Jupiter le tems de reparoître avec Alcmène, qui le fuit. Chez Plaute, Alcmène sort de chez elle sans raison, et donne lieu au raccommodement.

** *N'en vaut rien.... Cela se dit dans le courroux.* Ces deux rimes masculines sont une faute.

*** Toute cette scène a paru traînante et mal écrite.

ACTE II. SCENE VI.

ALCMÈNE*.

Non, avec l'auteur de ma peine,
Je ne puis du tout demeurer.

JUPITER.

De grace....

ALCMÈNE.

Laissez-moi.

JUPITER.

Quoi....

ALCMÈNE.

Laissez-moi, vous dis-je.

JUPITER *bas à part.*

Ses pleurs touchent mon ame, et sa douleur m'afflige.
(*haut.*)
Souffrez que mon cœur....

ALCMÈNE.

Non, ne suivez point mes pas.

JUPITER.

Où voulez-vous aller ?

ALCMÈNE.

Où vous ne serez pas.

JUPITER.

Ce vous est une attente vaine.
Je tiens à vos beautés, par un nœud trop serré,
Pour pouvoir un moment en être séparé.
Je vous suivrai partout, Alcmène.

ALCMÈNE.

Et moi, partout je vous fuirai.

JUPITER.

Je suis donc bien épouvantable ?

ALCMÈNE.

Plus qu'on ne peut dire, à mes yeux.
Oui, je vous vois comme un monstre effroyable,
Un monstre cruel, furieux,

---

* La réconciliation de Jupiter et d'Alcmène, chez Molière, ne ressemble presque en rien à celle de Plaute : Molière avoit donné au faux Amphitryon un ton de galanterie qu'il fallut soutenir, et qui l'éloigna de son original, peu propre à être imité en cet endroit.

Et dont l'approche est redoutable ;
Comme un monstre à fuir en tous lieux.
Mon cœur souffre, à vous voir, une peine incroyable.
C'est un supplice qui m'accable ;
Et je ne vois rien sous les cieux,
D'affreux, d'horrible, d'odieux,
Qui ne me fût plus que vous supportable.
JUPITER.
En voilà bien, hélas ! que votre bouche dit.
ALCMÈNE.
J'en ai dans le cœur davantage ;
Et pour l'exprimer tout, ce cœur a du dépit
De ne point trouver de langage.
JUPITER.
Hé ! que vous a donc fait ma flamme,
Pour me pouvoir, Alcmène, en monstre regarder ?
ALCMÈNE.
Ah ! juste ciel ! cela se peut-il demander ?
Et n'est-ce pas pour mettre à bout une ame ?
JUPITER.
Ah ! d'un esprit plus adouci...
ALCMÈNE.
Non, je ne veux, du tout, vous voir, ni vous entendre.
JUPITER.
Avez-vous bien le cœur de me traiter ainsi ?
Est-ce là cet amour si tendre,
Qui devoit tant durer, quand je vins hier ici ?
ALCMÈNE.
Non, non, ce ne l'est pas ; et vos lâches injures
En ont autrement ordonné.
Il n'est plus, cet amour, tendre et passionné,
Vous l'avez, dans mon cœur, par cent vives blessures,
Cruellement assassiné.
C'est, en sa place, un courroux inflexible,
Un vif ressentiment, un dépit invincible,
Un désespoir d'un cœur justement animé,
Qui prétend vous haïr, pour cet affront sensible,
Autant qu'il est d'accord de vous avoir aimé ;
Et c'est haïr autant qu'il est possible.

ACTE II. SCÈNE VI.
JUPITER.
Hélas ! que votre amour n'avoit guère de force,
Si de si peu de chose on le peut voir mourir.
Ce qui n'étoit que jeu doit-il faire un divorce,
Et d'une raillerie a-t-on lieu de s'aigrir ?
ALCMÈNE.
Ah ! c'est cela dont je suis offensée,
Et que ne peut pardonner mon courroux.
Des véritables traits d'un mouvement jaloux
Je me trouverois moins blessée.
La jalousie a des impressions
Dont bien souvent la force nous entraîne ;
Et l'ame la plus sage, en ces occasions,
Sans doute avec assez de peine
Répond de ses émotions.
L'emportement d'un cœur qui peut s'être abusé,
A de quoi ramener une ame qu'il offense ;
Et, dans l'amour qui lui donne naissance,
Il trouve au moins, malgré toute sa violence,
Des raisons pour être accusé.
De semblables transports contre un ressentiment,
Pour défense, toujours ont ce qui les fait naître,
Et l'on donne grace aisément
A ce dont on n'est pas le maître.
Mais que, de gayeté de cœur,
On passe aux mouvemens d'une fureur extrême ;
Que, sans cause, l'on vienne, avec tant de rigueur,
Blesser la tendresse et l'honneur
D'un cœur qui chèrement nous aime ;
Ah ! c'est un coup trop cruel en lui-même,
Et que jamais n'oubliera ma douleur.
JUPITER.
Oui, vous avez raison, Alcmène, il se faut rendre.
Cette action, sans doute, est un crime odieux,
Je ne prétends plus la défendre.
Mais souffrez que mon cœur s'en défende à vos yeux ;
Et donne au vôtre à qui se prendre
De ce transport injurieux.
A vous en faire un aveu véritable,

L'époux, Alcmène, a commis tout le mal,
C'est l'époux qu'il vous faut regarder en coupable ;
L'amant n'a point de part à ce transport brutal,
Et, de vous offenser, son cœur n'est point capable.
Il a pour vous, ce cœur, pour y jamais penser,
  Trop de respect et de tendresse ;
Et, si de faire rien à vous pouvoir blesser
  Il avoit eu la coupable foiblesse,
De cent coups, à vos yeux, il voudroit le percer.
Mais l'époux est sorti de ce respect soumis
  Où pour vous l'on doit toujours être ;
A son dur procédé l'époux s'est fait connaître ;
Et, par le droit d'hymen, il s'est cru tout permis.
Oui, c'est lui qui, sans doute, est criminel vers vous,
Lui seul a maltraité votre aimable personne ;
  Haïssez, détestez l'époux,
  J'y consens, et vous l'abandonne ;
Mais, Alcmène, sauvez l'amant de ce courroux
  Qu'une telle offense vous donne ;
  N'en jetez pas sur lui l'effet,
  Démêlez-le un peu du coupable ;
  Et, pour être enfin équitable,
Ne le punissez point de ce qu'il n'a pas fait.

ALCMÈNE.

  Ah ! toutes ces subtilités
  N'ont que des excuses frivoles,
  Et, pour les esprits irrités,
Ce sont des contre-tems, que de telles paroles !
Ce détour ridicule est en vain pris par vous.
Je ne distingue rien en celui qui m'offense,
  Tout y devient l'objet de mon courroux ;
  Et, dans sa juste violence,
  Sont confondus et l'amant et l'époux.
Tous deux, de même sorte, occupent ma pensée ;
Et, des mêmes couleurs, par mon ame blessée,
  Tous deux ils sont peints à mes yeux ;
Tous deux sont criminels, tous deux m'ont offensée,
  Et tous deux me sont odieux.

JUPITER.

Hé bien, puisque vous le voulez,

ACTE II. SCÈNE VI.

Il faut donc me charger du crime.
Oui, vous avez raison, lorsque vous m'immolez
A vos ressentimens, en coupable victime.
Un trop juste dépit contre moi vous anime;
Et tout ce grand courroux qu'ici vous étalez,
Ne me fait endurer qu'un tourment légitime.
　　　C'est avec droit que mon abord vous chasse,
　　　　Et que, de me fuir en tous lieux,
　　　　　Votre colère me menace.
　　Je dois vous être un objet odieux;
Vous devez me vouloir un mal prodigieux.
Il n'est aucune horreur que mon forfait ne passe,
　　　　D'avoir offensé vos beaux yeux.
C'est un crime a blesser les hommes et les dieux;
Et je mérite enfin pour punir cette audace,
　　　Que, contre moi, votre haine ramasse
　　　　Tous ses traits les plus furieux.
　　　　Mais mon cœur vous demande grace;
Pour vous la demander, je me jette à genoux,
Et la demande au nom de la plus vive flamme,
　　　　Du plus tendre amour dont une ame
　　　　Puisse jamais brûler pour vous.
　　　　Si votre cœur, charmante Alcmène,
Me refuse la grace où j'ose recourir,
　　　　Il faut qu'une atteinte soudaine
　　　　M'arrache, en me faisant mourir,
　　　　Aux dures rigueurs d'une peine
　　　　Que je ne saurois plus souffrir.
　　　　Oui, cet état me désespère.
　　　　Alcmène, ne présumez pas
Qu'aimant, comme je fais, vos célestes appas,
Je puisse vivre un jour avec votre colère.
Déja de ces momens la barbare longueur
　　　　Fait, sous des atteintes mortelles,
　　　　Succomber tout mon triste cœur;
Et de mille vautours les blessures cruelles
N'ont rien de comparable à ma vive douleur.
Alcmène, vous n'avez qu'à me le déclarer,
S'il n'est point de pardon que je doive espérer,

Cette épée aussitôt, par un coup favorable,
Va percer à vos yeux le cœur d'un misérable,
Ce cœur, ce traître cœur trop digne d'expirer,
Puisqu'il a pu fâcher un objet adorable.
Heureux, en descendant au ténébreux séjour,
Si de votre courroux mon trépas vous ramène,
Et ne laisse en votre ame, après ce triste jour,
  Aucune impression de haine
  Au souvenir de mon amour.
C'est tout ce que j'attends pour faveur souveraine.
ALCMÈNE.
Ah! trop cruel époux.
JUPITER.
  Dites, parlez, Alcmène.
ALCMÈNE.
Faut-il encor pour vous conserver des bontés,
Et vous voir m'outrager par tant d'indignités!
JUPITER.
Quelque ressentiment qu'un outrage nous cause,
Tient-il contre un remords d'un cœur bien enflammé?
ALCMÈNE.
Un cœur bien plein de flamme à mille morts s'expose,
Plutôt que de vouloir fâcher l'objet aimé.
JUPITER.
Plus on aime quelqu'un, moins on trouve de peine...
ALCMÈNE.
Non, ne m'en parlez point, vous méritez ma haine.
JUPITER.
Vous me haïssez donc?
ALCMÈNE
  J'y fais tout mon effort;
Et j'ai dépit de voir que toute votre offense
Ne puisse de mon cœur jusqu'à cette vengeance
  Faire encore aller le transport.
JUPITER.
  Mais pourquoi cette violence,
Puisque, pour vous venger, je vous offre ma mort?
Prononcez-en l'arrêt, et j'obéis sur l'heure.

ACTE II. SCÈNE VII.

ALCMÈNE.

Qui ne sauroit haïr, peut-il vouloir qu'on meure ?

JUPITER.

Et moi, je ne puis vivre, à moins que vous quittiez
    Cette colère qui m'accable ;
Et que vous m'accordiez le pardon favorable,
    Que je vous demande à vos pieds.
    (*Sosie et Cléanthis se mettent aussi à genoux.*)
    Résolvez ici l'un des deux,
    Ou de punir, ou bien d'absoudre.

ALCMÈNE.

    Hélas ! ce que je puis résoudre
    Paroît bien plus que je ne veux.
Pour vouloir soutenir le courroux qu'on me donne,
    Mon cœur a trop su me trahir ;
    Dire qu'on ne sauroit haïr,
    N'est-ce pas dire qu'on pardonne ?

JUPITER.

Ah ! belle Alcmène, il faut que comblé d'alégresse...

ALCMÈNE.

Laissez. Je me veux mal de mon trop de foiblesse.

JUPITER.

    Va, Sosie, et dépêche-toi ;
Vois, dans les doux transports dont mon ame est charmée ;
Ce que tu trouveras d'officiers de l'armée,
    Et les invite à dîner avec moi.
        (*bas à part.*)
    Tandis que d'ici je le chasse,
    Mercure y remplira sa place.

SCÈNE VII.

CLÉANTHIS, SOSIE.

SOSIE.

Hé bien ! tu vois, Cléanthis, ce ménage,
    Veux-tu qu'à leur exemple, ici,
Nous fassions entre nous un peu de paix aussi,
    Quelque petit rapatriage ?

CLÉANTHIS *.

C'est pour ton nez, vraiment. Cela se fait ainsi.

SOSIE.

Quoi! tu ne veux pas?

CLÉANTHIS.

Non.

SOSIE.

Il ne m'importe guère,
Tant pis pour toi.

CLÉANTHIS.

Là, là, revien.

SOSIE.

Non, morbleu ; je n'en ferai rien,
Et je veux être, à mon tour, en colère.

CLÉANTHIS.

Va, va, traître, laisse-moi faire ;
On se lasse, par fois, d'être femme de bien.

* Autre scène de Cléanthis et de Sosie, toujours de l'invention de Molière ; car il n'y a point de Cléanthis chez Plaute. Alcmène n'a pour suivante que *Bromia*, qui ne paroit qu'au cinquième acte, pour annoncer l'accouchement de sa maîtresse. Le personnage de Cléanthis, dont notre auteur a tiré un si grand parti, n'est pourtant pas si étranger à Plaute qu'on le croit, et c'est chez lui que Molière en a puisé l'idée. Il ne faut qu'un vers, un mot à un homme de génie ; et ce mot se trouve chez Plaute, dans la scène 2, de l'acte 2, lorsque Sosie demande à son maître s'il ne croit pas que lui Sosie soit attendu de sa maîtresse avec bien de l'impatience :

Quid me non rere expectatum amicæ venturum meæ?

ACTE III.

SCÈNE I.

AMPHITRYON *.

Oui, sans doute, le sort tout exprès me le cache,
Et, des tours que je fais, à la fin, je suis las.
Il n'est point de destin plus cruel, que je sache.
Je ne saurois trouver, portant partout mes pas,
    Celui qu'à chercher je m'attache,
Et je trouve tous ceux que je ne cherche pas.
Mille fâcheux cruels, qui ne pensent pas l'être,
De nos faits avec moi, sans beaucoup me connoître,
Viennent se réjouir pour me faire enrager.
Dans l'embarras cruel du souci qui me blesse,
De leurs embrassemens et de leur alégresse,
Sur mon inquiétude ils viennent tous charger **.

---

* Cette scène est la première du quatrième acte de Plaute. Le monologue d'Amphitryon est beaucoup plus long chez Molière que chez le Poëte latin, et c'est un défaut sans doute, puisqu'il y a quelques idées répétées, et plus d'un vers oiseux. Dans le peu de vers que débite l'Amphitryon latin, il y a des traits d'un comique déplacé, tel que celui d'avoir cherché *Blépharon* dans toutes les salles d'armes et chez tous les parfumeurs, etc.

Num omnis plateas perreptavi, Gymnasia, myropolia, etc.

** *De leurs embrassemens et de leur alégresse,*
  Sur mon inquiétude, ils viennent tous charger.
Ce tour a paru barbare.

En vain à passer je m'apprête,
Pour fuir leurs persécutions,
Leur tuante amitié de tous côtés m'arrête;
Et tandis qu'à l'ardeur de leurs expressions
Je réponds d'un geste de tête,
Je leur donne, tout bas, cent malédictions.
Ah! qu'on est peu flatté de louange et d'honneur *,
Et de tout ce que donne une grande victoire,
Lorsque, dans l'ame, on souffre une vive douleur,
Et que l'on donneroit volontiers cette gloire
Pour avoir le repos du cœur!
Ma jalousie, à tous propos,
Me promène sur ma disgrace;
Et plus mon esprit y repasse,
Moins j'en puis débrouiller le funeste chaos.
Le vol des diamans n'est pas ce qui m'étonne,
On lève les cachets qu'on ne l'aperçoit pas;
Mais le don qu'on veut qu'hier j'en vins faire en personne,
Est ce qui fait ici mon cruel embarras.
La nature par fois produit des ressemblances,
Dont quelques imposteurs ont pris droit d'abuser;
Mais il est hors de sens que, sous ces apparences,
Un homme pour époux se puisse supposer;
Et, dans tous ces rapports, sont mille différences,
Dont se peut une femme aisément aviser.
Des charmes de la Thessalie
On vante de tout tems les merveilleux effets;
Mais les contes fameux qui partout en sont faits,
Dans mon esprit toujours ont passé pour folie,
Et ce seroit du sort une étrange rigueur,
Qu'au sortir d'une ample victoire,
Je fusse contraint de les croire
Aux dépens de mon propre honneur.
Je veux la retâter sur ce fâcheux mystère,
Et voir si ce n'est point une vaine chimère,
Qui, sur ses sens troublés, ait su prendre crédit.

* *Flatté de louanges et d'honneurs*: cela n'est pas français.
Cette scene n'a paru guère mieux écrite que la précédente.

Ah ! fasse le ciel équitable,
Que ce penser soit véritable ;
Et que, pour mon bonheur, elle ait perdu l'esprit.

SCÈNE II.

MERCURE, AMPHITRYON.

MERCURE *sur le balcon de la maison d'Amphitryon, sans être vu ni entendu par Amphitryon.*

Comme l'amour ici ne m'offre aucun plaisir,
Je m'en veux faire au moins qui soit d'autre nature ;
Et je vais égayer mon sérieux loisir
A mettre Amphitryon hors de toute mesure.
Cela n'est pas d'un Dieu bien plein de charité ;
Mais aussi ce n'est pas ce dont je m'inquiète ;
Et je me sens, par ma planète,
A la malice un peu porté.

AMPHITRYON.

D'où vient donc qu'à cette heure on ferme cette porte ?

MERCURE.

Holà ! tout doucement. Qui frappe ?

AMPHITRYON *sans voir Mercure.*

Moi.

MERCURE.

Qui, moi ?

AMPHITRYON *apercevant Mercure, qu'il prend pour Sosie.*

Ah ! ouvre.

MERCURE.

Comment ! ouvre ? Et qui donc es-tu, toi,
Qui fais tant de vacarme et parle de la sorte ?

AMPHITRYON.

Quoi ! tu ne me connois pas ?

MERCURE.

Non,
Et n'en ai pas la moindre envie.

AMPHITRYON *à part.*

Tout le monde perd-il aujourd'hui la raison ?
Est-ce un mal répandu ? Sosie ; holà ! Sosie.

AMPHITRYON.

MERCURE.

Hé bien! Sosie, oui, c'est mon nom;
As-tu peur que je ne l'oublie?

AMPHITRYON.

Me vois-tu bien?

MERCURE.

Fort bien. Qui peut pousser ton bras
A faire une rumeur si grande?
Et que demandes-tu là-bas?

AMPHITRYON.

Moi, pendard! ce que je demande!

MERCURE.

Que ne demandes-tu donc pas?
Parle si tu veux qu'on t'entende.

AMPHITRYON.

Attends, traître! Avec un bâton
Je vais là-haut me faire entendre,
Et, de bonne façon, t'apprendre
A m'oser parler sur ce ton.

MERCURE.

Tout beau. Si pour heurter tu fais la moindre instance,
Je t'enverrai d'ici des messagers fâcheux.

AMPHITRYON.

O ciel! vit-on jamais une telle insolence?
La peut-on concevoir d'un serviteur, d'un gueux?

MERCURE.

Hé bien! qu'est-ce? M'as-tu tout parcouru par ordre?
M'as-tu de tes gros yeux assez considéré?
Comme il les écarquille et paroît effaré!
Si des regards on pouvoit mordre,
Il m'auroit déjà déchiré.

AMPHITRYON.

Moi-même je frémis de ce que tu t'apprêtes,
Avec ces impudens propos.
Que tu grossis pour toi d'effroyables tempêtes!
Quels orages de coups vont fondre sur ton dos!

MERCURE.

L'ami, si de ces lieux tu ne veux disparoître,
Tu pourras y gagner quelque contusion.

ACTE III. SCÈNE II.

AMPHITRYON.

Ah! tu sauras, maraud, à ta confusion,
Ce que c'est qu'un valet qui s'attaque à son maître.

MERCURE.

Toi! mon maître?

AMPHITRYON.

Oui, coquin. M'oses-tu méconnoître?

MERCURE.

Je n'en reconnois point d'autre qu'Amphitryon.

AMPHITRYON.

Et cet Amphitryon, qui, hors moi, le peut être?

MERCURE.

Amphitryon?

AMPHITRYON.

Sans doute.

MERCURE.

Ah! quelle vision!
Dis-nous un peu: quel est le cabaret honnête,
Où tu t'es coiffé le cerveau?

AMPHITRYON.

Comment, encore?

MERCURE.

Etoit-ce un vin à faire fête?

AMPHITRYON.

Ciel!

MERCURE.

Etoit-il vieux ou nouveau?

AMPHITRYON.

Que de coups!

MERCURE.

Le nouveau donne fort dans la tête,
Quand on le veut boire sans eau.

AMPHITRYON.

Ah! je t'arracherai cette langue, sans doute.

MERCURE.

Passe, mon pauvre ami, crois moi,
Que quelqu'un ici ne t'écoute.
Je respecte le vin. Va-t-en, retire-toi,
Et laisse Amphitryon dans les plaisirs qu'il goûte.

AMPHITRYON.

Comment! Amphitryon est là-dedans?

MERCURE.

Fort bien,
Qui, couvert de lauriers d'une victoire pleine,
Est auprès de la belle Alcmène
A jouir des douceurs d'un aimable entretien.
Après le démêlé d'un amoureux caprice,
Ils goûtent le plaisir de s'être rajustés *.
Garde-toi de troubler leurs douces privautés,
Si tu ne veux qu'il ne punisse
L'excès de tes témérités **.

SCÈNE III.

AMPHITRYON seul.

Ah! quel étrange coup m'a-t-il porté dans l'ame?

* *De s'être rajustés*, pour *de s'être raccommodés*, ne se diroit plus.

* La scène d'Amphitryon reçu à sa porte par Mercure, ainsi que les deux suivantes, doivent beaucoup au Poëte latin, quoique plus piquantes et moins longues que celles de Plaute.
Dans la scène 2, (pages 213, 214 et 215), Molière ne s'est point fait scrupule de perfectionner un petit détail de Rotrou, que voici:

AMPHITRYON.

. . . . . . *Traître! ce que je veux?*

MERCURE.

Que ne veux-tu donc point? Réponds-moi, si tu veux.
Il pense s'adresser à quelque hôtellerie,
De la façon qu'il frappe, et qu'il parle, et qu'il crie.
Hé bien! m'as-tu, stupide, assez considéré?
Si l'on mangeoit des yeux, il m'auroit dévoré.

L'Amphitryon où l'on dîne est encore une idée de Rotrou, qui s'exprime ainsi:

Point, point d'Amphitryon, où l'on ne dîne point.

Mais ce bas propos n'est pas dans la bouche d'un valet, et il n'a pas fait proverbe comme le vers de Molière.

ACTE III. SCÈNE IV.

En quel trouble cruel jette-t-il mon esprit ?
Et, si les choses sont comme le traître dit,
Où vois-je ici réduits mon honneur et ma flamme ?
A quel parti me doit résoudre ma raison ?
 Ai-je l'éclat, ou le secret à prendre * ?
Et dois-je, en mon courroux, renfermer ou répandre
 Le déshonneur de ma maison ?
Ah ! faut-il consulter dans un affront si rude ?
Je n'ai rien à prétendre, et rien à ménager ;
 Et toute mon inquiétude
 Ne doit aller qu'à me venger.

SCÈNE IV.

AMPHITRYON, SOSIE, NAUCRATÈS et **POLIDAS** *dans le fond du théâtre.*

SOSIE à *Amphitryon.*

Monsieur, avec mes soins, tout ce que j'ai pu faire,
C'est de vous amener ces messieurs que voici.

AMPHITRYON.

Ah ! vous voilà ?

SOSIE.

 Monsieur.

AMPHITRYON.

 Insolent, téméraire.

SOSIE.

Quoi ?

AMPHITRYON.

Je vous apprendrai de me traiter ainsi.

SOSIE.

Qu'est-ce donc ? qu'avez-vous ?

AMPHITRYON *mettant l'épée à la main.*

 Ce que j'ai, misérable ?

SOSIE à *Naucratès et à Polidas.*

Holà ! messieurs, venez donc tôt.

** *Ai-je l'éclat ou le secret à prendre*, n'est pas français, pour dire, *ai-je à prendre le parti de l'éclat ou du secret.*

NAUCRATÈS *à Amphitryon.*

Ah ! de grace, arrêtez.

SOSIE.

De quoi suis-je coupable ?

AMPHITRYON.

Tu me le demandes, maraud ?
(*à Naucratès.*)
Laissez-moi satisfaire un courroux légitime.

SOSIE.

Lorsque l'on pend quelqu'un, on lui dit pourquoi c'est.

NAUCRATÈS *à Amphitryon.*

Daignez nous dire au moins quel peut être son crime.

SOSIE.

Messieurs, tenez bon, s'il vous plaît.

AMPHITRYON.

Comment ! il vient d'avoir l'audace
De me fermer la porte au nez,
Et de joindre encor la menace
A mille propos effrenés.
(*voulant le frapper.*
Ah ! coquin.

SOSIE *tombant à genoux.*

Je suis mort.

NAUCRATÈS *à Amphitryon.*

Calmez cette colère.

SOSIE.

Messieurs.

POLIDAS *à Sosie.*

Qu'est-ce ?

SOSIE.

M'a-t-il frappé ?

AMPHITRYON.

Non, il faut qu'il ait le salaire
Des mots où tout-à-l'heure il s'est émancipé.

SOSIE.

Comment cela se peut-il faire,
Si j'étois, par votre ordre, autre part occupé ?
Ces messieurs sont ici pour rendre témoignage
Qu'a dîner avec vous je les viens d'inviter.

ACTE III. SCENE IV.

NAUCRATÈS.
Il est vrai qu'il nous vient de faire ce message,
Et n'a point voulu nous quitter.

AMPHITRYON.
Qui t'a donné cet ordre ?

SOSIE.
Vous.

AMPHITRYON.
Et quand ?

SOSIE.
Après votre paix faite,
Au milieu des transports d'une ame satisfaite
D'avoir d'Alcmène apaisé le courroux.

(*Sosie se relève.*)

AMPHITRYON.
O ciel ! chaque instant, chaque pas,
Ajoute quelque chose à mon cruel martyre !
Et, dans ce fatal embarras,
Je ne sais plus que croire ni que dire.

NAUCRATÈS.
Tout ce que de chez vous, il vient de nous conter;
Surpasse si fort la Nature,
Qu'avant que de rien faire, et de vous emporter,
Vous devez éclaircir toute cette aventure.

AMPHITRYON.
Allons. Vous y pourrez seconder mon effort;
Et le ciel à propos ici vous a fait rendre.
Voyons quelle fortune en ce jour peut m'attendre;
Débrouillons ce mystère, et sachons notre sort.
Hélas ! je brûle de l'apprendre,
Et je le crains plus que la mort.

(*Amphitryon frappe à la porte de sa maison.*)

SCÈNE V *.

JUPITER, AMPHITRYON, NAUCRA-TÈS, POLIDAS, SOSIE.

JUPITER.

Quel bruit à descendre m'oblige ?
Et qui frappe en maître où je suis ?

AMPHITRYON.

Que vois-je, justes dieux !

* La scène où Jupiter paroît et confond les amis dont Amphitryon est entouré, est la quatrième scène du quatrième acte de Plaute. Molière n'a pas poussé les choses assez loin entre le Dieu et le général Thébain, pour que ce dernier dise à l'autre qu'il en a menti, *mentiris* : et que celui-ci le menaçant de l'étrangler, le prit à la gorge. La décence de la scène est bien mieux observée chez l'auteur français. *Neucratès*, chez ce dernier, balance comme *Blépharon* à prononcer entre les deux Amphitryons, mais il n'a pas besoin d'arracher le véritable des mains de Jupiter : *linque collum, precor.*

Plaute, dans l'interrogatoire qu'il fait subir aux deux Amphitryons, revient avec assez peu d'art à la plaisanterie de la scène seconde du premier acte sur la bouteille.

. . . *Nisi latuit intus illic in illâ irneâ.*

Blépharon demande à Jupiter et à Amphitryon ce qu'il y avoit d'argent dans la cassette ; Sosie les voyant répondre aussi juste l'un que l'autre, dit qu'il falloit qu'ils fussent enfermés dans la bourse.

. . . *Intus in crumenâ clausum alterum esse oportuit.*

D'après ces observations, il est aisé de voir que si Molière n'eût été qu'un simple imitateur [1], il eût fait une comédie peu soutenable pour des Français. C'est pourtant sur la différence heureuse de cette scène de Molière avec celle de Plaute, que madame Dacier s'écrie douloureusement que notre auteur a négligé *le plus bel incident.*

L'accouchement d'Alcmène et les prodiges qui accompagnèrent la naissance d'Hercule, sont racontés longuement par

[1] M. Riccoboni, dans ses Observations sur la comédie, parle ainsi de cet ouvrage de Molière, page 6, *L'Amphitryon qu'il a imité, ou plutôt qu'il a presque traduit*, etc. Quel ouvrage utile n'a pas ses erreurs ?

ACTE III. SCÈNE V.

NAUCRATÈS.

Ciel ! quel est ce prodige;
Quoi ! deux Amphitryons ici nous sont produits !

AMPHITRYON *à part.*

Mon ame demeure transie.
Hélas ! je n'en puis plus : l'aventure est à bout;
Ma destinée est éclaircie,
Et ce que je vois me dit tout.

NAUCRATÈS.

Plus mes regards sur eux s'attachent fortement,
Plus je trouve qu'en tout l'un à l'autre est semblable.

SOSIE *passant du côté de Jupiter.*

Messieurs, voici le véritable ;
L'autre est un imposteur digne de châtiment.

POLIDAS.

Certes, ce rapport admirable
Suspend ici mon jugement.

Bromia, au malheureux Amphitryon. Ce récit termine la comédie de Plaute. Amphitryon apprend de Jupiter le secret de cette intrigue, se soumet aux ordres du Dieu, et devient tout-à-coup assez calme et assez bon homme pour demander lui-même des applaudissemens aux spectateurs :

Nunc, spectatores, Jovis summi causâ clarè plaudite.

Molière avoit besoin de tout son talent et de tout son génie, pour s'écarter, comme il l'a fait, de la route de son original, au dénouement de cette comédie. Le dernier morceau de Sosie, qui le termine chez l'auteur français, est un chef-d'œuvre de bonne plaisanterie.

Remarquons encore que Rotrou avoit dit avant Molière :

On appelle cela lui sucrer le breuvage.

Le vers de ce dernier,

Le seigneur Jupiter sait dorer la pilule.

est resté seul dans notre mémoire.

On prétend que madame Dacier avoit entrepris de faire un parallele des deux Amphitryons, et qu'elle se flattoit de prouver que tout l'avantage étoit du côté de l'auteur latin ; mais qu'ayant appris que Molière travailloit aux Femmes Savantes, elle avoit abandonné sa dissertation. Il seroit pourtant curieux de voir comment l'érudition et la pédanterie auroient osé lutter contre le bon sens, le goût, les graces et la raison.

AMPHITRYON.

AMPHITRYON.
C'est trop être éludé * par un fourbe exécrable :
Il faut avec ce fer, rompre l'enchantement.

NAUCRATÈS *à Amphitryon qui a mis l'épée à la main.*
Arrêtez.

AMPHITRYON.
Laissez-moi.

NAUCRATÈS.
Dieux ! que voulez-vous faire ?

AMPHITRYON.
Punir d'un imposteur les lâches trahisons.

JUPITER.
Tout beau ! l'emportement est fort peu nécessaire ;
Et lorsque, de la sorte, on se met en colère,
On fait croire qu'on a de mauvaises raisons.
Oui, c'est un enchanteur qui porte un caractère,
Pour ressembler aux maîtres des maisons.

AMPHITRYON *à Sosie.*
Je te ferai pour ton partage,
Sentir, par mille coups, ces propos outrageans.

SOSIE.
Mon maître est homme de courage,
Et ne souffrira point que l'on batte ses gens.

AMPHITRYON.
Laissez-moi m'assouvir dans mon courroux extrême,
Et laver mon affront au sang d'un scélérat.

NAUCRATÈS *arrêtant Amphitryon.*
Nous ne souffrirons point cet étrange combat
D'Amphitryon contre lui-même.

AMPHITRYON.
Quoi ! mon honneur de vous reçoit ce traitement !
Et mes amis d'un fourbe embrassent la défense !
Loin d'être les premiers à prendre ma vengeance,
Eux-mêmes font obstacle à mon ressentiment !

NAUCRATÈS.
Que voulez-vous qu'à cette vue
Fassent nos résolutions,

---

* *Etre éludé*, pour *être joué*, ne se dit point.

ACTE III. SCÈNE V.

Lorsque par deux Amphitryons
Toute notre chaleur demeure suspendue ?
A vous faire éclater notre zèle aujourd'hui,
Nous craignons de faillir, et de vous méconnoître.
Nous voyons bien en vous, Amphitryon, paroître
Du salut des Thébains le glorieux appui ;
Mais nous le voyons tous aussi paroître en lui,
Et ne saurions juger dans lequel il peut être.
Notre parti n'est point douteux,
Et l'imposteur par nous doit mordre la poussière ;
Mais ce parfait rapport le cache entre vous deux ;
Et c'est un coup trop hasardeux,
Pour l'entreprendre sans lumière.
Avec douceur laissez-nous voir
De quel côté peut être l'imposture :
Et dès que nous aurons démêlé l'aventure,
Il ne nous faudra point dire notre devoir.

JUPITER.

Oui : vous avez raison ; et cette ressemblance,
A douter de tous deux vous peut autoriser.
Je ne m'offense point de vous voir en balance ;
Je suis plus raisonnable, et sais vous excuser.
L'œil ne peut entre nous faire de différence ;
Et je vois qu'aisément on s'y peut abuser.
Vous ne me voyez point témoigner de colère,
Point mettre l'épée à la main :
C'est un mauvais moyen d'éclaircir ce mystère,
Et j'en puis trouver un plus doux et plus certain.
L'un de nous est Amphitryon ;
Et tous deux à vos yeux nous le pouvons paroître.
C'est à moi de finir cette confusion ;
Et je prétends me faire à tous si bien connoître,
Qu'aux pressantes clartés de ce que je puis être,
Lui-même soit d'accord du sang qui m'a fait naître,
Et n'ait plus de rien dire aucune occasion.
C'est aux yeux des Thébains que je veux avec vous
De la vérité pure ouvrir la connoissance ;
Et la chose, sans doute, est assez d'importance,
Pour affecter la circonstance

De l'éclaircir aux yeux de tous.
Alcmène attend de moi ce public témoignage :
Sa vertu, que l'éclat de ce désordre outrage,
Veut qu'on la justifie, et j'en vais prendre soin.
C'est à quoi mon amour envers elle m'engage ;
Et des plus nobles chefs je fais un assemblage,
Pour l'éclaircissement dont sa gloire a besoin.
Attendant avec vous ces témoins souhaités ;
  Ayez, je vous prie, agréable
  De venir honorer la table
  Où vous a Sosie invités.

SOSIE.

Je ne me trompois pas, messieurs ; ce mot termine
  Toute l'irrésolution ;
  Le véritable Amphitryon
  Est l'Amphitryon où l'on dîne *.

AMPHITRYON.

O ciel ! puis-je plus bas me voir humilié !
Quoi ! faut-il que j'entende ici pour mon martyre,
Tout ce que l'imposteur à mes yeux vient de dire ;
Et que, dans la fureur que ce discours m'inspire,
  On me tienne les bras liés ?

NAUCRATÈS à *Amphitryon*.

Vous vous plaignez à tort. Permettez-nous d'attendre
  L'éclaircissement qui doit rendre
  Les ressentimens de saison.
   Je ne sais pas s'il impose ** ;
   Mais il parle sur la chose
   Comme s'il avoit raison.

AMPHITRYON.

Allez, foibles amis, et flattez l'imposture.
Thèbes en a pour moi de tout autres que vous ;
Et je vais en trouver qui, partageant l'injure,
Sauront prêter la main à mon juste courroux.

---

* *L'Amphitryon où l'on dîne*, est devenu proverbe, ce qui sauve l'incorrection. Quelques-uns ont pourtant cru qu'on pouvoit dire *où* pour *chez qui*.

** *S'il impose* : il faut *s'il en impose*.

ACTE III. SCÈNE VI.

JUPITER.

Hé bien ! je les attends, et saurai décider
Le différend en leur présence.

AMPHITRYON.

Fourbe, tu crois par-là peut-être t'évader ;
Mais rien ne te sauroit sauver de ma vengeance.

JUPITER.

A ces injurieux propos,
Je ne daigne à présent répondre ;
Et tantôt je saurai confondre
Cette fureur avec deux mots.

AMPHITRYON.

Le ciel même, le ciel ne t'y sauroit soustraire,
Et jusques aux enfers, j'irai suivre tes pas.

JUPITER.

Il ne sera pas nécessaire ;
Et l'on verra tantôt que je ne fuirai pas.

AMPHITRYON *à part.*

Allons, courons, avant que d'avec eux il sorte ;
Assembler des amis qui suivent mon courroux ;
Et chez moi venons à main-forte,
Pour le percer de mille coups.

SCÈNE VI.

JUPITER, NAUCRATÈS, POLIDAS, SOSIE.

JUPITER.

Point de façon, je vous conjure,
Entrons vîte dans la maison.

NAUCRATÈS.

Certes, toute cette aventure
Confond le sens et la raison.

SOSIE.

Faites trève, messieurs, à toutes vos surprises ;
Et, pleins de joie, allez tabler jusqu'à demain.
(*seul.*)
Que je vais m'en donner et me mettre en beau train

De raconter nos vaillantises !
Je brûle d'en venir aux prises,
Et jamais je n'eus tant de faim.

SCÈNE VII.

MERCURE, SOSIE.

MERCURE.

Arrête. Quoi ! tu viens ici mettre ton nez,
Impudent flaireur de cuisine !

SOSIE.

Ah ! de grace, tout doux.

MERCURE.

Ah ! vous y retournez.
Je vous ajusterai l'échine.

SOSIE.

Hélas ! brave et généreux moi,
Modère-toi, je t'en supplie.
Sosie, épargne un peu Sosie,
Et ne te plais point tant à frapper dessus toi.

MERCURE.

Qui de t'appeler de ce nom
A pu te donner la licence ?
Ne t'en ai-je pas fait une expresse défense,
Sous peine d'essuyer mille coups de bâton ?

SOSIE.

C'est un nom que tous deux nous pouvons, à la fois,
Posséder sous un même maître.
Pour Sosie, en tous lieux, on sait me reconnoître :
Je souffre bien que tu le sois,
Souffre aussi que je le puisse être.
Laissons aux deux Amphitryons
Faire éclater des jalousies ;
Et, parmi leurs contentions,
Faisons, en bonne paix, vivre les deux Sosies.

MERCURE.

Non : c'est assez d'un seul ; et je suis obstiné
A ne point souffrir de partage.

ACTE III. SCÈNE VII.

SOSIE.

Du pas devant, sur moi tu prendras l'avantage ;
Je serai le cadet, et tu seras l'aîné.

MERCURE.

Non : un frère incommode, et n'est pas de mon goût ;
Et je veux être fils unique.

SOSIE.

O cœur barbare et tyrannique,
Souffre qu'au moins je sois ton ombre !

MERCURE.

Point du tout.

SOSIE.

Que d'un peu de pitié ton ame s'humanise ;
En cette qualité, souffre-moi près de toi.
Je te serai partout une ombre si soumise,
Que tu seras content de moi.

MERCURE.

Point de quartier ; immuable est la loi.
Si d'entrer là-dedans tu prends encor l'audace,
Mille coups en seront le fruit.

SOSIE.

Las ! A quelle étrange disgrace,
Pauvre Sosie, es-tu réduit ?

MERCURE.

Quoi ! ta bouche se licencie
A te donner encore un nom que je défends ?

SOSIE.

Non : ce n'est pas moi que j'entends,
Et je parle d'un vieux Sosie,
Qui fut jadis de mes parens,
Qu'avec très-grande barbarie,
A l'heure du diné, l'on chassa de céans.

MERCURE.

Prends garde de tomber dans cette frénésie,
Si tu veux demeurer au nombre des vivans.

SOSIE *à part*.

Que je te rosserois, si j'avois du courage,
Double fils de putain, de trop d'orgueil enflé !

MERCURE.

Que dis-tu ?

SOSIE.

Rien.

MERCURE.

Tu tiens, je crois, quelque langage ?

SOSIE.

Demandez : je n'ai pas soufflé.

MERCURE.

Certain mot de fils de putain
A pourtant frappé mon oreille ;
Il n'est rien de plus certain.

SOSIE.

C'est donc un perroquet que le beau tems réveille.

MERCURE.

Adieu. Lorsque le dos pourra te démanger,
Voilà l'endroit où je demeure.

SOSIE *seul*.

O ciel ! que l'heure de manger,
Pour être mis dehors, est une maudite heure !
Allons, cédons au sort dans notre affliction ;
Suivons-en aujourd'hui l'aveugle fantaisie ;
Et, par une juste union,
Joignons le malheureux Sosie
Au malheureux Amphitryon :
Je l'aperçois venir en bonne compagnie.

SCENE VIII.

AMPHITRYON, ARGATIPHONTIDAS, PAUSICLES, SOSIE *dans un coin du théâtre, sans être aperçu.*

AMPHITRYON *à plusieurs autres Officiers qui l'accompagnent.*

Arrêtez-la, messieurs. Suivez-nous d'un peu loin,
Et n'avancez tous, je vous prie,
Que quand il en sera besoin.

ACTE III. SCÈNE VIII.

PAUSICLÈS.

Je comprends que ce coup doit fort toucher votre ame.

AMPHITRYON.

Ah! de tous les côtés, mortelle est ma douleur.
Et je souffre pour ma flamme,
Autant que pour mon honneur.

PAUSICLÈS.

Si cette ressemblance est telle que l'on dit,
Alcmène, sans être coupable...

AMPHITRYON.

Ah! sur le fait dont il s'agit,
L'erreur simple devient un crime véritable,
Et, sans consentement, l'innocence y périt.
De semblables erreurs, quelque jour qu'on leur donne,
Touchent des endroits délicats;
Et la raison bien souvent les pardonne,
Que l'honneur et l'amour ne les pardonnent pas.

ARGATIPHONTIDAS.

Je n'embarrasse point là-dedans ma pensée;
Mais je hais vos messieurs de leurs honteux délais;
Et c'est un procédé dont j'ai l'ame blessée;
Et que les gens de cœur n'approuveront jamais.
Quand quelqu'un nous emploie, on doit, tête baissée,
Se jeter dans ses intérêts.
Argatiphontidas ne va point aux accords.
Ecouter, d'un ami, raisonner l'adversaire,
Pour des hommes d'honneur n'est point un coup à faire;
Il ne faut écouter que la vengeance, alors.
Le procès ne me sauroit plaire,
Et l'on doit commencer toujours, dans ses transports,
Par bailler, sans autre mystère,
De l'épée au travers du corps.
Oui, vous verrez, quoi qu'il avienne,
Qu'Argatiphontidas marche droit sur ce point;
Et, de vous, il faut que j'obtienne
Que le pendard ne meure point
D'une autre main que de la mienne.

AMPHITRYON.

Allons.

SOSIE *à Amphitryon.*
Je viens, monsieur, subir à deux genoux,
Le juste châtiment d'une audace maudite:
Frappez, battez, chargez, accablez-moi de coups,
   Tuez-moi dans votre courroux;
   Vous ferez bien : je le mérite ;
Et je n'en dirai pas un seul mot contre vous.

AMPHITRYON.
Lève-toi. Que fait-on ?

SOSIE.
         L'on m'a chassé tout net ;
Et, croyant à manger m'aller comme eux ébattre,
   Je ne songeois pas qu'en effet
   Je m'attendois là pour me battre.
Oui, l'autre moi, valet de l'autre vous, a fait
   Tout de nouveau le diable à quatre.
   La rigueur d'un pareil destin,
   Monsieur, aujourd'hui nous talonne ;
   Et l'on me dès-Sosie enfin,
   Comme on vous des-Amphitryonne.

AMPHITRYON.
Suis-moi.

SOSIE.
      N'est-il pas mieux de voir s'il vient personne [*]?

SCÈNE IX.

CLÉANTHIS, AMPHITRYON, ARGA-TIPHONTIDAS, POLIDAS, NAU-CRATÈS, PAUSICLÈS, SOSIE.

CLÉANTHIS.
   O ciel !

AMPHITRYON.
      Qui t'épouvante ainsi ?
   Quelle est la peur que je t'inspire ?

[*] *S'il vient personne* : il faut *s'il ne vient personne.*

ACTE III. SCÈNE X.

CLÉANTHIS.

Las ! Vous êtes là-haut, et je vous vois ici !

NAUCRATÈS à *Amphitryon.*

Ne vous pressez point : le voici,
Pour donner, devant tous, les clartés qu'on desire,
Et qui, si l'on peut croire à ce qu'il vient de dire,
Sauront vous affranchir de trouble et de souci.

SCÈNE X.

MERCURE, AMPHITRYON, ARGATIPHONTIDAS, POLIDAS, NAUCRATÈS, PAUSICLÈS, CLÉANTHIS, SOSIE.

MERCURE.

Oui, vous l'allez voir tous ; et sachez, par avance,
Que c'est le grand maître des Dieux,
Que, sous les traits chéris de cette ressemblance,
Alcmène a fait du ciel descendre dans ces lieux.
Et quant à moi, je suis Mercure,
Qui, ne sachant que faire, ai rossé tant soit peu
Celui dont j'ai pris la figure :
Mais de s'en consoler il a maintenant lieu ;
Et les coups de bâton d'un Dieu
Font honneur à qui les endure.

SOSIE.

Ma foi ! monsieur le Dieu, je suis votre valet :
Je me serois passé de votre courtoisie.

MERCURE.

Je lui donne à présent congé d'être Sosie ;
Je suis las de porter un visage si laid ;
Et je m'en vais au ciel avec de l'ambroisie,
M'en débarbouiller tout-à-fait.

(*Mercure s'envole au ciel.*)

SOSIE.

Le ciel de m'approcher t'ôte à jamais l'envie !

Ta fureur s'est par trop acharnée après moi ;
Et je ne vis de ma vie
Un Dieu plus diable que toi.

SCÈNE XI ET DERNIÈRE.

JUPITER, AMPHITRYON, NAUCRATÈS, ARGATIPHONTIDAS, POLIDAS, PAUSICLÈS, CLÉANTHIS, SOSIE.

JUPITER *annoncé par le bruit du tonnerre, armé de son foudre, dans un nuage sur son aigle.*

Regarde, Amphitryon, quel est ton imposteur ;
Et, sous tes propres traits, vois Jupiter paroître.
A ces marques, tu peux aisément le connoître ;
Et c'est assez, je crois, pour remettre ton cœur,
Dans l'état auquel il doit être,
Et rétablir chez toi la paix et la douceur.
Mon nom qu'incessamment toute la terre adore,
Etouffe ici les bruits qui pouvoient éclater.
Un partage avec Jupiter
N'a rien du tout qui déshonore ;
Et, sans doute, il ne peut être que glorieux
De se voir le rival du souverain des dieux.
Je n'y vois pour ta flamme aucun lieu de murmure,
Et c'est moi, dans cette aventure,
Qui, tout Dieu que je suis, dois être le jaloux.
Alcmène est toute à toi, quelque soin qu'on emploie ;
Et ce doit, à tes feux, être un objet bien doux,
De voir que, pour lui plaire, il n'est point d'autre voie
Que de paroître son époux ;
Que Jupiter orné de sa gloire immortelle,

ACTE III. SCÈNE XI.

Par lui-même n'a pu triompher de sa foi ;
Et que ce qu'il a reçu d'elle,
N'a, par son cœur ardent, été donné qu'à toi.

SOSIE.

Le seigneur Jupiter sait dorer la pilule.

JUPITER.

Sors donc des noirs chagrins que ton cœur a soufferts,
Et rends le calme entier à l'ardeur qui te brûle :
Chez toi doit naître un fils qui, sous le nom d'Hercule,
Remplira de ses faits tout le vaste univers.
L'éclat d'une fortune en mille biens féconde,
Fera connoître à tous que je suis ton support
    Et je mettrai tout le monde
    Au point d'envier ton sort.
    Tu peux hardiment te flatter
    De ces espérances données.
    C'est un crime que d'en douter.
    Les paroles de Jupiter
    Sont des arrêts des Destinées.

(Il se perd dans les nues.)

NAUCRATÈS.

Certes, je suis ravi de ces marques brillantes....

SOSIE.

Messieurs, voulez-vous bien suivre mon sentiment ?
    Ne vous embarquez nullement
    Dans ces douceurs congratulantes,
    C'est un mauvais embarquement ;
Et d'une et d'autre part, pour un tel compliment,
    Les phrases sont embarrassantes.
Le grand Dieu Jupiter nous fait beaucoup d'honneur,
Et sa bonté, sans doute, est pour nous sans seconde ;
    Il nous promet l'infaillible bonheur
    D'une fortune en mille biens féconde,
Et chez nous il doit naître un fils d'un très-grand cœur.
    Tout cela va le mieux du monde :

Mais enfin, coupons au discours *,
Et que chacun chez soi doucement se retire.
Sur telles affaires toujours
Le meilleur est de ne rien dire.

* *Coupons au discours*, pour *tranchons le discours*, ne se diroit pas aujourd'hui.

FIN.

GEORGE DANDIN,

OU

LE MARI CONFONDU,

COMÉDIE EN TROIS ACTES.

AVERTISSEMENT

DE L'ÉDITEUR

SUR

GEORGE DANDIN.

Cette comédie en prose et en trois actes, fut représentée à Versailles avec des intermèdes qui n'avoient point paru dans les éditions de Molière, antérieures à celle de 1760, et qui ne sont qu'une preuve nouvelle de son peu de talent pour le genre lyrique.

Tous nos écrivains donnent pour date de cette représentation le 15 juillet 1668; mais la description de la Fête imprimée à la suite de cette comédie, nous apprend que ce fut le mercredi 18 juillet, que le Roi partit de Saint-Germain pour venir à Versailles; et ce dut être ce jour-là que *George-Dandin* fut joué dans la salle qu'avoit disposée le sieur Vigarani, fameux décorateur, sous les ordres du duc de Créqui.

L'année 1668 fut une des plus glorieuses du règne de Louis-le-Grand, par la conquête de la

Franche-Comté en un seul mois d'hiver, par le traité d'Aix-la-Chapelle, du 2 mai, qui lui conserva ses conquêtes des Pays-Bas, et par le coup d'autorité qui fit disparoître des registres du Parlement tout ce qui s'y étoit passé depuis 1647 jusqu'en 1652. Ami des arts ainsi que de la gloire, ce Prince, toujours galant et toujours magnifique, voulut réparer, par une fête d'été, les plaisirs dont son absence avoit privé la cour pendant le carnaval.

George Dandin, qui avoit fort amusé Versailles, parut sur le théâtre du Palais-Royal, le 9 novembre suivant, sans les intermèdes, qui se ressentoient bien plus que la pièce, de la précipitation avec laquelle il avoit fallu que Molière se prêtât aux ordres du Roi.

Le succès fut complet à Paris, et l'on ne fit que de légères critiques sur le rôle d'*Angélique*, femme de *George Dandin*, à laquelle on reprocha, avec quelque justice, un peu de légèreté dans sa conduite.

Il est vrai qu'elle prête l'oreille aux fleurettes de *Clitandre*, et qu'elle a même un rendez-vous nocturne avec ce gentilhomme, qui déjà donne de l'ombrage à son mari.

Cette scène très-délicate à traiter, mais si nécessairement liée à l'action de la pièce et au but principal de Molière, seroit devenue insoutenable sans les sages précautions qu'il prit de faire accompagner les deux amans par leurs domestiques, et de borner ce rendez-vous à une simple conversation, dans laquelle, à la vérité, on ne s'épargne pas sur les ridicules du mari.

C'en seroit encore trop pour les mœurs du théâtre, qui doit être un des dépôts de celles de la nation, si, par le choix d'un sujet très-utile et très-moral, l'auteur n'avoit pas été dans l'obligation de nous faire voir les dangers inséparables d'une union aussi disproportionnée que celle d'un rustre avec mademoiselle de Sotenville, dont il a même négligé d'obtenir l'agrément avant de l'épouser.

Si M. R... de G... si cet écrivain mâle et profond, qu'on est forcé d'estimer en le critiquant, avoit envisagé cette comédie dans ce véritable point-de-vue, il se seroit épargné une remarque qu'on trouve si souvent répétée dans les ouvrages du sieur Riccoboni.

Quel est le plus criminel, dit M. R... de G... *d'un paysan assez fou pour épouser une demoiselle, ou d'une femme qui cherche à déshonorer son époux ? Que penser d'une pièce où le parterre applaudit à l'infidélité, au mensonge, à l'impudence de celle-ci, et rit de la bêtise du manant puni ?*

M. R... de G... aperçoit ici le crime avec trop de facilité. Le spectateur voit dans le personnage de *George Dandin*, qui se reproche trop tard d'avoir contracté un mariage insensé, un ridicule bien décidé, bien théâtral et bien plaisant. Dans le rôle d'*Angélique*, M. R... de G... ne devroit voir, comme le public, que ce que l'auteur y a mis. Elle n'a point le projet formé de déshonorer son mari ; elle proteste même dans la scène quatrième de l'acte deux, contre ce dessein qu'on lui suppose. On ne peut la convaincre, au plus, que de coquetterie et de légèreté.

Voilà, en effet, tout ce qu'on peut reprocher à la femme du manant, qui est doublement un sot, de se plaindre d'un inconvénient presque nécessairement attaché à l'imprudence qu'il a faite, et sans lequel Molière auroit moins effrayé les gens capables d'imiter *George Dandin* dans le choix extravagant d'une femme.

Le public, toujours honnête dans ses assemblées, n'applaudit pas plus à la prétendue infidélité d'*Angélique*, qu'à la piraterie de ces Turcs qui, au rapport de *Scapin*, ont enlevé le fils de *Géronte*. Il dit de *George Dandin* ce que ce père abusé dit de son fils: *Que diable alloit-il faire dans cette galère?*

M. Riccoboni qui, comme M. R... de G..., compte la pièce de *George Dandin* parmi celles qui *ne peuvent être admises sur un théâtre où les mœurs sont respectées* (1), en fait le plus grand éloge, par rapport au vrai comique qu'il y remarque dans presque toutes les scènes, article 7 de ses observations sur la comédie, p. 80 et suivantes: cet ouvrage utile est trop connu pour que nous transcrivions ici tout ce qu'il dit d'avantageux sur cette comédie.

Nous nous bornerons à ce trait qui répond aux belles découvertes qu'on se plaît à faire des imitations de Molière. Je prie les connoisseurs (dit-il) en oubliant pour un instant *George*

---

(1) *Voyez* son traité de la réformation du théâtre, p. 317.

Dandin et l'*Ecole des Maris*, prises de deux contes de Bocace, de lire les deux contes, et de juger après s'il est aisé ou s'il est possible d'en faire deux comédies. Je suis sûr qu'ils diront que non ; et si quelque bel-esprit le trouve facile, je lui donnerai à choisir le conte qu'il voudra mettre sur le théâtre, et je gagerai d'avance qu'il n'en viendra pas à bout.

Deux contes de Bocace de la septième journée (1), dans lesquels deux maris confondus par les ruses de leurs femmes, loin de pouvoir prouver les plaintes qu'ils ont sujet d'en faire, sont encore honnis par les voisins ou les parens qu'ils ont envoyé chercher, ont été les sources où Molière a puisé, non pas les caractères excellens, mais le dénouement de sa comédie.

C'est surtout la quatrième nouvelle qu'il a plus mise à contribution. La dame *Monna-Ghita* laissée hors de la maison par son mari *Tofano*, use du même artifice qu'*Angélique* pour rentrer, et pour tenir à son tour dans la rue, le pauvre mari qui se voit accusé et convaincu d'avoir été lui-même courir pendant la nuit.

La différence qu'il y a de la ruse d'*Angélique* pour rentrer chez elle, avec celle de *Monna-Ghita*, c'est que cette dernière, après avoir fait de vaines prières à son mari pour se faire rouvrir la porte, le menace de se jeter dans un puits

---

(1) *Voyez* Novella quarta, et novella ottava, Giornata settima.

voisin, et que pour mieux tromper *Tofano*, elle y jette une grosse pierre, dont le bruit, en tombant, rend bien plus vraisemblable la frayeur du mari que le silence d'*Angélique*, après avoir menacé de se poignarder. Il n'eût pas été difficile à Molière d'imiter son original jusques-là, et son dénouement n'eût pu qu'y gagner, parce que tout ce qui a plus de vérité a plus de charmes.

Comme la comédie de *George Dandin* suivit de près celle de l'*Avare*, il y a quelque apparence que Molière, dans la composition de cette dernière pièce, ayant souvent son Plaute sous les yeux, lui dut l'idée de ridiculiser les mariages disproportionnés, d'après un morceau de ce poëte latin sur le même objet. Ce morceau se trouve dans la scène seconde du second acte de son *Avare*. En voici la traduction :

Je pense que vous êtes riche et puissant, et que je suis, moi, le plus pauvre des hommes. Si je vous accorde ma fille, vous serez le bœuf, et moi l'âne de la fable. Uni avec vous et ne pouvant porter une aussi forte charge, je tomberai dans le bourbier, et vous ne daignerez pas même jeter les yeux sur moi..... Au premier désordre dans le ménage, il ne me restera pas même un asile. Objet du mépris de mes égaux, j'aurai le vôtre même à redouter. Non, il ne faut pas que l'âne s'associe imprudemment au bœuf.

Hoc magnum est periculum, me ab asinis ad boves transcendere.

L'auteur de la vie de Molière, p. 193, dit que notre auteur ayant été averti qu'il y avoit à Paris

SUR GEORGE DANDIN.

quelqu'un qui pourroit se reconnoître au personnage de *George Dandin*, il alla lui faire la lecture de sa pièce, et qu'enchanté de l'honneur que lui avoit fait Molière, il n'y eut point de partisan si décidé de l'ouvrage, que ce pauvre mari qui ne s'étoit point reconnu.

On a plus d'une fois, et avec le même succès, imité la conduite de Molière sur ce point. C'est un des privilèges de la sottise, de ne se reconnoître à rien.

Tu ris ? Le nom changé, c'est toi-même qu'on joue.

M. D..... préfère à cette traduction celle-ci,

Tu ris ? Change le nom : la fable est ton histoire.

ACTEURS.

GEORGE DANDIN, riche paysan, mari d'Angélique.

ANGÉLIQUE, femme de George Dandin, et fille de M. de Sotenville.

M. DE SOTENVILLE, Gentilhomme campagnard, père d'Angélique.

MADAME DE SOTENVILLE.

CLITANDRE, amant d'Angélique.

CLAUDINE, suivante d'Angélique.

LUBIN, paysan, servant Clitandre.

COLIN, valet de George Dandin.

La scène est devant la maison de George Dandin, à la campagne.

GEORGE DANDIN,

OU

LE MARI CONFONDU.

ACTE PREMIER.

SCÈNE I.

GEORGE DANDIN.

Ah ! qu'une femme demoiselle est une étrange affaire ! et que mon mariage est une leçon bien parlante à tous les paysans qui veulent s'élever au-dessus de leur condition, et s'allier, comme j'ai fait, à la maison d'un gentilhomme ! la noblesse, de soi, est bonne ; c'est une chose considérable, assurément : mais elle est accompagnée de tant de mauvaises circonstances, qu'il est très-bon de ne s'y point frotter. Je suis devenu là-dessus savant à mes dépens, et connois le style des nobles, lorsqu'ils nous font, nous autres, entrer dans leur famille. L'alliance qu'ils font est petite avec nos personnes. C'est notre bien seul qu'ils épousent ; et j'aurois bien mieux fait, tout riche que je suis, de m'allier en bonne et franche paysannerie, que de prendre une femme qui se tient au-dessus de moi, s'offense de porter mon nom, et pense qu'avec tout mon bien, je n'ai pas assez acheté la qualité de son mari. George Dandin ! George Dandin ! vous avez fait une sottise la plus grande du monde. Ma maison m'est effroyable maintenant, et je n'y rentre point sans y trouver quelque chagrin.

GEORGE DANDIN.

SCÈNE II.*

GEORGE DANDIN, LUBIN.

GEORGE DANDIN *à part, voyant sortir Lubin de chez lui.*

Que diantre ce drôle-là vient-il faire chez moi !

LUBIN *à part, apercevant George Dandin.*

Voilà un homme qui me regarde.

GEORGE DANDIN *à part.*

Il ne me connoît pas.

LUBIN *à part.*

Il se doute de quelque chose.

GEORGE DANDIN *à part.*

Ouais ! Il a grande peine à saluer.

LUBIN *à part.*

J'ai peur qu'il n'aille dire qu'il m'a vu sortir de là-dedans.

---

* Pour se former une idée des talens supérieurs de Molière, il faut, dit M. Riccoboni, le comparer avec lui-même; et l'on apprendra dans le *Prince Jaloux*, le *Cocu imaginaire* et *George Dandin*, à tirer d'une seule passion une si grande diversité de sujets.

Les caractères de M. de Sotenville et de sa femme sont d'un comique excellent : le respect naïf qu'ils ont pour eux-mêmes et qu'ils veulent imposer à leur gendre roturier, est d'un ridicule parfait; et Molière a trouvé, dans le sot orgueil de l'ancienne et pauvre noblesse campagnarde, une source intarissable de plaisanteries qui contrastent merveilleusement avec la grossièreté et le ton rustique de George Dandin. Il n'y a personne qui ne se soit aperçu que la petite comédie de l'*Impromptu de campagne* n'a présenté que la contre-épreuve des caractères de M. et de madame de Sotenville.

Le gendre de M. de Sotenville se trouve dans la même situation d'Arnolphe, lorsque, sans connoître ce dernier, le jeune Horace l'instruit de ce qui se passe contre ses projets. Mais, comme on l'a déjà dit, Molière a toujours, dans la fécondité et la variété de son génie, des moyens d'être différent de lui-même, comme il l'est de Plaute lorsqu'il l'imite.

La naïve indiscrétion de Lubin est si éloignée de l'agréable et légère imprudence d'Horace, que le comique résultant d'une de ces scènes, n'est pas celui de l'autre. Dancour a plus d'une fois mis à contribution le caractère original de Lubin.

ACTE I. SCÈNE II.

GEORGE DANDIN.

Bonjour.

LUBIN.

Serviteur.

GEORGE DANDIN.

Vous n'êtes pas d'ici, que je crois ?

LUBIN.

Non : je n'y suis venu que pour voir la fête de demain.

GEORGE DANDIN.

Hé ! Dites-moi un peu, s'il vous plaît : vous venez de là-dedans ?

LUBIN.

Chut !

GEORGE DANDIN.

Comment ?

LUBIN.

Paix !

GEORGE DANDIN.

Quoi donc ?

LUBIN.

Motus ! Il ne faut pas dire que vous m'avez vu sortir de là.

GEORGE DANDIN.

Pourquoi ?

LUBIN.

Mon Dieu ! Parce.

GEORGE DANDIN.

Mais encore ?

LUBIN.

Doucement ! J'ai peur qu'on ne nous écoute.

GEORGE DANDIN.

Point, point.

LUBIN.

C'est que je viens de parler à la maîtresse du logis, de la part d'un certain monsieur, qui lui fait les doux yeux ; et il ne faut pas qu'on sache cela. Entendez-vous ?

GEORGE DANDIN.

Oui.

LUBIN.

Voilà la raison. On m'a enchargé de prendre garde que personne ne me vît ; et je vous prie, au moins de ne pas dire que vous m'ayez vu.

GEORGE DANDIN.

Je n'ai garde.

LUBIN.

Je suis bien aise de faire les choses secrètement, comme on m'a recommandé.

GEORGE DANDIN.

C'est bien fait.

LUBIN.

Le mari, à ce qu'ils disent, est un jaloux qui ne veut pas qu'on fasse l'amour à sa femme ; et il feroit le diable à quatre, si cela venoit à ses oreilles. Vous comprenez bien ?

GEORGE DANDIN.

Fort bien.

LUBIN.

Il ne faut pas qu'il sache rien de tout ceci.

GEORGE DANDIN.

Sans doute.

LUBIN.

On le veut tromper tout doucement. Vous entendez bien.

GEORGE DANDIN.

Le mieux du monde.

LUBIN.

Si vous alliez dire que vous m'avez vu sortir de chez lui, vous gâteriez toute l'affaire. Vous comprenez bien ?

GEORGE DANDIN.

Assurément. Hé ! comment nommez-vous celui qui vous a envoyé là-dedans ?

LUBIN.

C'est le seigneur de notre pays, monsieur le vicomte de... de chose.... Foin ! je ne me souviens jamais comment diantre ils baragouinent ce nom-là. Monsieur Cli... Clitandre.

GEORGE DANDIN.

Est-ce ce jeune courtisan qui demeure ?...

LUBIN.

Oui ; auprès de ces arbres.

GEORGE DANDIN *à part*.

C'est pour cela que depuis peu ce damoiseau poli s'est venu

ACTE I. SCÈNE II.

loger contre moi. J'avois bon nez, sans doute, et son voisinage déjà m'avoit donné quelque soupçon.

LUBIN.

Tétigué ! c'est le plus honnête homme que vous ayez jamais vu. Il m'a donné trois pièces d'or pour aller dire seulement à la femme qu'il est amoureux d'elle, et qu'il souhaite fort l'honneur de pouvoir lui parler. Voyez s'il y a là une si grande fatigue, pour me payer si bien ; et ce qu'est, au prix de cela, une journée de travail, où je ne gagne que dix sous.

GEORGE DANDIN.

Hé bien ! avez-vous fait votre message ?

LUBIN.

Oui. J'ai trouvé là-dedans une certaine Claudine, qui, tout du premier coup, a compris ce que je voulois, et qui m'a fait parler à sa maîtresse.

GEORGE DANDIN à part.

Ah ! coquine de servante !

LUBIN.

Morguienne, cette Claudine-là est tout-à-fait jolie : elle a gagné mon amitié, et il ne tiendra qu'à elle que nous ne soyons mariés ensemble.

GEORGE DANDIN.

Mais, quelle réponse a fait la maîtresse à ce monsieur le courtisan ?

LUBIN.

Elle m'a dit de lui dire.... Attendez, je ne sais si je me souviendrai bien de tout cela ; qu'elle lui est tout-à-fait obligée de l'affection qu'il a pour elle, et qu'à cause de son mari, qui est fantasque, il garde d'en rien faire paroître ; et qu'il faudra songer à chercher quelque invention pour se pouvoir entretenir tous deux.

GEORGE DANDIN à part.

Ah ! pendarde de femme !

LUBIN.

Tétiguienne ! cela sera drôle ; car le mari ne se doutera point de la manigance : voilà ce qui est de bon : et il aura un pied de nez avec sa jalousie. Est-ce pas ?

GEORGE DANDIN.

Cela est vrai.

GEORGE DANDIN.

LUBIN.

Adieu. Bouche cousue au moins. Gardez bien le secret, afin que le mari ne le sache pas.

GEORGE DANDIN.

Oui, oui.

LUBIN.

Pour moi, je vais faire semblant de rien. Je suis un fin matois, et l'on ne diroit pas que j'y touche.

SCÈNE III.

GEORGE DANDIN seul.

Hé bien! George Dandin, vous voyez de quel air votre femme vous traite. Voilà ce que c'est d'avoir voulu épouser une demoiselle. L'on vous accommode de toutes pièces, sans que vous puissiez vous venger, et la gentilhommerie vous tient les bras liés. L'égalité de condition laisse du moins à l'honneur d'un mari la liberté de ressentiment; et si c'étoit une paysanne, vous auriez maintenant toutes vos coudées franches à vous en faire la justice à bons coups de bâton. Mais vous avez voulu tâter de la noblesse, et il vous ennuyoit d'être maître chez vous. Ah! j'enrage de tout mon cœur, et je me donnerois volontiers des soufflets. Quoi! écouter impudemment l'amour d'un damoiseau; et y promettre en même tems de la correspondance! Morbleu! je ne veux point laisser passer une occasion de la sorte. Il me faut, de ce pas, aller faire mes plaintes au père et à la mère, et les rendre témoins, à telle fin que de raison, des sujets de chagrin et de ressentiment que leur fille me donne. Mais les voici l'un et l'autre fort à propos.

SCÈNE IV.

M. DE SOTENVILLE, MADAME DE SOTENVILLE, GEORGE DANDIN.

M. DE SOTENVILLE.

Qu'est-ce, mon gendre, vous me paroissez tout troublé.

GEORGE DANDIN.

Aussi en ai-je du sujet, et....

ACTE I. SCÈNE IV.

Madame DE SOTENVILLE.

Mon Dieu! notre gendre, que vous avez peu de civilité, de ne pas saluer les gens quand vous les approchez!

GEORGE DANDIN.

Ma foi! ma belle-mère, c'est que j'ai d'autres choses en tête, et....

Madame DE SOTENVILLE.

Encore? Est-il possible, notre gendre, que vous sachiez si peu votre monde, et qu'il n'y ait pas moyen de vous instruire de la manière qu'il faut vivre parmi les personnes de qualité?

GEORGE DANDIN.

Comment?

Madame DE SOTENVILLE.

Ne vous déferez-vous jamais, avec moi, de la familiarité de ce mot, de ma belle-mère, et ne sauriez-vous vous accoutumer à me dire, madame?

GEORGE DANDIN.

Parbleu! si vous m'appelez votre gendre, il me semble que je puis vous appeler ma belle-mère.

Madame DE SOTENVILLE.

Il y a fort à dire, et les choses ne sont pas égales. Apprenez, s'il vous plaît, que ce n'est pas à vous à vous servir de ce mot-là avec une personne de ma condition; que, tout notre gendre que vous soyez, il y a grande différence de vous à nous, et que vous devez vous connoître.

M. DE SOTENVILLE.

C'en est assez, m'amour: laissons cela.

Madame DE SOTENVILLE.

Mon Dieu! M. de Sotenville, vous avez des indulgences qui n'appartiennent qu'à vous, et vous ne savez pas vous faire rendre par les gens ce qui vous est dû.

M. DE SOTENVILLE.

Corbleu! pardonnez-moi; on ne peut point me faire de leçons là-dessus; et j'ai su montrer en ma vie, par vingt actions de vigueur, que je ne suis point homme à démordre jamais d'une partie de mes prétentions; mais il suffit de lui avoir donné un petit avertissement. Sachons un peu, mon gendre, ce que vous avez dans l'esprit.

GEORGE DANDIN.

Puisqu'il faut donc parler cathégoriquement, je vous dirai, monsieur de Sotenville, que j'ai lieu de....

M. DE SOTENVILLE.

Doucement, mon gendre. Apprenez qu'il n'est pas respectueux d'appeler les gens par leur nom, et qu'à ceux qui sont au-dessus de nous, il faut dire, monsieur, tout court.

GEORGE DANDIN.

Hé bien ! monsieur tout court, et non plus monsieur de Sotenville, j'ai à vous dire que ma femme me donne....

M. DE SOTENVILLE.

Tout beau ! Apprenez aussi que vous ne devez pas dire ma femme, quand vous parlez de notre fille.

GEORGE DANDIN.

J'enrage. Comment ! ma femme n'est pas ma femme ?

Madame DE SOTENVILLE.

Oui, notre gendre, elle est votre femme ; mais il ne vous est pas permis de l'appeler ainsi ; et c'est tout ce que vous pourriez faire, si vous aviez épousé une de vos pareilles.

GEORGE DANDIN *à part.*

Ah ! George Dandin, où t'es-tu fourré ?

(*haut.*)

Hé ! de grace, mettez, pour un moment, votre gentilhommerie à côté, et souffrez que je vous parle maintenant comme

(*à part.*)

je pourrai. Au diantre soit la tyrannie de toutes ces histoires-

(*à M. de Sotenville.*)

là ! Je vous dis donc que je suis mal satisfait de mon mariage.

M. DE SOTENVILLE.

Et la raison, mon gendre ?

Madame DE SOTENVILLE.

Quoi ! parler ainsi d'une chose dont vous avez tiré de si grands avantages ?

GEORGE DANDIN.

Et quels avantages, madame, puisque madame y a ? L'aventure n'a pas été mauvaise pour vous ; car, sans moi, vos affaires, avec votre permission, étoient fort délabrées, et mon argent a servi à boucher d'assez bons trous ; mais, moi, de quoi ai-je profité, je vous prie, que d'un allongement de nom,

ACTE I. SCÈNE IV.

et au lieu de George Dandin, d'avoir reçu par vous le titre de monsieur de la Dandinière ?

M. DE SOTENVILLE.

Ne comptez-vous pour rien, mon gendre, l'avantage d'être allié à la maison de Sotenville ?

Madame DE SOTENVILLE.

Et à celle de la Prudoterie*, dont j'ai l'honneur d'être issue ; maison où le ventre ennoblit, et qui, par ce beau privilege, rendra vos enfans gentilshommes ?

GEORGE DANDIN.

Oui, voilà qui est bien, mes enfans seront gentilshommes ; mais je serai cocu, moi, si l'on n'y met ordre.

M. DE SOTENVILLE.

Que veut dire cela, mon gendre ?

GEORGE DANDIN.

Cela veut dire que votre fille ne vit pas comme il faut qu'une femme vive, et qu'elle fait des choses qui sont contre l'honneur.

Madame DE SOTENVILLE.

Tout beau ! prenez garde à ce que vous dites. Ma fille est d'une race trop pleine de vertu, pour se porter jamais à faire aucune chose dont l'honnêteté soit blessée, et, de la maison de la Prudoterie, il y a plus de trois cents ans qu'on n'a point remarqué qu'il y ait eu une femme, Dieu merci, qui ait fait parler d'elle.

M. DE SOTENVILLE.

Corbleu ! dans la maison de Sotenville, on n'a jamais vu de coquette ; et la bravoure n'y est pas plus héréditaire aux mâles, que la chasteté aux femelles.

Madame DE SOTENVILLE.

Nous avons eu une Jacqueline de la Prudoterie, qui ne voulut jamais être la maîtresse d'un duc et pair, gouverneur de notre province.

---

* Dans cette scène, madame de Sotenville parle de la maison de la *Prudoterie*, dont elle a l'honneur d'être issue, et où le ventre anoblit. Le célèbre La Fontaine s'est souvenu de cette excellente plaisanterie dans son compte de la Matrone d'Éphèse, dont il fait la souche de cette maison.

D'elle descend de la Prudoterie
L'antique et célèbre Maison.

M. DE SOTENVILLE.

Il y a eu une Mathurine de Sotenville, qui refusa vingt mille écus d'un favori du roi, qui ne lui demandoit seulement que la faveur de lui parler.

GEORGE DANDIN.

Oh bien ! votre fille n'est pas si difficile que cela ; et elle s'est apprivoisée depuis qu'elle est chez moi.

M. DE SOTENVILLE.

Expliquez-vous, mon gendre. Nous ne sommes point gens à la supporter dans de mauvaises actions, et nous serons les premiers, sa mère et moi, à en faire la justice *.

Madame DE SOTENVILLE.

Nous n'entendons point raillerie sur les matières de l'honneur, et nous l'avons élevée dans toute la sévérité possible.

GEORGE DANDIN.

Tout ce que je vous puis dire, c'est qu'il y a ici un certain courtisan, que vous avez vu, qui est amoureux d'elle à ma barbe, et qui lui a fait faire des protestations d'amour, qu'elle a très-humainement écoutées.

Madame DE SOTENVILLE.

Jour de dieu ! je l'étranglerois de mes propres mains, s'il falloit qu'elle forlignât de l'honnêteté de sa mère.

M. DE SOTENVILLE.

Corbleu ! je lui passerois mon épée au travers du corps, à elle et au galant, si elle avoit forfait à son honneur.

GEORGE DANDIN.

Je vous ai dit ce qui se passe, pour vous faire mes plaintes : et je vous demande raison de cette affaire-là.

M. DE SOTENVILLE.

Ne vous tourmentez point : je vous la ferai de tous deux ; et je suis homme pour serrer le bouton à qui que ce puisse être. Mais êtes-vous bien sûr aussi de ce que vous nous dites ?

GEORGE DANDIN.

Très-sûr.

M. DE SOTENVILLE.

Prenez bien garde, au moins ; car entre gentilshommes, ce

---

* *A vous en faire la justice.* On diroit aujourd'hui *à vous en faire justice.*

sont des choses chatouilleuses ; et il n'est pas question d'aller faire ici un pas de clerc.

GEORGE DANDIN.

Je ne vous ai rien dit, vous dis-je, qui ne soit véritable.

M. DE SOTENVILLE.

M'amour, allez vous-en parler à votre fille, tandis qu'avec mon gendre j'irai parler à l'homme.

Madame DE SOTENVILLE.

Se pourroit-il, mon fils, qu'elle s'oubliât de la sorte, après le sage exemple que vous savez vous-même que je lui ai donné ?

M. DE SOTENVILLE.

Nous allons éclaircir l'affaire. Suivez-moi, mon gendre, et ne vous mettez pas en peine. Vous verrez de quel bois nous nous chauffons, lorsqu'on s'attaque à ceux qui nous peuvent appartenir.

GEORGE DANDIN.

Le voici qui vient vers nous.

SCÈNE V.

M. DE SOTENVILLE, CLITANDRE, GEORGE DANDIN.

M. DE SOTENVILLE.

Monsieur, suis-je connu de vous ?

CLITANDRE.

Non pas que je sache, monsieur.

M. DE SOTENVILLE.

Je m'appelle le Baron de Sotenville.

CLITANDRE.

Je m'en réjouis fort.

M. DE SOTENVILLE.

Mon nom est connu à la Cour, et j'eus l'honneur, dans ma jeunesse, de me signaler, des premiers, à l'arrière-ban de Nancy.

CLITANDRE.

A la bonne heure.

M. DE SOTENVILLE.

Monsieur mon père, Jean-Gilles de Sotenville, eut la gloire d'assister en personne au grand siège de Montauban.

CLITANDRE.

J'en suis ravi.

M. DE SOTENVILLE.

Et j'ai eu un aïeul, Bertrand de Sotenville, qui fut si considéré en son tems, que d'avoir permission de vendre tout son bien pour le voyage d'outre-mer *.

CLITANDRE.

Je le veux croire.

M. DE SOTENVILLE.

Il m'a été rapporté, monsieur, que vous aimez et poursuivez une jeune personne, qui est ma fille, pour laquelle je (*montrant George Dandin.*) m'intéresse, et pour l'homme que vous voyez, qui a l'honneur d'être mon gendre.

CLITANDRE.

Qui, moi?

M. DE SOTENVILLE.

Oui ; et je suis bien-aise de vous parler, pour tirer de vous, s'il vous plaît, un éclaircissement de cette affaire **.

CLITANDRE.

Voilà une étrange médisance ! Qui vous a dit cela, monsieur?

---

* M. de Sotenville dit qu'il a eu un *aïeul si considéré en son tems, que d'avoir permission de vendre tout son bien pour le voyage d'outre-mer.*

Nous observerons d'abord que, *si considéré.... que d'avoir*, n'est pas français, et que cela est échappé aux remarques précédentes. On diroit aujourd'hui, *considéré au point d'avoir permission*, etc.

On fit, dans le tems, l'application de ce trait comique à M. de la Feuillade, qui avoit sollicité et obtenu la permission de mener en Candie à ses dépens une centaine de gentilshommes, pour combattre les Turcs au siège qu'ils avoient formé de la capitale de cette île. C'est un des derniers traits de la chevalerie française.

** *Pour tirer un éclaircissement de cette affaire*, ne se dit pas.

ACTE I. SCÈNE V.

M. DE SOTENVILLE.

Quelqu'un qui croit le bien savoir.

CLITANDRE.

Ce quelqu'un-là en a menti. Je suis honnête homme. Me croyez-vous capable, monsieur, d'une action aussi lâche que celle-là ? Moi, aimer une jeune et belle personne, qui a l'honneur d'être la fille de M. le Baron de Sotenville ! Je vous révère trop pour cela, et suis trop votre serviteur. Quiconque vous l'a dit, est un sot.

M. DE SOTENVILLE.

Allons, mon gendre.

GEORGE DANDIN.

Quoi ?

CLITANDRE.

C'est un coquin et un maraud.

M. DE SOTENVILLE *à George Dandin.*

Répondez.

GEORGE DANDIN.

Répondez vous-même.

CLITANDRE.

Si je savois qui ce peut être, je lui donnerois, en votre présence, de l'épée dans le ventre.

M. DE SOTENVILE *à George Dandin.*

Soutenez donc la chose.

GEORGE DANDIN.

Elle est toute soutenue. Cela est vrai.

CLITANDRE.

Est-ce votre gendre, monsieur, qui...

M. DE SOTENVILLE.

Oui : c'est lui-même qui s'en est plaint à moi.

CLITANDRE.

Certes, il peut remercier l'avantage qu'il a de vous appartenir ; et sans cela, je lui apprendrois bien à tenir de pareils discours d'une personne comme moi !

SCÈNE VI.

M. DE SOTENVILLE, MADAME DE SOTENVILLE, ANGÉLIQUE, CLITANDRE, GEORGE DANDIN, CLAUDINE.

Madame DE SOTENVILLE.

Pour ce qui est de cela, la jalousie est une étrange chose ! J'amène ici ma fille pour éclaircir l'affaire en présence de tout le monde.

CLITANDRE à *Angélique*.

Est-ce donc vous, madame, qui avez dit à votre mari que je suis amoureux de vous ?

ANGÉLIQUE.

Moi ? Hé ! comment lui aurois-je dit ? Est-ce que cela est ? Je voudrois bien le voir, vraiment, que vous fussiez amoureux de moi ! jouez-vous-y, je vous en prie ; vous trouverez à qui parler : c'est une chose que je vous conseille de faire ! Ayez recours, pour voir, à tous les détours des amans ; essayez un peu, par plaisir, à m'envoyer des ambassades, à m'écrire secrètement de petits billets doux, a épier les momens que mon mari n'y sera pas, ou le tems que je sortirai, pour me parler de votre amour ; vous n'avez qu'à y venir ! Je vous promets que vous serez reçu comme il faut.

CLITANDRE.

Hé ! là là, madame, tout doucement. Il n'est pas nécessaire de me faire tant de leçons, et de vous tant scandaliser. Qui vous dit que je songe a vous aimer ?

ANGÉLIQUE.

Que sais-je, moi, ce qu'on me vient conter ici ?

CLITANDRE.

On dira ce que l'on voudra ; mais vous savez si je vous ai parlé d'amour, lorsque je vous ai rencontrée ?

ANGÉLIQUE.

Vous n'aviez qu'à le faire ! vous auriez été bien venu !

ACTE I. SCÈNE VI.

CLITANDRE.
Je vous assure qu'avec moi vous n'avez rien à craindre ; que je ne suis point homme à donner du chagrin aux belles ; et que je vous respecte trop, et vous, et messieurs vos parens, pour avoir la pensée d'être amoureux de vous.

Madame DE SOTENVILLE à *George Dandin*.
Hé bien ! vous le voyez.

M DE SOTENVILLE.
Vous voilà satisfait, mon gendre. Que dites-vous à cela ?

GEORGE DANDIN.
Je dis que ce sont-là des contes à dormir debout ; que je sais bien ce que je sais, et que tantôt, puisqu'il faut parler net, elle a reçu une ambassade de sa part.

ANGÉLIQUE.
Moi, j'ai reçu une ambassade ?

CLITANDRE.
J'ai envoyé une ambassade ?

ANGÉLIQUE.
Claudine.

CLITANDRE à *Claudine*.
Est-il vrai ?

CLAUDINE.
Par ma foi, voilà une étrange fausseté.

GEORGE DANDIN.
Taisez-vous, carogne que vous êtes. Je sais de vos nouvelles ; et c'est vous qui, tantôt, avez introduit le courier.

CLAUDINE.
Qui ? moi ?

GEORGE DANDIN.
Oui, vous. Ne faites point tant la sucrée.

CLAUDINE.
Hélas ! que le monde aujourd'hui est rempli de méchanceté, de m'aller soupçonner ainsi, moi qui suis l'innocence même !

GEORGE DANDIN.
Taisez-vous, bonne pièce, vous faites la sournoise, mais je vous connois il y a long-tems ; et vous êtes une dessalée.

CLAUDINE à *Angélique*.
Madame, est-ce que....

GEORGE DANDIN.

Taisez-vous, vous dis-je : vous pourriez bien payer la folle enchère de tous les autres ; et vous n'avez point de père gentilhomme *.

ANGÉLIQUE.

C'est une imposture si grande, et qui me touche si fort au cœur, que je ne puis pas même avoir la force d'y répondre. Cela est bien horrible, d'être accusée par un mari, lorsqu'on ne lui fait rien qui ne soit à faire. Hélas! si je suis blâmable de quelque chose, c'est d'en user trop bien avec lui.

CLAUDINE.

Assurément.

ANGÉLIQUE.

Tout mon malheur est de le trop considérer ; et plût au ciel que je fusse capable de souffrir, comme il dit, les galanteries de quelqu'un! Je ne serois point tant à plaindre. Adieu. Je me retire ; je ne puis plus endurer qu'on m'outrage de cette sorte.

SCÈNE VII.

M. DE SOTENVILLE, MADAME DE SOTENVILLE, CLITANDRE, GEORGE DANDIN, CLAUDINE.

Madame DE SOTENVILLE à *George Dandin.*

Allez, vous ne méritez pas l'honnête femme qu'on vous a donnée.

CLAUDINE.

Par ma foi, il mériteroit qu'elle lui fît dire vrai ; et, si j'é-
(*à Clitandre.*)
tois en sa place, je n'y marchanderois pas. Oui, monsieur,

---

* La menace que fait George Dandin à Claudine de lui faire payer la folle enchère de tous les autres, en lui disant : *Vous n'avez point de père Gentilhomme,* est un modèle de plaisanterie simple, vraie, et prise dans la chose. Peut-être n'y a-t-il pas dans tout le théâtre français un trait plus heureux. S'il y en a un qui puisse égaler sa précision et sa gaîté ; c'est dans Molière qu'il faut le chercher.

vous devez, pour le punir, faire l'amour à ma maîtresse. Poussez; c'est moi qui vous le dis; ce sera bien employé; et je m'offre à vous y servir, puisqu'il m'en a déjà taxée.

(Claudine sort.)

M. DE SOTENVILLE.

Vous méritez, mon gendre, qu'on vous dise ces choses-là, et votre procédé met tout le monde contre vous.

Madame DE SOTENVILLE.

Allez, songez à mieux traiter une demoiselle bien née, et prenez garde, désormais, à ne plus faire de pareilles bévues.

GEORGE DANDIN *à part*.

J'enrage de bon cœur, d'avoir tort lorsque j'ai raison.

SCÈNE VIII *.

M. DE SOTENVILLE, CLITANDRE, GEORGE DANDIN.

CLITANDRE *à M. de Sotenville*.

Monsieur, vous voyez comme j'ai été faussement accusé : vous êtes homme qui savez les maximes du point d'honneur, et je vous demande raison de l'affront qui m'a été fait.

M. DE SOTENVILLE.

Cela est juste, et c'est l'ordre des procédés. Allons, mon gendre, faites satisfaction à monsieur.

GEORGE DANDIN.

Comment! satisfaction?

---

* Cette scène, où M. de Sotenville force son gendre à demander pardon à l'amant de sa femme, est l'extrême de l'orgueil d'une noblesse antique. Le beau-père ne voit dans son gendre que la roture, qui, dans son esprit, doit la satisfaction la plus ample à Clitandre, gentilhomme comme lui. C'est dans le respect ridicule que M. de Sotenville a pour sa qualité de noble, qu'est fondée la vraisemblance de cette scène, qui ne seroit pas supportable avec d'autres caractères donnés. Molière a toujours l'art de monter ses caractères au point qui doit le porter aux scènes les plus plaisantes. C'est en avilissant son gendre jusqu'à demander pardon à un homme qui cherche à séduire sa femme, que M. de Sotenville assure ce même gendre qu'il est *entré dans une famille qui ne souffrira pas qu'on lui fasse le moindre affront*.

M. DE SOTENVILLE.

Oui, cela se doit, dans les règles, pour l'avoir à tort accusé.

GEORGE DANDIN.

C'est une chose, moi, dont je ne demeure pas d'accord; de l'avoir à tort accusé, et je sais bien ce que j'en pense.

M. DE SOTENVILLE.

Il n'importe. Quelque pensée qui vous puisse rester, il a nié : c'est satisfaire les personnes ; et l'on n'a nul droit de se plaindre de tout homme qui se dédit.

GEORGE DANDIN.

Si bien donc que, si je le trouvois couché avec ma femme, il en seroit quitte pour se dédire.

M. DE SOTENVILLE.

Point de raisonnement. Faites-lui les excuses que je vous dis.

GEORGE DANDIN.

Moi ? Je lui ferai encore des excuses après....

M. DE SOTENVILLE.

Allons, vous dis-je, il n'y a rien à balancer *, et vous n'avez que faire d'avoir peur d'en trop faire, puisque c'est moi qui vous conduis.

GEORGE DANDIN.

Je ne saurois....

M. DE SOTENVILLE.

Corbleu ! mon gendre, ne m'échauffez pas la bile. Je me mettrois avec lui contre vous. Allons, laissez-vous gouverner par moi.

GEORGE DANDIN à part.

Ah, George Dandin !

M. DE SOTENVILLE.

Votre bonnet à la main, le premier ; monsieur est gentilhomme, et vous ne l'êtes pas.

GEORGE DANDIN à part, le bonnet à la main.

J'enrage.

M. DE SOTENVILLE.

Répétez après moi. Monsieur,

---

* *Il n'y a rien à balancer* Il faudro *lancer*.

ACTE I. SCÈNE VIII.

GEORGE DANDIN.

Monsieur,

M. DE SOTENVILLE.

Je vous demande pardon.

(*Voyant que George Dandin fait difficulté de lui obéir.*)

Ah!

GEORGE DANDIN.

Je vous demande pardon.

M. DE SOTENVILLE.

Des mauvaises pensées que j'ai eues de vous.

GEORGE DANDIN.

Des mauvaises pensées que j'ai eues de vous.

M. DE SOTENVILLE.

C'est que je n'avois pas l'honneur de vous connoître;

GEORGE DANDIN.

C'est que je n'avois pas l'honneur de vous connoître;

M. DE SOTENVILLE.

Et je vous prie de croire

GEORGE DANDIN.

Et je vous prie de croire

M. DE SOTENVILLE.

Que je suis votre serviteur.

GEORGE DANDIN.

Voulez-vous que je sois serviteur d'un homme qui me veut faire cocu?

M. DE SOTENVILLE *le menaçant encore.*

Ah!

CLITANDRE.

Il suffit, monsieur.

M. DE SOTENVILLE.

Non; je veux qu'il achève, et que tout aille dans les formes Que je suis votre serviteur.

GEORGE DANDIN.

Que je suis votre serviteur.

CLITANDRE *à George Dandin.*

Monsieur, je suis le vôtre de tout mon cœur, et je ne songe plus à ce qui s'est passé.

(*à M. de Sotenville.*)

Pour vous, monsieur, je vous donne le bonjour, et suis fâché du petit chagrin que vous avez eu.

M. DE SOTENVILLE.

Je vous baise les mains; et quand il vous plaira, je vous donnerai le divertissement de courre un lièvre.

CLITANDRE.

C'est trop de graces que vous me faites.

(*Clitandre sort.*)

M. DE SOTENVILLE.

Voilà, mon gendre, comme il faut pousser les choses. Adieu. Sachez que vous êtes entré dans une famille qui vous donnera de l'appui, et ne souffrira point que l'on vous fasse aucun affront.

SCÈNE IX.

GEORGE DANDIN seul.

Ah! que je.... Vous l'avez voulu; vous l'avez voulu, George Dandin; vous l'avez voulu: cela vous sied fort bien, et vous voilà ajusté comme il faut; vous avez justement ce que vous méritez. Allons; il s'agit seulement de désabuser le père et la mère; et je pourrai trouver, peut-être, quelque moyen d'y réussir.

ACTE II.

SCÈNE I.

CLAUDINE, LUBIN.

CLAUDINE.

Oui, j'ai bien deviné qu'il falloit que cela vînt de toi, et que tu l'eusses dit à quelqu'un qui l'ait rapporté à notre maître.

ACTE II. SCÈNE I.

LUBIN.
Par ma foi, je n'en ai touché qu'un petit mot en passant à un homme, afin qu'il ne dît point qu'il m'avoit vu sortir; et il faut que les gens, en ce pays-ci, soient de grands babillards!

CLAUDINE.
Vraiment, ce monsieur le vicomte a bien choisi son monde, que de te prendre pour son ambassadeur; et il s'est allé servir là d'un homme bien chanceux!

LUBIN.
Va, une autre fois je serai plus fin, et je prendrai mieux garde à moi.

CLAUDINE.
Oui; oui; il sera tems!

LUBIN.
Ne parlons plus de cela. Ecoute.

CLAUDINE.
Que veux-tu que j'écoute?

LUBIN.
Tourne un peu ton visage devers moi.

CLAUDINE.
Hé bien! qu'est-ce?

LUBIN.
Claudine.

CLAUDINE.
Quoi?

LUBIN.
Hé, là! ne sais-tu pas bien ce que je veux dire?

CLAUDINE.
Non.

LUBIN.
Morgué, je t'aime.

CLAUDINE.
Tout de bon?

LUBIN.
Oui, le diable m'emporte. Tu peux me croire, puisque j'en jure.

CLAUDINE.
A la bonne heure.

GEORGE DANDIN.

LUBIN.
Je me sens tout tribouiller * le cœur quand je te regarde.
CLAUDINE.
Je m'en réjouis.
LUBIN.
Comment est-ce que tu fais pour être si jolie?
CLAUDINE.
Je fais comme font les autres.
LUBIN.
Vois-tu, il ne faut pas tant de beurre pour faire un quarteron. Si tu veux, tu seras ma femme, je serai ton mari; et nous serons tous deux mari et femme.
CLAUDINE.
Tu serois peut-être jaloux comme notre maître.
LUBIN.
Point.
CLAUDINE.
Pour moi, je hais les maris soupçonneux; et j'en veux un qui ne s'épouvante de rien, un si plein de confiance, et si sûr de ma chasteté, qu'il me vît, sans inquiétude, au milieu de trente hommes.
LUBIN.
Eh bien! je serai tout comme cela.
CLAUDINE.
C'est la plus sotte chose du monde que de se défier d'une femme, et de la tourmenter. La vérité de l'affaire est qu'on n'y gagne rien de bon: cela nous fait songer à mal; et ce sont souvent les maris qui, avec leurs vacarmes, se font eux-mêmes ce qu'ils sont.
LUBIN.
Hé bien! je te donnerai la liberté de faire tout ce qu'il te plaira.

---

* *Je me sens tout tribouiller le cœur.* Le petit dictionnaire du P. Labbe explique encore le mot *tribulare*, par celui de *tribouler*, qui n'est plus en usage, et dont celui de *tribouiller* est un dérivé populaire. Le ton rustique et plaisant que donne Molière à Lubin, lui permettoit l'usage de ce mot; et nous dirons en passant que le caractère de ce valet paysan a été imité par plus d'un successeur de Molière.

ACTE II. SCENE I.

CLAUDINE.

Voilà comme il faut faire pour n'être point trompé. Lorsqu'un mari se met à notre discrétion, nous ne prenons de liberté que ce qu'il nous en faut ; et il est comme avec ceux qui nous ouvrent leur bourse, et nous disent, prenez. Nous en usons honnêtement ; et nous nous contentons de la raison. Mais ceux qui nous chicannent, nous nous efforçons de les tondre, et nous ne les épargnons point.

LUBIN.

Va, je serai de ceux qui ouvrent leur bourse, et tu n'as qu'à te marier avec moi.

CLAUDINE.

Hé bien, bien ! nous verrons.

LUBIN.

Viens donc ici, Claudine.

CLAUDINE.

Que veux-tu ?

LUBIN.

Viens, te dis-je.

CLAUDINE.

Ah ! doucement. Je n'aime point les patineurs *.

LUBIN.

Hé ! un petit brin d'amitié.

CLAUDINE.

Laisse-moi là, te dis-je : je n'entends pas raillerie.

LUBIN.

Claudine.

CLAUDINE.

Hai !

LUBIN.

Ah ! que tu es rude à pauvres gens ! Fi ! que cela est mal-

---

* *Je n'aime point les patineurs.* Ce mot que l'Académie française a décidé *libre* lorsqu'il signifie autre chose que manier indiscrètement des fleurs ou des fruits, ne passeroit aujourd'hui que dans nos parades tout au plus. Nos oreilles sont devenues plus délicates ; et, sans avoir plus de mœurs qu'il n'y en avoit du tems de Molière, la société s'est fait un dictionnaire plus décent, et ce doit être celui des honnêtes gens qui écrivent parmi nous.

honnête, de refuser les personnes ! N'as-tu point de honte d'être belle, et de ne vouloir pas qu'on te caresse ? Hé, là.

CLAUDINE.

Je te donnerai sur le nez.

LUBIN.

Oh la farouche! la sauvage! Fi! pouas, la vilaine, qui est cruelle !

CLAUDINE.

Tu t'émancipes trop.

LUBIN.

Qu'est-ce que cela te coûteroit de me laisser faire ?

CLAUDINE.

Il faut que tu te donnes patience.

LUBIN.

Un petit baiser seulement, en rabattant sur notre mariage.

CLAUDINE.

Je suis votre servante.

LUBIN.

Claudine, je t'en prie, sur l'et-tant-moins *.

CLAUDINE.

Hé, que nenni! J'y ai déjà été attrapée. Adieu. Va-t-en, et dis à monsieur le Vicomte que j'aurai soin de rendre son billet.

LUBIN.

Adieu, beauté rudanière.

CLAUDINE.

Le mot est amoureux !

LUBIN.

Adieu, rocher, caillou, pierre de taille, et tout ce qu'il y a de plus dur au monde.

CLAUDINE seule.

Je vais remettre aux mains de ma maîtresse.... Mais la voici avec son mari. Éloignons-nous, et attendons qu'elle soit seule.

---

* *Claudine, je t'en prie, sur l'et-tant-moins.* Cette dernière expression, peu connue et peu d'usage, est empruntée de la pratique, et signifie en déduction. *Je vous donnerois cela sur et tant moins de ce que je vous dois.* V. le dictionnaire de l'Académie française, au mot *Moins*.

SCÈNE II.

GEORGE DANDIN, ANGÉLIQUE.

GEORGE DANDIN.

Non, non; on ne m'abuse pas avec tant de facilité, et je ne suis que trop certain que le rapport que l'on m'a fait est véritable. J'ai de meilleurs yeux qu'on ne pense, et votre galimatias ne m'a point tantôt ébloui.

SCÈNE III.

CLITANDRE, ANGÉLIQUE, GEORGE DANDIN.

CLITANDRE *à part dans le fond du théâtre.*

Ah! la voilà: mais le mari est avec elle.

GEORGE DANDIN *sans voir Clitandre.*

Au travers de toutes vos grimaces, j'ai vu la vérité de ce que l'on m'a dit, et le peu de respect que vous avez pour le nœud qui nous joint.

(*Clitandre et Angélique se saluent.*)

Mon Dieu! laissez-là votre révérence; ce n'est pas de ces sortes de respect dont je vous parle, et vous n'avez que faire de vous moquer.

ANGÉLIQUE.

Moi! me moquer? En aucune façon.

GEORGE DANDIN.

Je sais votre pensée, et connois....

(*Clitandre et Angélique se saluent encore.*)

Encore? Ah! ne raillons pas davantage. Je n'ignore pas qu'à cause de votre noblesse, vous me tenez fort au-dessous vous; et le respect que je vous veux dire, ne regarde point ma personne. J'entends parler de celui que vous devez à des nœuds aussi vénérables que le sont ceux du mariage.

(*Angélique fait signe à Clitandre.*)

Il ne faut point lever les épaules, et je ne dis point de sottises.

ANGÉLIQUE.

Qui songe à lever les épaules?

GEORGE DANDIN.

Mon Dieu! nous voyons clair. Je vous dis, encore une fois, que le mariage est une chaîne à laquelle on doit porter toute sorte de respect; et que c'est fort mal fait à vous d'en user comme vous faites.

(*Angélique fait signe de la tête à Clitandre.*)

Oui, oui, mal fait à vous; et vous n'avez que faire de hocher la tête, et de me faire la grimace.

ANGÉLIQUE.

Moi? Je ne sais ce que vous voulez dire.

GEORGE DANDIN.

Je le sais fort bien, moi; et vos mépris me sont connus. Si je ne suis pas né noble, au moins suis-je d'une race où il n'y a point de reproche; et la famille des Dandins...

CLITANDRE *derrière Angélique, sans être aperçu de George Dandin.*

Un moment d'entretien.

GEORGE DANDIN *sans voir Clitandre.*

Hé?

ANGÉLIQUE.

Quoi? Je ne dis mot.

(*George Dandin tourne autour de sa femme, et Clitandre se retire, en faisant une grande révérence à George Dandin.*)

SCÈNE IV.
GEORGE DANDIN, ANGÉLIQUE.

GEORGE DANDIN.

Le voilà qui vient rôder autour de vous.

ANGÉLIQUE.

Hé bien! est-ce ma faute? Que voulez-vous que j'y fasse?

GEORGE DANDIN.

Je veux que vous y fassiez ce que fait une femme qui ne veut plaire qu'à son mari. Quoi qu'on en puisse dire, les galans n'obsèdent jamais que quand on le veut bien. Il y a un certain air doucereux qui les attire, ainsi que le miel fait les mouches;

ACTE II. SCÈNE IV.

et les honnêtes femmes ont des manières qui les savent chasser d'abord.

ANGÉLIQUE.

Moi, les chasser? Et par quelle raison? Je ne me scandalise point qu'on me trouve bien faite, et cela me fait du plaisir.

GEORGE DANDIN.

Oui? mais quel personnage voulez-vous que joue un mari pendant cette galanterie?

ANGÉLIQUE.

Le personnage d'un honnête homme, qui est bien aise de voir sa femme considérée.

GEORGE DANDIN.

Je suis votre valet. Ce n'est pas là mon compte, et les Dandins ne sont point accoutumés à cette mode-là.

ANGÉLIQUE.

Oh! les Dandins s'y accoutumeront s'ils veulent; car, pour moi, je vous déclare que mon dessein n'est pas de renoncer au monde, et de m'enterrer toute vive dans un mari. Comment? parce qu'un homme s'avise de nous épouser, il faut d'abord que toutes choses soient finies pour nous, et que nous rompions tout commerce avec les vivans? C'est une chose merveilleuse que cette tyrannie de messieurs les maris, et je les trouve bons de vouloir qu'on soit morte à tous les divertissemens, et qu'on ne vive que pour eux! Je me moque de cela, et ne veux point mourir si jeune.

GEORGE DANDIN.

C'est ainsi que vous satisfaites aux engagemens de la foi que vous m'avez donnée publiquement?

ANGÉLIQUE.

Moi? Je ne vous l'ai point donnée de bon cœur, et vous me l'avez arrachée. M'avez-vous, avant le mariage, demandé mon consentement, et si je voulois bien de vous*? Vous n'avez con-

---

* Angélique apprend ici au public que son bourru de mari n'a pas même consulté ses sentimens en la prenant pour femme. *Pour sa punition*, dit-elle, *elle veut voir le beau monde, et goûter le plaisir de s'ouïr dire des douceurs.* C'est à cela qu'Angélique borne sa vengeance. *Rendez graces au ciel*, ajoute-t-elle, *de ce que je ne suis pas capable de quelque chose de plus.* Cette

sulté, pour cela, que mon père et ma mère; ce sont eux, proprement, qui vous ont épousé, et c'est pourquoi vous ferez bien de vous plaindre toujours à eux des torts que l'on pourra vous faire. Pour moi, qui ne vous ai point dit de vous marier avec moi, et que vous avez prise sans consulter mes sentimens, je prétends n'être point obligée à me soumettre en esclave à vos volontés; et je veux jouir, s'il vous plaît, de quelque nombre de beaux jours que m'offre la jeunesse, prendre les douces libertés que l'âge me permet, voir un peu le beau monde, et goûter le plaisir de m'ouïr dire des douceurs. Préparez-vous-y, pour votre punition; et rendez graces au ciel de ce que je ne suis pas capable de quelque chose de pis.

GEORGE DANDIN.

Oui! c'est ainsi que vous le prenez? Je suis votre mari, et je vous dis que je n'entends pas cela.

ANGÉLIQUE.

Moi, je suis votre femme, et je vous dis que je l'entends.

GEORGE DANDIN *à part*.

Il me prend des tentations d'accommoder tout son visage à la compote, et le mettre en état de ne plaire de sa vie aux diseurs de fleurettes. Ah! Allons, George Dandin; je ne pourrois me retenir, et il vaut mieux quitter la place.

SCÈNE V.

ANGÉLIQUE, CLAUDINE.

CLAUDINE.

J'avois, madame, impatience qu'il s'en allât, pour vous rendre ce mot de la part que vous savez.

ANGÉLIQUE.

Voyons.

déclaration précise d'Angélique ne rassure-t-elle pas notre délicatesse, et devoit-elle faire soupçonner à M. Rousseau de G... du crime dans sa conduite? Angélique, à la vérité, n'est pas un exemple à suivre : elle reçoit des lettres, fait des réponses, accepte des rendez-vous; sa coquetterie est trop forte; mais la leçon que donne cette même conduite aux gens qui seroient tentés de se marier aussi sottement que George Dandin, ne l'est pas trop; et c'étoit-là l'objet de Molière.

ACTE II. SCÈNE V.

CLAUDINE *à part.*

A ce que je puis remarquer, ce qu'on lui écrit ne lui déplaît pas trop.

ANGÉLIQUE.

Ah! Claudine, que ce billet s'explique d'une façon galante! Que, dans tous leurs discours et dans toutes leurs actions, les gens de cour ont un air agréable! Et qu'est-ce que c'est, auprès d'eux, que nos gens de province?

CLAUDINE.

Je crois qu'après les avoir vus, les Dandins ne vous plaisent guères.

ANGÉLIQUE.

Demeure ici : je m'en vais faire la réponse.

CLAUDINE *seule.*

Je n'ai pas besoin, que je pense, de lui recommander de la faire agréable. Mais voici...

SCÈNE VI.

CLITANDRE, LUBIN, CLAUDINE.

CLAUDINE.

Vraiment, monsieur, vous avez pris là un habile messager!

CLITANDRE.

Je n'ai pas osé envoyer de mes gens; mais, ma pauvre Claudine, il faut que je te récompense des bons offices que je sais que tu m'as rendus.

(Il fouille dans sa poche.)

CLAUDINE.

Hé! monsieur, il n'est pas nécessaire. Non, monsieur, vous n'avez que faire de vous donner cette peine-là; et je vous rends service, parce que vous le méritez, et que je me sens au cœur de l'inclination pour vous.

CLITANDRE *donnant de l'argent à Claudine.*

Je te suis obligé.

LUBIN *à Claudine.*

Puisque nous serons mariés, donne-moi cela, que je le mette avec le mien.

CLAUDINE.

Je te le garde aussi bien que le baiser.

CLITANDRE à *Claudine*.

Dis-moi, as-tu rendu mon billet à ta belle maîtresse ?

CLAUDINE.

Oui. Elle est allée y répondre.

CLITANDRE.

Mais, Claudine, n'y a-t-il pas moyen que je la puisse entretenir ?

CLAUDINE.

Oui : venez avec moi ; je vous ferai parler à elle.

CLITANDRE.

Mais le trouvera-t-elle bon ; et n'y a-t-il rien à risquer ?

CLAUDINE.

Non, non. Son mari n'est pas au logis; et puis, ce n'est pas lui qu'elle a le plus à ménager ; c'est son père et sa mère ; et, pourvu qu'ils soient prévenus, tout le reste n'est point à craindre.

CLITANDRE.

Je m'abandonne à ta conduite.

LUBIN *seul*.

Tétiguenne! Que j'aurai là une habile femme ! Elle a de l'esprit comme quatre.

SCÈNE VII.

GEORGE DANDIN, LUBIN.

GEORGE DANDIN *bas à part*.

Voici mon homme de tantôt. Plût au ciel qu'il pût se résoudre à vouloir rendre témoignage au père et à la mère, de ce qu'ils ne veulent point croire !

LUBIN.

Ah ! vous voilà, monsieur le babillard, à qui j'avois tant recommandé de ne point parler, et qui me l'aviez tant promis ? Vous êtes donc un causeur, et vous allez redire ce que l'on vous dit en secret ?

GEORGE DANDIN.

Moi ?

ACTE II. SCÈNE VII.

LUBIN.
Oui. Vous avez été tout rapporter au mari, et vous êtes cause qu'il a fait du vacarme. Je suis bien-aise de savoir que vous avez de la langue ; et cela m'apprendra a ne vous plus rien dire.

GEORGE DANDIN.
Ecoute, mon ami.

LUBIN.
Si vous n'aviez point babillé, je vous aurois conté ce qui se passe a cette heure ; mais, pour votre punition, vous ne saurez rien du tout.

GEORGE DANDIN.
Comment ! qu'est-ce qui se passe ?

LUBIN.
Rien, rien. Voilà ce que c'est d'avoir causé ; vous n'en tâterez plus, et je vous laisse sur la bonne bouche.

GEORGE DANDIN.
Arrête un peu.

LUBIN.
Point.

GEORGE DANDIN.
Je ne te veux dire qu'un mot.

LUBIN.
Nennin, nennin. Vous avez envie de me tirer les vers du nez.

GEORGE DANDIN.
Non : ce n'est pas cela.

LUBIN.
Hé ! quelque sot.... Je vous vois venir.

GEORGE DANDIN.
C'est autre chose. Ecoute.

LUBIN.
Point d'affaire. Vous voudriez que je vous dise que monsieur le vicomte vient de donner de l'argent a Claudine, et qu'elle l'a mené chez sa maîtresse. Mais je ne suis pas si bête.

GEORGE DANDIN.
De grace...

LUBIN.
Non.

GEORGE DANDIN.

Je te donnerai...

LUBIN.

Tarare !

SCÈNE VIII.
GEORGE DANDIN seul.

Je n'ai pu me servir, avec cet innocent, de la pensée que j'avois. Mais le nouvel avis qui lui est échappé seroit la même chose ; et si le galant est chez moi, ce seroit pour avoir raison aux yeux du père et de la mère, et les convaincre pleinement de l'effronterie de leur fille. Le mal de tout ceci, c'est que je ne sais comment faire pour profiter de cet avis. Si je rentre chez moi, je ferai évader le drôle ; et quelque chose que je puisse voir moi-même de mon déshonneur, je n'en serai point cru à mon serment, et l'on me dira que je rêve. Si, d'autre part, je vais quérir beau-père et belle-mère, sans être sûr de trouver chez moi le galant, ce sera la même chose, et je retomberai dans l'inconvénient de tantôt. Pourrois-je point m'éclaircir doucement s'il y est encore ?

(*Après avoir été regarder par le trou de la serrure.*)

Ah, ciel ! il n'en faut plus douter, et je viens de l'apercevoir par le trou de la porte. Le sort me donne ici de quoi confondre ma partie ; et, pour achever l'aventure, il fait venir à point nommé les juges dont j'avois besoin.

SCÈNE IX.
M. DE SOTENVILLE, MADAME DE SOTENVILLE, GEORGE DANDIN.

GEORGE DANDIN.

Enfin, vous ne m'avez pas voulu croire tantôt, et votre fille l'a emporté sur moi ; mais j'ai en main de quoi vous faire voir comme elle m'accommode ; et, Dieu merci, mon déshonneur est si clair maintenant, que vous n'en pourrez plus douter.

ACTE II. SCÈNE IX.

M. DE SOTENVILLE.

Comment, mon gendre, vous en êtes encore là-dessus ?

GEORGE DANDIN.

Oui, j'y suis ; et jamais je n'eus tant de sujet d'y être.

Madame DE SOTENVILLE.

Vous nous venez encore étourdir la tête ?

GEORGE DANDIN.

Oui, madame ; et l'on fait bien pis à la mienne.

M. DE SOTENVILLE.

Ne vous lassez-vous point de vous rendre importun ?

GEORGE DANDIN.

Non ; mais je me lasse fort d'être pris pour dupe.

Madame DE SOTENVILLE.

Ne voulez-vous point vous défaire de vos pensées extravagantes ?

GEORGE DANDIN.

Non, madame ; mais je voudrois bien me défaire d'une femme qui me déshonore.

Madame DE SOTENVILLE.

Jour de Dieu ! notre gendre, apprenez à parler.

M. DE SOTENVILLE.

Corbleu ! cherchez des termes moins offensans que ceux-là.

GEORGE DANDIN.

Marchand qui perd ne peut rire.

Madame DE SOTENVILLE.

Souvenez-vous que vous avez épousé une demoiselle.

GEORGE DANDIN.

Je m'en souviens assez, et ne m'en souviendrai que trop.

M. DE SOTENVILLE.

Si vous vous en souvenez, songez donc à parler d'elle avec plus de respect.

GEORGE DANDIN.

Mais que ne songe-t-elle plutôt à me traiter plus honnêtement. Quoi ! parce qu'elle est demoiselle, il faut qu'elle ait la liberté de me faire ce qui lui plaît, sans que j'ose souffler.

M. DE SOTENVILLE.

Qu'avez-vous donc, et que pouvez-vous dire ? N'avez-vous pas vu ce matin qu'elle s'est défendue de connoître celui dont vous m'étiez venu parler ?

GEORGE DANDIN.

GEORGE DANDIN.

Oui. Mais vous, que pourrez-vous dire, si je vous fais voir maintenant que le galant est avec elle?

Madame DE SOTENVILLE.

Avec elle?

GEORGE DANDIN.

Oui, avec elle, et dans ma maison.

M. DE SOTENVILLE.

Dans votre maison?

GEORGE DANDIN.

Oui, dans ma propre maison.

Madame DE SOTENVILLE.

Si cela est, nous serons pour vous contr'elle.

M. DE SOTENVILLE.

Oui. L'honneur de notre famille nous est plus cher que toute chose; et, si vous dites vrai, nous la renoncerons pour notre sang, et l'abandonnerons a votre colere.

GEORGE DANDIN.

Vous n'avez qu'à me suivre.

Madame DE SOTENVILLE.

Gardez de vous tromper.

M. DE SOTENVILLE.

N'allez pas faire comme tantôt.

GEORGE DANDIN.

Mon Dieu! vous allez voir. (*Montrant Clitandre qui sort avec Angélique*) Tenez: ai-je menti?

SCENE X.

ANGÉLIQUE, CLITANDRE, CLAUDINE, M. DE SOTENVILLE, et MADAME DE SOTENVILLE, avec GEORGE DANDIN, dans le fond du théâtre.

ANGELIQUE à *Clitandre*.

Adieu. J'ai peur qu'on vous surprenne ici *, et j'ai quelque mesure à garder.

* *J'ai peur qu'on vous surprenne. Il faut qu'on ne vous surprenne.*

ACTE II. SCÈNE X.

CLITANDRE.

Promettez-moi donc, madame, que je pourrai vous parler cette nuit.

ANGELIQUE.

J'y ferai mes efforts.

GEORGE DANDIN, à M. et à madame de Sotenville.

Approchons doucement par derrière, et tâchons de n'être point vus.

CLAUDINE.

Ah! madame, tout est perdu. Voilà votre père et votre mère accompagnés de votre mari.

CLITANDRE.

Ah! Ciel!

ANGÉLIQUE bas à Clitandre et à Claudine.

Ne faites pas semblant de rien *, et me laissez faire tous deux. (haut à Clitandre.) Quoi! vous osez en user de la sorte, après l'affaire de tantôt, et c'est ainsi que vous dissimulez vos sentimens? On me vient rapporter que vous avez de l'amour pour moi, et que vous faites des desseins ** de me solliciter : j'en témoigne mon dépit, et m'explique à vous clairement en présence de tout le monde ; vous niez hautement la chose, et me donnez parole de n'avoir aucune pensée de m'offenser ; et cependant, le même jour, vous prenez la hardiesse de venir chez moi me rendre visite, de me dire que vous m'aimez, et de me faire cent sots contes, pour me persuader de répondre à vos extravagances ; comme si j'étois femme à violer la foi que j'ai donnée à un mari, et m'éloigner jamais de la vertu que mes parens m'ont enseignée! Si mon père savoit cela, il vous apprendroit bien à tenter de ces entreprises! Mais une honnête femme n'aime point les éclats; je n'ai garde de lui en rien dire;

(après avoir fait signe à Claudine d'apporter un bâton.)

et je veux vous montrer que, toute femme que je suis, j'ai assez de courage pour me venger moi-même des offenses que l'on me fait. L'action que vous avez faite n'est pas d'un gen-

---

* *Ne faites pas semblant de rien. Pas* est ici de trop.

** *Que vous faites des desseins. Faire des desseins* ne se dit pas. *On forme un dessein,* et *l'on fait des projets.*

tilhomme, et ce n'est pas en gentilhomme aussi que je veux vous traiter.

(*Angélique prend un bâton et le lève sur Clitandre, qui se range de façon que les coups tombent sur George Dandin.*)

CLITANDRE *criant comme s'il avoit été frappé.*

Ah! ah! ah! ah! ah! Doucement.

SCÈNE XI.

M. DE SOTENVILLE, MADAME DE SOTENVILLE, ANGÉLIQUE, GEORGE DANDIN, CLAUDINE.

CLAUDINE.

Fort, madame! frappez comme il faut.

ANGÉLIQUE *faisant semblant de parler à Clitandre.*

S'il vous demeure quelque chose sur le cœur, je suis pour vous répondre.

CLAUDINE.

Apprenez à qui vous vous jouez.

ANGÉLIQUE *faisant l'étonnée.*

Ah! mon père, vous êtes là?

M. DE SOTENVILLE.

Oui, ma fille; et je vois qu'en sagesse et en courage tu te montres un digne rejeton de la maison de Sotenville. Viens-çà; approche-toi, que je t'embrasse.

Madame DE SOTENVILLE

Embrasse-moi aussi, ma fille. Las! je pleure de joie, et reconnois mon sang aux choses que tu viens de faire.

M. DE SOTENVILLE.

Mon gendre! que vous devez être ravi! et que cette aventure est pour vous pleine de douceurs! Vous aviez un juste sujet de vous alarmer; mais vos soupçons se trouvent dissipés le plus avantageusement du monde.

Madame DE SOTENVILLE.

Sans doute, notre gendre; vous devez maintenant être le plus content des hommes.

CLAUDINE.

Assurément. Voilà une femme, celle-là! Vous êtes trop heu-

ACTE II. SCÈNE XI.

reux de l'avoir, et vous devriez baiser les pas par où elle passe.

GEORGE DANDIN *à part.*

Hé! traîtresse!

M. DE SOTENVILLE.

Qu'est-ce, mon gendre? Que ne remerciez-vous un peu votre femme, de l'amitié que vous voyez qu'elle montre pour vous?

ANGÉLIQUE.

Non, non, mon père, il n'est pas nécessaire. Il ne m'a aucune obligation de ce qu'il vient de voir; et tout ce que j'en fais n'est que pour l'amour de moi-même.

M. DE SOTENVILLE.

Où allez-vous, ma fille?

ANGÉLIQUE.

Je me retire, mon père, pour ne me point voir obligée à recevoir ses complimens.

CLAUDINE à *George Dandin.*

Elle a raison d'être en colère. C'est une femme qui mérite d'être adorée; et vous ne la traitez pas comme vous devriez.

GEORGE DANDIN *à part.*

Scélérate!

SCÈNE XII.

M. DE SOTENVILLE, MADAME DE SOTENVILLE, GEORGE DANDIN.

M. DE SOTENVILLE.

C'est un petit ressentiment de l'affaire de tantôt; et cela se passera avec un peu de caresses que vous lui ferez. Adieu, mon gendre : vous voilà en état de ne vous plus inquiéter. Allez-vous-en faire la paix ensemble, et tâchez de l'apaiser par des excuses de votre emportement.

Madame DE SOTENVILLE.

Vous devez considérer que c'est une jeune fille élevée à la vertu, et qui n'est point accoutumée à se voir soupçonner d'au-

cuné vilaine action. Adieu. Je suis ravie de voir vos désordres *
finis, et des transports de joie que vous doit donner sa conduite.

SCÈNE XIII.

GEORGE DANDIN seul.

Je ne dis mot, car je ne gagnerois rien à parler. Jamais il ne s'est rien vu d'égal à ma disgrace Oui, j'admire mon malheur et la subtile adresse de ma carogne de femme, pour se donner toujours raison, et me faire avoir tort. Est-il possible que toujours j'aurai du dessous avec elle; que les apparences toujours tourneront contre moi, et que je ne parviendrai point à convaincre mon effrontée! O ciel! seconde mes desseins, et m'accorde la grace de faire voir aux gens que l'on me déshonore ** !

* *Vos désordres*, pour *vos démêlés*, est impropre.

** Chez quel poëte comique trouvera-t-on un trait aussi gai, aussi original que celui qui termine cet acte ? Il n'appartenoit qu'à Moliere de conduire un homme à demander de bonne foi au ciel la *grace de pouvoir faire voir aux gens qu'on le déshonore*.

ACTE III*.

SCÈNE I.

CLITANDRE, LUBIN.

CLITANDRE.

La nuit est avancée : j'ai peur qu'il ne soit trop tard. Je ne vois point à me conduire. Lubin ?

---

* Il existe dans le cabinet de quelques curieux un canevas informé, qui a pour titre : *la Jalousie du Barbouillé*, farce que Molière, dans sa jeunesse, avoit composée pour la province, et d'où il tira quelques matériaux pour le troisième acte de George Dandin.

Il auroit été possible de grossir cette édition de la farce dont on vient de parler ; mais le jugement qu'en porte le grand Rousseau dans une de ses lettres à M. de Brossette, occupé, comme lui, d'un Commentaire sur Molière, nous a dispensé de la peine de la transcrire.

Quant aux farces de Molière, dit ce Poëte 1, il est aisé de voir qu'elles n'ont jamais été écrites par lui, mais par quelque grossier Comédien de campagne, qui en avoit rempli les canevas à sa manière... On sait aussi que ces sortes de farces n'étoient que des improvisades à la manière des Italiens, qui ne pouvoient divertir que par le jeu du théâtre, qu'il n'étoit pas possible de représenter sur le papier, et qui ne pouvoient jamais être ni bien écrites, ni même écrites de quelque manière que ce fut.

Vous me demandez, dit le même auteur, dans une lettre du 21 décembre de la même année, *une analyse de la farce du Barbouillé* : Cela sera bientôt fait. Le Barbouillé, autant que je puis m'en souvenir, commence par se plaindre des chagrins que lui donne sa méchante femme. Il va consulter le docteur sur les moyens de la mettre à la raison. Celui-ci, parlant toujours, ne lui donne pas le tems de s'expliquer. La femme arrive ; et le Doc-

1 Lettre de Rousseau. A Bruxelles le 17 septembre 1731.

GEORGE DANDIN.

LUBIN.

Monsieur ?

CLITANDRE.

Est-ce par ici ?

teur continuant toujours ses tirades, les impatiente l'un et l'autre au point de lui dire des injures. Entr'autres choses la femme lui dit qu'il est un âne, et qu'elle est aussi docteur comme lui, et le Docteur répond, toi Docteur ? Vraiment, je crois que tu es un plaisant docteur ! Des genres, tu n'aimes que le masculin ; à l'égard des conjugaisons, de la syntaxe et de la quantité... tu n'aimes... Jugez par cet échantillon du beau ton de plaisanterie de ce tems-là.

Ils s'en vont, hormis la femme qui demeure pour attendre son galant, avec qui elle est surprise par le mari, qui amène avec lui son beau-père Villebrequin. Elle donne des coups de bâton au Barbouillé, feignant de les donner au galant. Son père et elle se tournent contre le mari, qui continue ses invectives. Le docteur met la tête à la fenêtre et leur fait à tous des réprimandes. Il descend pour mettre la paix entr'eux. Ils se sauvent tous pour se dérober à la volubilité de sa langue ; et le Barbouillé, plus impatienté que les autres, pendant qu'il poursuit ses déclamations, lui attache une corde au pied, et l'ayant fait tomber, le traine à écorche-cul jusques dans la coulisse, avec quoi finit la comédie. Tout cela est revêtu d'un style le plus bas et le plus ignoble que vous puissiez imaginer. Ainsi le fond de la farce peut être de Molière : on ne l'avoit point portée plus haut de ce tems-là : mais comme toutes les farces se jouoient à l'improvisade, à la manière des Italiens, il est aisé de voir que ce n'est point lui qui en a mis le dialogue sur le papier ; et ces sortes de choses, quand même elles seroient meilleures, ne doivent jamais être comptées parmi les ouvrages d'un homme célèbre.

A l'égard des intermedes de George Dandin, le talent de Molière y étoit déplacé, ainsi qu'on l'a dit. Quinault lui-même, lorsqu'il ne traitoit pas la haute lyrique, retomboit, sans doute à regret, mais nécessairement, dans ces lieux communs de tendresse et de galanterie, dont la musique française s'accommode mieux que le bon sens.

Nous remarquerons cependant que M. Roi, dans son *Ballet des Sens*, a imité si bien le commencement de la scène du quatrième intermede, que les paroles de Molière, sans aucune altération, peuvent se chanter sur l'air de Mouret. Les voici:

Ici, l'ombre des ormeaux
Donne un teint frais aux herbettes,
Et les bords de ces ruisseaux
Brillent de mille fleurettes,
Qui se mirent dans les eaux.

ACTE III. SCENE I.

LUBIN.
Je pense que oui. Morgué! voila une sotte nuit, d'être si noire que cela.

CLITANDRE.
Elle a tort assurément; mais, si d'un côté elle nous empêche de voir, elle empêche de l'autre que nous ne soyons vus.

LUBIN.
Vous avez raison, elle n'a pas tant de tort. Je voudrois bien savoir, monsieur, vous qui êtes savant, pourquoi il ne fait point jour la nuit?

CLITANDRE.
C'est une grande question, et qui est difficile. Tu es curieux, Lubin?

LUBIN.
Oui. Si j'avois étudié, j'aurois été songer à des choses où on n'a jamais songé.

CLITANDRE.
Je le crois. Tu as la mine d'avoir l'esprit subtil et pénétrant.

LUBIN.
Cela est vrai. Tenez: j'explique le latin, quoique jamais je ne l'aye appris; et voyant l'autre jour écrit sur une porte, *collegium*, je devinai que cela vouloit dire collége.

CLITANDRE.
Cela est admirable! Tu sais donc lire, Lubin?

LUBIN.
Oui, je sais lire la lettre moulée; mais je n'ai jamais su apprendre à lire l'écriture.

CLITANDRE.
(*Après avoir frappé dans ses mains.*)
Nous voici contre la maison. C'est le signal que m'a donné Claudine.

LUBIN.
Par ma foi, c'est une fille qui vaut de l'argent; et je l'aime de tout mon cœur.

CLITANDRE.
Aussi t'ai-je amené avec moi pour l'entretenir.

LUBIN.
Monsieur, je vous suis....

CLITANDRE.
Chut! J'entends quelque bruit.

SCÈNE II.

ANGÉLIQUE, CLAUDINE, CLITANDRE, LUBIN.

ANGÉLIQUE.

Claudine?

CLAUDINE.

Hé bien!

ANGÉLIQUE.

Laisse la porte entr'ouverte.

CLAUDINE.

Voilà qui est fait.

(*Scènes de nuit. Les acteurs se cherchent les uns les autres dans l'obscurité.*)

CLITANDRE à *Lubin*.

Ce sont elles. St.

ANGÉLIQUE.

St.

LUBIN.

St.

CLAUDINE.

St.

CLITANDRE à *Claudine, qu'il prend pour Angélique*.

Madame?

ANGÉLIQUE à *Lubin, qu'elle prend pour Clitandre*.

Quoi?

LUBIN à *Angélique, qu'il prend pour Claudine*.

Claudine?

CLAUDINE à *Clitandre, qu'elle prend pour Lubin*.

Qu'est-ce?

CLITANDRE à *Claudine, croyant parler à Angélique*.

Ah! madame, que j'ai de joie!

LUBIN à *Angélique, croyant parler à Claudine*.

Claudine! ma pauvre Claudine!

CLAUDINE à *Clitandre*.

Doucement, monsieur.

ANGÉLIQUE à *Lubin.*

Tout beau., Lubin.

CLITANDRE.

Est-ce toi, Claudine?

CLAUDINE.

Oui.

LUBIN.

Est-ce vous, madame?

ANGÉLIQUE.

Oui.

CLAUDINE à *Clitandre.*

Vous avez pris l'une pour l'autre.

LUBIN à *Angélique.*

Ma foi, la nuit on n'y voit goutte.

ANGÉLIQUE.

Est-ce pas vous, Clitandre?

CLITANDRE.

Oui, madame.

ANGÉLIQUE.

Mon mari ronfle comme il faut, et j'ai pris ce tems pour nous entretenir ici.

CLITANDRE.

Cherchons quelque lieu pour nous asseoir.

CLAUDINE.

C'est fort bien avisé.

Angélique, Clitandre et Claudine vont s'asseoir dans le fond du théâtre.

LUBIN *cherchant Claudine.*

Claudine! où est-ce que tu es?

SCÈNE III.

ANGÉLIQUE, CLITANDRE et CLAUDINE, *assis au fond du théâtre,* **GEORGE DANDIN,** *à moitié déshabillé,* **LUBIN.**

GEORGE DANDIN à *part.*

J'ai entendu descendre ma femme; et je me suis vîte habillé pour descendre après elle. Où peut-elle être allée ? seroit-elle sortie ?

LUBIN *cherchant Claudine.*
(*Prenant George Dandin pour Claudine.*)

Où es-tu donc, Claudine ? Ah! te voila. Par ma foi, ton maître est plaisamment attrapé, et je trouve ceci aussi drôle que les coups de bâton de tantôt, dont on m'a fait récit. Ta maîtresse dit qu'il ronfle à cette heure comme tous les diantres; et il ne sait pas que monsieur le vicomte et elle sont ensemble pendant qu'il dort. Je voudrois bien savoir quel songe il fait maintenant. Cela est tout-à-fait risible. De quoi s'avise-t-il aussi d'être jaloux de sa femme, et de vouloir qu'elle soit à lui tout seul ? C'est un impertinent, et monsieur le vicomte lui fait trop d'honneur. Tu ne dis mot, Claudine ? Allons, suivons-les, et me donne ta petite menote, que je la baise. Ah! que cela est doux ! Il me semble que je mange des confitures.

(*A George Dandin, qu'il prend toujours pour Claudine, et qui le repousse rudement.*)

Tu-dieu ! comme vous y allez ! voila une petite menote qui est un peu bien rude.

GEORGE DANDIN.

Qui va-là ?

LUBIN.

Personne.

GEORGE DANDIN.

Il fuit, et me laisse informé de la nouvelle perfidie de ma coquine. Allons, il faut que, sans tarder, j'envoie appeler son père et sa mère, et que cette aventure me serve à me faire séparer d'elle. Holà, Colin, Colin ?

SCÈNE IV.

ANGÉLIQUE et CLITANDRE avec CLAUDINE et LUBIN *assis au fond théâtre*, GEORGE DANDIN, COLIN.

COLIN *à la fenêtre.*

Monsieur ?

GEORGE DANDIN.

Allons, vîte ici-bas.

ACTE III. SCÈNE IV.

COLIN *sautant par la fenêtre.*

M'y voilà, on ne peut pas plus vite.

GEORGE DANDIN.

Tu es-là ?

COLIN.

Oui, monsieur.

(*Pendant que George Dandin va chercher Colin du côté où il a entendu sa voix, Colin passe de l'autre, et s'endort.*)

GEORGE DANDIN *se tournant du coté où il croit qu'est Colin.*

Doucement. Parle bas. Ecoute. Va-t-en chez mon beau-père et ma belle-mère, et dis que je les prie tres-instamment de venir tout-à-l'heure ici. Entends-tu ? Hé ! Colin, Colin ?

COLIN *de l'autre côté, se réveillant.*

Monsieur ?

GEORGE DANDIN.

Où diable es-tu ?

COLIN.

Ici.

GEORGE DANDIN.

Peste soit du maroufle, qui s'éloigne de moi !

(*Pendant que George Dandin retourne du côté où il croit que Colin est resté, Colin, à moitié endormi, passe de l'autre côté, et se rendort.*)

Je te dis que tu ailles de ce pas trouver mon beau-père et ma belle-mère, et leur dire que je les conjure de se rendre ici tout-à-l'heure. M'entends-tu bien ? Réponds. Colin, Colin ?

COLIN *de l'autre côté, se réveillant.*

Monsieur ?

GEORGE DANDIN.

Voilà un pendard qui me fera enrager. Viens-t-en à moi.

(*Ils se rencontrent, et tombent tous deux.*)

Ah ! le traître ! Il m'a estropié. Où est-ce que tu es ? Approche, que je te donne mille coups. Je pense qu'il me fuit.

COLIN.

Assurément.

GEORGE DANDIN.

Veux-tu venir ?

COLIN.

Nenni, ma foi.

GEORGE DANDIN.

GEORGE DANDIN.

Viens, te dis-je.

COLIN.

Point. Vous me voulez battre.

GEORGE DANDIN.

Hé bien ! Non ; je ne te ferai rien.

COLIN.

Assurément ?

GEORGE DANDIN.

(*à Colin, qu'il tient par le bras.*)

Oui. Approche. Bon ! Tu es bienheureux de ce que j'ai besoin de toi. Va-t-en vîte, de ma part, prier mon beau-père et ma belle-mère de se rendre ici le plutôt qu'ils pourront, et leur dis que c'est pour une affaire de la dernière conséquence ; et, s'ils faisoient quelque difficulté à cause de l'heure, ne manque pas de les presser, et de leur faire bien entendre qu'il est très-important qu'ils viennent, en quelque état qu'ils soient. Tu m'entends bien maintenant ?

COLIN.

Oui, monsieur.

GEORGE DANDIN.

(*se croyant seul.*)

Va vîte, et reviens de même. Et moi, je vais rentrer dans ma maison, attendant que... Mais j'entends quelqu'un. Ne seroit-ce point ma femme ? Il faut que j'écoute, et me serve de l'obscurité qu'il fait.

(*George Dandin se range près la porte de sa maison.*)

SCÈNE V.
ANGÉLIQUE, CLITANDRE, CLAUDINE, LUBIN, GEORGE DANDIN.

ANGÉLIQUE à *Clitandre*.

Adieu. Il est tems de se retirer.

CLITANDRE.

Quoi ! si tôt ?

ANGÉLIQUE.

Nous nous sommes assez entretenus.

ACTE III. SCÈNE V.

CLITANDRE.

Ah ! madame, puis-je assez vous entretenir, et trouver, en si peu de tems, toutes les paroles dont j'ai besoin ? Il me faudroit des journées entières pour me bien expliquer à vous de tout ce que je sens ; et je ne vous ai point dit encore la moindre partie de ce que j'ai à vous dire.

ANGÉLIQUE.

Nous en écouterons une autre fois davantage.

CLITANDRE.

Hélas ! de quel coup me percez-vous l'ame, lorsque vous me parlez de vous retirer, et avec combien de chagrin m'allez-vous laisser maintenant ?

ANGÉLIQUE.

Nous trouverons moyen de nous revoir.

CLITANDRE.

Oui. Mais je songe qu'en me quittant, vous allez trouver un mari. Cette pensée m'assassine ; et les privilèges qu'ont les maris, sont de choses cruelles pour un amant qui aime bien.

ANGÉLIQUE.

Serez-vous assez foible pour avoir cette inquiétude, et pensez-vous qu'on soit capable d'aimer de certains maris qu'il y a ? On les prend parce qu'on ne s'en peut défendre, et que l'on dépend de parens qui n'ont des yeux que pour le bien ; mais on sait leur rendre justice, et l'on se moque fort de les considérer au-delà de ce qu'ils méritent.

GEORGE DANDIN *à part.*

Voilà nos carognes de femmes.

CLITANDRE.

Ah ! qu'il faut avouer que celui qu'on vous a donné étoit peu digne de l'honneur qu'il a reçu, et que c'est une étrange chose que l'assemblage qu'on a fait d'une personne comme vous, avec un homme comme lui !

GEORGE DANDIN *à part.*

Pauvres maris ! voilà comme on vous traite.

CLITANDRE.

Vous méritez, sans doute, une toute autre destinée ; et le ciel ne vous a point faite pour être la femme d'un paysan.

GEORGE DANDIN.

Plut au ciel ! fût-elle la tienne ! tu changerois bien de langage ! Rentrons ; c'en est assez.

(*George Dandin étant rentré, ferme la porte en dedans.*)

SCÈNE VI.

ANGÉLIQUE, CLITANDRE, CLAUDINE, LUBIN.

CLAUDINE.

Madame, si vous avez du mal à dire de votre mari, dépêchez vite, car il est tard.

CLITANDRE.

Ah ! Claudine, que tu es cruelle !

AGÉLIQUE à *Clitandre.*

Elle a raison. Séparons-nous.

CLITANDRE.

Il faut donc s'y résoudre, puisque vous le voulez. Mais, au moins, je vous conjure de me plaindre un peu des méchans momens * que je vais passer.

ANGÉLIQUE.

Adieu.

LUBIN.

Où es-tu, Claudine, que je te donne le bonsoir ?

CLAUDINE.

Va, va, je le reçois de loin, et je t'en renvoie autant.

SCÈNE VII.

ANGÉLIQUE, CLAUDINE.

ANGÉLIQUE.

Rentrons sans faire de bruit.

CLAUDINE.

La porte s'est fermée.

---

* *De méchans momens.* On diroit mieux *de mauvais momens.*

ACTE III. SCÈNE VII.

ANGÉLIQUE.

J'ai le passe-partout.

CLAUDINE.

Ouvrez donc doucement.

ANGÉLIQUE.

On a fermé en-dedans, et je ne sais comment nous ferons.

CLAUDINE.

Appelez le garçon qui couche-là.

ANGÉLIQUE.

Colin, Colin, Colin?

SCÈNE VIII.

GEORGE DANDIN, ANGÉLIQUE, CLAUDINE.

GEORGE DANDIN *à la fenêtre.*

Colin, Colin? Ah! je vous y prends donc, madame ma femme, et vous faites des *escampativos* pendant que je dors? Je suis bien-aise de cela, et de vous voir dehors à l'heure qu'il est.

ANGÉLIQUE.

Hé bien! quel grand mal est-ce qu'il y a à prendre le frais de la nuit?

GEORGE DANDIN.

Oui! oui. L'heure est bonne à prendre le frais! C'est bien plutôt le chaud, madame la coquine; et nous savons toute l'intrigue du rendez-vous et du damoiseau. Nous avons entendu votre galant entretien, et les beaux vers à ma louange que vous avez dits l'un et l'autre. Mais ma consolation, c'est que je vais être vengé, et que votre père et votre mère seront convaincus maintenant de la justice de mes plaintes, et du déréglement de votre conduite. Je les ai envoyé querir, et ils vont être ici dans un moment.

ANGÉLIQUE *à part.*

Ah! ciel.

CLAUDINE.

Madame.

GEORGE DANDIN.

Voilà un coup, sans doute, où vous ne vous attendiez pas.

C'est maintenant que je triomphe, et j'ai de quoi mettre à bas votre orgueil, et détruire vos artifices. Jusques-ici vous avez joué mes accusations, ébloui vos parens, et plâtré vos malversations. J'ai eu beau voir et beau dire ; votre adresse toujours l'a emporté sur mon bon droit, et toujours vous avez trouvé moyen d'avoir raison ; mais, à cette fois, Dieu merci, les choses vont être éclaircies, et votre effronterie sera pleinement confondue.

ANGÉLIQUE.

Hé ! je vous prie, faites-moi ouvrir la porte.

GEORGE DANDIN.

Non, non : il faut attendre la venue de ceux que j'ai mandés, et je veux qu'ils vous trouvent dehors à la belle heure qu'il est. En attendant qu'ils viennent, songez, si vous voulez, à chercher dans votre tête quelque nouveau détour pour vous tirer de cette affaire ; à inventer quelque moyen de rhabiller votre escapade ; à trouver quelque belle ruse pour éluder ici les gens et paroître innocente, quelque prétexte spécieux de pélerinage nocture, ou d'amie en travail d'enfant, que vous venez de secourir.

ANGÉLIQUE.

Non. Mon intention n'est pas de vous rien déguiser. Je ne prétends point me défendre, ni vous nier les choses, puisque vous les savez.

GEORGE DANDIN.

C'est que vous voyez bien que tous les moyens vous en sont fermés, et que, dans cette affaire, vous ne sauriez inventer d'excuse qu'il ne me soit facile de convaincre de fausseté.

ANGÉLIQUE.

Oui, je confesse que j'ai tort, et que vous avez sujet de vous plaindre. Mais je vous demande, par grace, de ne m'exposer point maintenant à la mauvaise humeur de mes parens, et de me faire promptement ouvrir.

GEORGE DANDIN.

Je vous baise les mains.

ANGÉLIQUE.

Hé ! mon pauvre petit mari, je vous en conjure !

GEORGE DANDIN.

Hé, mon pauvre petit mari ! Je suis votre petit mari, main-

ACTE III. SCÈNE VIII.

ténant, parce que vous vous sentez prise. Je suis bien-aise de cela ; et vous ne vous étiez jamais avisée de me dire ces douceurs.

ANGÉLIQUE.

Tenez, je vous promets de ne plus vous donner aucun sujet de déplaisir, et de me...

GEORGE DANDIN.

Tout cela n'est rien. Je ne veux point perdre cette aventure, et il m'importe qu'on soit une fois éclairci à fond de vos déportemens.

ANGÉLIQUE.

De grace, laissez-moi vous dire. Je vous demande un moment d'audience.

GEORGE DANDIN.

Eh bien ! quoi ?

ANGÉLIQUE.

Il est vrai que j'ai failli, je vous l'avoue encore une fois ; que votre ressentiment est juste ; que j'ai pris le tems de sortir pendant que vous dormiez, et que cette sortie est un rendez-vous que j'avois donné à la personne que vous dites. Mais enfin ce sont des actions que vous devez pardonner à mon âge, des emportemens de jeune personne qui n'a encore rien vu, et ne fait que d'entrer au monde*; des libertés où l'on s'abandonne, sans y penser de mal, et qui, sans doute, dans le fond, n'ont rien de..

GEORGE DANDIN.

Oui : vous le dites, et ce sont de ces choses qui ont besoin qu'on les croye pieusement.

ANGÉLIQUE.

Je ne veux point m'excuser par là d'être coupable envers vous, et je vous prie seulement d'oublier une offense dont je vous demande pardon de tout mon cœur, et de m'épargner, en cette rencontre, le déplaisir que me pourroient causer les reproches fâcheux de mon père et de ma mère. Si vous m'accordez généreusement la grace que je vous demande, ce procédé obligeant, cette bonté que vous me ferez voir, me ga-

---

* *Que d'entrer au monde.* On dit aujourd'hui, *entrer dans le monde.*

gnera entièrement ; elle touchera tout-à-fait mon cœur, et y fera naître pour vous ce que tout le pouvoir de mes parens et les liens du mariage n'avoient pu y jeter. En un mot, elle sera cause que je renoncerai à toutes les galanteries, et n'aurai de l'attachement que pour vous. Oui, je vous donne ma parole que vous m'allez voir désormais la meilleure femme du monde ; et que je vous témoignerai tant d'amitié, tant d'amitié, que vous en serez satisfait.

GEORGE DANDIN.

Ah ! crocodile, qui flatte les gens pour les étrangler !

ANGELIQUE.

Accordez-moi cette faveur.

GEORGE DANDIN.

Point d'affaires. Je suis inexorable.

ANGELIQUE.

Montrez-vous généreux.

GEORGE DANDIN.

Non.

ANGELIQUE.

De grace.

GEORGE DANDIN.

Point.

ANGELIQUE.

Je vous en conjure de tout mon cœur.

GEORGE DANDIN.

Non, non, non. Je veux qu'on soit détrompé de vous, et que votre confusion éclate.

ANGELIQUE.

Hé bien ! si vous me réduisez au désespoir, je vous avertis qu'une femme, en cet état, est capable de tout, et que je ferai quelque chose ici dont vous vous repentirez.

GEORGE DANDIN.

Hé ! que ferez-vous, s'il vous plaît ?

ANGELIQUE.

Mon cœur se portera jusqu'aux extrêmes résolutions ; et de ce couteau que voici, je me tuerai sur la place.

GEORGE DANDIN.

Ah, ha ! A la bonne heure.

ACTE III. SCÈNE III.
ANGELIQUE.

Pas tant à la bonne heure pour vous que vous vous imaginez. On sait de tous côtés nos différends et les chagrins perpétuels que vous concevez contre moi*. Lorsqu'on me trouvera morte, il n'y aura personne qui mette en doute que ce ne soit vous qui m'aurez tuée, et mes parens ne sont pas gens, assurément, à laisser cette mort impunie, et ils en feront, sur votre personne, toute la punition** que leur pourront offrir et les poursuites de la justice, et la chaleur de leur ressentiment. C'est par-là que je trouverai moyen de me venger de vous ; et je ne suis pas la première qui ait su recourir à de pareilles vengeances, qui n'ait pas fait difficulté de se donner la mort, pour perdre ceux qui ont la cruauté de nous pousser à la dernière extrémité.

GEORGE DANDIN.

Je suis votre valet. On ne s'avise plus de se tuer soi-même, et la mode en est passée il y a long-tems.

ANGELIQUE.

C'est une chose dont vous pouvez vous tenir sûr ; et, si vous persistez dans votre refus ; si vous ne me faites ouvrir, je vous jure que, tout-à-l'heure, je vais vous faire voir jusqu'où peut aller la résolution d'une personne qu'on met au désespoir.

GEORGE DANDIN.

Bagatelles, bagatelles. C'est pour me faire peur.

ANGELIQUE.

Hé bien ! puisqu'il le faut, voici qui nous contentera tous deux, et montrera si je me moque.

(*Après avoir fait semblant de se tuer.*)

Ah ! c'en est fait. Fasse le ciel que ma mort soit vengée comme je le souhaite, et que celui qui en est la cause, reçoive un juste châtiment de la dureté qu'il a eue pour moi !

GEORGE DANDIN.

Ouais ! seroit-elle bien si malicieuse, que de s'être tuée pour

---

* *Et les chagrins perpétuels que vous concevez contre moi*, ne se dit pas.

** *Ils en feront sur votre personne toute la punition*, etc. Toute cette phrase a paru mal écrite.

me faire pendre? Prenons un bout de chandelle pour aller voir.

SCÈNE IX.
ANGÉLIQUE, CLAUDINE.
ANGELIQUE à *Claudine*.

St. Paix! Rangeons-nous chacune immédiatement contre un des côtés de la porte.

SCÈNE X.
ANGÉLIQUE et CLAUDINE *entrant dans la maison au moment que George Dandin en sort, et fermant la porte en dedans;* GEORGE DANDIN, *une chandelle à la main.*

GEORGE DANDIN.

La méchanceté d'une femme iroit-elle bien jusques-là?
(*seul, après avoir regardé partout.*)
Il n'y a personne. Hé! je m'en étois douté; et la pendarde s'est retirée, voyant qu'elle ne gagnoit rien après moi, ni par prières, ni par menaces. Tant mieux! cela rendra ses affaires encore plus mauvaises; et le père et la mère qui vont venir, en verront mieux son crime.
(*Après avoir été à la porte de sa maison pour entrer.*)
Ah, ah! la porte est fermée. Hola, ho, quelqu'un; qu'on m'ouvre promptement!

SCÈNE XI.
ANGÉLIQUE et CLAUDINE *à la fenêtre;* GEORGE DANDIN.
ANGELIQUE.

Comment! c'est toi! D'où viens-tu, bon pendard? Est-il l'heure de revenir chez soi, quand le jour est près de paroître?

ACTE III. SCÈNE XII.

et cette manière de vivre est-elle celle que doit suivre un honnête mari?

CLAUDINE

Cela est-il beau d'aller ivrogner toute la nuit, et de laisser ainsi toute seule une pauvre jeune femme dans la maison?

GEORGE DANDIN.

Comment! Vous avez...

ANGELIQUE.

Va, va, traître; je suis lasse de tes déportemens, et je veux m'en plaindre, sans plus tarder, a mon père et à ma mere.

GEORGE DANDIN.

Quoi! c'est ainsi que vous osez...

SCÈNE XII.

M. DE SOTENVILLE et MADAME DE SOTENVILLE en *déshabillé de nuit*, COLIN *portant une lanterne*, ANGÉLIQUE et CLAUDINE *à la fenêtre*, GEORGE DANDIN.

ANGELIQUE à *M. et madame de Sotenville*.

Approchez, de grace, et venez me faire raison de l'insolence la plus grande du monde, d'un mari a qui le vin et la jalousie ont troublé, de telle sorte, la cervelle, qu'il ne sait plus ni ce qu'il dit ni ce qu'il fait, et vous a lui-meme envoyé querir pour vous faire témoins * de l'extravagance la plus étrange dont on ait jamais ouï parler. Le voila qui revient, comme vous voyez, après s'etre fait attendre toute la nuit; et, si vous voulez l'écouter, il vous dira qu'il a les plus grandes plaintes du monde à vous faire de moi; que, durant qu'il dormoit, je me suis dérobée d'auprès de lui pour m'en aller courir, et cent autres contes de même qu'il est allé rêver.

GEORGE DANDIN à part.

Voilà une méchante carogne!

---

* *Pour vous faire témoins.* On diroit aujourd'hui *pour vous rendre témoins*.

CLAUDINE.

Oui, il nous a voulu faire accroire qu'il étoit dans la maison, et que nous étions dehors; et c'est une folie qu'il n'y a pas moyen de lui ôter de la tête.

M. DE SOTENVILLE.

Comment! Qu'est-ce à dire cela?

Madame DE SOTENVILLE.

Voilà une furieuse impudence que de nous envoyer quérir!

GEORGE DANDIN.

Jamais...

ANGÉLIQUE.

Non, mon père, je ne puis plus souffrir un mari de la sorte : ma patience est poussée à bout; et il vient de me dire cent paroles injurieuses.

M. DE SOTENVILLE à *George Dandin*.

Corbleu! vous êtes un mal-honnête homme.

CLAUDINE.

C'est une conscience, de voir une pauvre jeune femme traitée de la façon, et cela crie vengeance au ciel.

GEORGE DANDIN.

Peut-on?...

M. DE SOTENVILLE.

Allez, vous devriez mourir de honte.

GEORGE DANDIN.

Laissez-moi vous dire deux mots.

ANGELIQUE.

Vous n'avez qu'à l'écouter : il va vous en conter de belles!

GEORGE DANDIN à *part*.

Je désespère.

CLAUDINE.

Il a tant bu, que je ne pense pas qu'on puisse durer contre lui; l'odeur du vin qu'il souffle est montée jusqu'à nous.

GEORGE DANDIN.

Monsieur mon beau père, je vous conjure...

M. DE SOTENVILLE.

Retirez-vous : vous puez le vin à pleine bouche.

GEORGE DANDIN.

Madame, je vous prie...

ACTE III. SCÈNE XIII.

Madame DE SOTENVILLE.

Fi ! ne m'approchez pas : votre haleine est empestée.

GEORGE DANDIN à M. de Sotenville.

Souffrez que je vous....

M. DE SOTENVILLE.

Retirez-vous, vous dis-je ; on ne peut vous souffrir.

GEORGE DANDIN à madame de Sotenville.

Permettez-moi, de grace, que....

Madame DE SOTENVILLE.

Pouas ! vous m'engloutissez le cœur. Parlez de loin, si vous voulez.

GEORGE DANDIN.

Hé bien ! oui, je parle de loin. Je vous jure que je n'ai bougé de chez moi, et que c'est elle qui est sortie.

ANGELIQUE.

Ne voilà pas ce que je vous ai dit?

CLAUDINE.

Vous voyez quelle apparence il y a.

M. DE SOTENVILLE à George Dandin.

Allez, vous vous moquez des gens. Descendez, ma fille, et venez ici.

SCÈNE XIII.

M. DE SOTENVILLE, MADAME DE SOTENVILLE, GEORGE DANDIN, COLIN.

GEORGE DANDIN.

J'atteste le ciel, que j'étois dans la maison, et que...

M. DE SOTENVILLE.

Taisez-vous : c'est une extravagance qui n'est pas supportable.

GEORGE DANDIN.

Que la foudre m'écrase tout-à-l'heure, si...

M. DE SOTENVILLE.

Ne nous rompez pas davantage la tête, et songez à demander pardon à votre femme.

GEORGE DANDIN.
Moi ! demander pardon ?
M. DE SOTENVILLE.
Oui, pardon et sur-le-champ.
GEORGE DANDIN.
Quoi ! Je...
M. DE SOTENVILLE.
Corbleu ! si vous me répliquez, je vous apprendrai ce que c'est que de vous jouer à nous.
GEORGE DANDIN.
Ah ! George Dandin.

SCÈNE XIV.
M. DE SOTENVILLE, MADAME DE SOTENVILLE, ANGÉLIQUE, GEORGE DANDIN, CLAUDINE, COLIN.

M. DE SOTENVILLE.
Allons, venez, ma fille, que votre mari vous demande pardon.
ANGELIQUE.
Moi, lui pardonner tout ce qu'il m'a dit ? Non, mon père, il m'est impossible de m'y résoudre, et je vous prie de me séparer d'un mari avec lequel je ne saurois vivre.
CLAUDINE.
Le moyen d'y résister ?
M. DE SOTENVILLE.
Ma fille, de semblables séparations ne se font point sans grand scandale, et vous devez vous montrer plus sage que lui, et patienter encore cette fois.
ANGELIQUE.
Comment patienter après de telles indignités ? Non, mon père ; c'est une chose où je ne puis consentir.
M. DE SOTENVILLE.
Il le faut ma fille ; et c'est moi qui vous le commande.
ANGELIQUE.
Ce mot me ferme la bouche ; et vous avez sur moi une puissance absolue.

ACTE III. SCÈNE XIV.

CLAUDINE.

Quelle douceur !

ANGÉLIQUE.

Il est fâcheux d'être contrainte d'oublier de telles injures ; mais, quelque violence que je me fasse, c'est à moi de vous obéir.

CLAUDINE.

Pauvre mouton !

M. DE SOTENVILLE à *Angélique.*

Approchez.

ANGÉLIQUE.

Tout ce que vous me faites faire, ne servira de rien ; et vous verrez que ce sera dès demain à recommencer.

M. DE SOTENVILLE.

(*à George Dandin.*)

Nous y donnerons ordre. Allons, mettez-vous à genoux.

GEORGE DANDIN.

A genoux ?

M. DE SOTENVILLE.

Oui, à genoux, et sans tarder.

GEORGE DANDIN *à genoux, une chandelle à la main.*
(*à part.*) (*à M. de Sotenville.*)

O ciel ! Que faut-il dire ?

M. DE SOTENVILLE.

Madame, je vous prie de me pardonner

GEORGE DANDIN.

Madame, je vous prie de me pardonner

M. DE SOTENVILLE.

L'extravagance que j'ai faite ;

GEORGE DANDIN.

(*à part.*)

L'extravagance que j'ai faite de vous épouser.

M. DE SOTENVILLE.

Et je vous promets de mieux vivre à l'avenir.

GEORGE DANDIN.

Et je vous promets de mieux vivre à l'avenir.

M. DE SOTENVILLE à *George Dandin.*

Prenez-y garde, et sachez que c'est ici la dernière de vos impertinences que nous souffrirons.

GEORGE DANDIN.

Madame DE SOTENVILLE.

Jour de Dieu! si vous y retournez, on vous apprendra le respect que vous devez à votre femme et à ceux de qui elle sort.

M. DE SOTENVILLE.

Voilà le jour qui va paroître. Adieu.

(à George Dandin.)

Rentrez chez vous, et songez bien à être sage.

(à madame de Sotenville.)

Et nous, m'amour, allons-nous mettre au lit.

SCÈNE XV ET DERNIÈRE.

GEORGE DANDIN seul.

Au! je le quitte maintenant, et je n'y vois plus de remède. Lorsqu'on a, comme moi, épousé une méchante femme, le meilleur parti qu'on puisse prendre, c'est de s'aller jeter dans l'eau la tête la première.

FIN DU CINQUIÈME TOME.

TABLE DES PIÈCES
CONTENUES
DANS LE CINQUIÈME TOME.

Préface.	Page 3
Premier Placet.	12
Second Placet.	15
Troisième Placet.	18
Avertissement de l'éditeur sur *le Tartufe*.	19
Le Tartufe.	43
Avertissement de l'éditeur sur *Amphitryon*.	141
Amphitryon.	149
Avertissement de l'édit. sur *George Dandin*.	237
George Dandin.	

FIN DE LA TABLE.

www.ingramcontent.com/pod-product-compliance
Lightning Source LLC
Chambersburg PA
CBHW071528160426
43196CB00010B/1700